金融取引 Q&A

銀行と取引先のための法律知識

高木多喜男編

信山社

は し が き

　かつて他社から、『不動産担保の法務Q&A』を出版しましたが、本書は、その姉妹編をと思って企画したものです。前書では、金融機関の行う融資取引において用いられている不動産担保を中心に解説しましたが、本書では、およそ金融機関が行っている取引のうち、日常的に行われ、重要なものは、できるだけ取り上げ解説することにしました。

　そして、取引上直面するさまざまな問題の解決に役立つ相談書をつくろうと考えました。この趣旨から法律と実務に精通している弁護士と金融機関の法務関係の方々(高木研究会のメンバー)にお願いし、①具体的な設問(Q)への解答(A)という形式で、②実際取引に即して解説すること、③文章は平易にすることを申し合わせて分担執筆していただきました。たとえば、私たちが通常何の気もなしに行っている預金・引き出しについても、「銀行が無権利者に払戻ししてしまったときは」「貸付先が死亡したときは」(相続の問題は一章をあててかなり重点を置いています)等具体的な設問に答えています。そのほかにも、預金取引、手形・小切手取引、融資取引、為替取引、担保・保証、管理回収等金融取引全般にわたって同様の手法で解説しています。

　さらに、解説にあたって必要な法律用語については 用語解説 をつけ、主な判例については、囲み欄に掲げ参考に供しました。

　最近、顧客(消費者)保護のために、金融機関の説明義務を中心とした立法が計画されており、金融ビジネスに携わる者は、ますます個々の取引についての深い法律知識が要求されるようになっています。法律知識なしでは、説明義務を果たすことはできません。

　説明義務がつくされた後は、顧客の側の自己責任となります。もっとも、金融取引はきわめて複雑かつ難解です。金融機関の説明をよく理解するには、顧客の側も、ある程度の予備知識が必要です。

はしがき

　私たちはそのような知識を求められている人々の手助けになることを願って本書をつくりました。取引上の問題を抱えている人々の信頼できる相談相手として、またビジネス研修用のテキストとしてお役に立てば幸いです。

　本書の誕生は、多くの方々が、ご多忙の中を執筆して下さったおかげです。特に、吉岡伸一氏(三和総合研究所主任研究員、大阪大学大学院法学研究科客員助教授)には、全問題の作成だけでなく、内容のチェック・調整についても、中心的役割を果たしていただきました。また、事務的なことでは、高橋悦夫弁護士の主宰する高橋総合法律事務所に大変お世話になりました。中でも、事務局次長の松本泰栄氏にはいろいろとご尽力いただきました。また、本書は、企画から編集・校正まで㈱T・H・K出版部の小林広子さんの、出版をご快諾下さった信山社出版㈱社長今井貴氏のおかげで刊行までこぎつけることができでました。

　このように、本書は、多くの人々のご協力によって誕生しました。心より御礼申しあげます。

　　2000年4月1日

　　　　　　　　　　　　　　　　　　　　　　　　　　高　木　多　喜　男

目 次

序章 金融取引 〔1〕

1 金融取引・銀行取引とは …………………………………*2*
2 銀行取引約定書の意義と性格 ………………………………*5*

第1章 預金取引〔7〕

3 当座勘定取引の性格 …………………………………………*8*
4 当座勘定規定の性格と内容 …………………………………*12*
5 当座勘定への入金方法と入金範囲・預金の成立時期………*15*
6 当座勘定取引の解約………………………………………*18*
7 普通預金の払戻しと免責約款 ………………………………*20*
8 無権利者に対する預金の払戻しと免責 ……………………*22*
9 自動口座振替制度…………………………………………*25*
10 キャッシュディスペンサーによる預金の払戻し …………*27*
11 総合口座………………………………………………………*29*
12 譲渡性預金……………………………………………………*32*
13 定期預金の中途解約と預金担保貸付 ………………………*34*
14 預金者の認定 …………………………………………………*37*
15 金銭信託と貸付信託…………………………………………*39*
16 窓口での事故と銀行の責任 …………………………………*41*
17 盗んだ金銭による預金の預金者……………………………*43*
18 導入預金………………………………………………………*45*
19 銀行の守秘義務………………………………………………*48*
20 預金の消滅時効………………………………………………*51*

v

目　次

第2章　手形・小切手〔55〕

21　白地手形 ··56
22　手形・小切手の不渡りと不渡り事由 ···59
23　誤って不渡りにした場合の責任 ··61
24　偽造手形・小切手の支払 ··63
25　過　振　り ··65
26　線引小切手 ···68
27　自己宛小切手（預手） ··70
28　信用照会に対する回答と銀行の責任 ··73
29　手形交換の機能と決済方法 ··75
30　依　頼　返　却 ···77
31　異議申立制度と不渡り処分審査請求 ··79

第3章　相　　続〔81〕

32　預金者死亡の場合の一般的対応 ··82
33　預金の相続人・受遺者への対応 ··85
34　相続人の一部の者への支払 ··88
35　貸付先の死亡 ··91

第4章　仮差押え・差押え等〔95〕

36　預金に仮差押え・差押え等があったときの銀行の措置 ···············96
37　差押債権についての陳述の催告に対する回答 ··························100
38　他人名義・無記名預金の差押え ··102
39　差押えと預金の特定 ··104
40　差押えが競合したときの措置 ···107
41　税金の滞納処分を受けたときの銀行の措置 ······························109
42　税金の滞納処分による差押えと差押えの競合 ··························111

43 預金に仮処分や保全処分があったときの銀行の措置 ………… *113*
44 仮差押え・差押えが解除されたときの銀行の措置 …………… *115*

第 5 章　内国為替取引〔*117*〕

45 為替取引の役割 ………………………………………………………… *118*
46 内国為替取引のしくみ ………………………………………………… *120*
47 振　込　み ……………………………………………………………… *122*
48 給与振込みと総合振込み ……………………………………………… *124*
49 振込みの組戻しと取消し ……………………………………………… *126*
50 代金取立て ……………………………………………………………… *128*
51 振込依頼人の誤振込み ………………………………………………… *131*
52 銀行が誤って振り込んだときの責任 ………………………………… *134*

第 6 章　貸 付 取 引〔*137*〕

53 期限の利益の喪失 ……………………………………………………… *138*
54 手形貸付の性格 ………………………………………………………… *141*
55 手形割引の性格 ………………………………………………………… *144*
56 融 通 手 形 ……………………………………………………………… *147*
57 代理貸付の性格 ………………………………………………………… *150*
58 一括支払システム ……………………………………………………… *153*

第 7 章　担保・保証〔*159*〕

59 担保の目的と機能 ……………………………………………………… *160*
60 担保権の種類 …………………………………………………………… *162*
61 保証・担保提供の意思確認と対応 …………………………………… *165*
62 不動産担保の方法 ……………………………………………………… *169*
63 抵当権・根抵当権 ……………………………………………………… *172*

vii

目　次

64　根抵当権の確定 ………………………………………………… *175*
65　累積式根抵当権と共同根抵当権 ……………………………… *178*
66　滌除と代価弁済 ………………………………………………… *181*
67　濫用的短期賃貸借への対応 …………………………………… *184*
68　法定地上権 ……………………………………………………… *187*
69　借地上建物の担保取得（借地権の場合と定期借地権の場合）… *190*
70　ゴルフ会員権の担保取得 ……………………………………… *193*
71　入居保証金の担保取得 ………………………………………… *196*
72　包括根保証の効力 ……………………………………………… *198*
73　保証人の交替と死亡 …………………………………………… *201*
74　保証人の弁済の効力 …………………………………………… *204*
75　信用保証協会の保証の留意点 ………………………………… *207*
76　担保保存義務 …………………………………………………… *210*
77　担保保存義務免除特約の有効性 ……………………………… *214*

第8章　管理・回収〔217〕

78　貸付先の合併 …………………………………………………… *218*
79　法人成り ………………………………………………………… *220*
80　貸付先が倒産した直後の対応 ………………………………… *223*
81　貸付先が法的整理手続に入ったときの措置 ………………… *225*
82　救済融資と否認 ………………………………………………… *228*
83　債務者の破産と手形の商事留置権 …………………………… *231*
84　相殺の要件と機能 ……………………………………………… *234*
85　差し押えられた預金との相殺 ………………………………… *236*
86　相殺権の濫用 …………………………………………………… *238*
87　法的整理手続と相殺権の制限 ………………………………… *240*
88　第三者弁済を受けるときの対応 ……………………………… *243*
89　差押えによる回収 ……………………………………………… *246*
90　不渡り異議申立預託金への差押え …………………………… *249*

目　次

91　生命保険金解約返戻金への差押え ……………………………253
92　貸金庫の内容物への差押え …………………………………256
93　物上代位による賃料差押え …………………………………259
94　物上代位による賃料差押えと一般債権者による差押えとの
　　　優劣 …………………………………………………………261
95　物上代位による賃料差押えと賃料債権の包括譲渡との優劣 …263
96　時効の管理と時効中断手続 …………………………………265
97　競売手続への参加と時効中断 ………………………………268
98　第三者所有の不動産の競売による時効中断 ………………271
99　保証人の内入れと時効中断 …………………………………274
100　主債務の時効消滅と保証債務の時効 ………………………276

　事 項 索 引〔巻末〕
　判 例 索 引〔巻末〕

ix

❈編者・執筆者紹介と執筆分担❈

◆編　者（くわしくは奥付に紹介）　　　　　〔担当講番号〕
高木多喜男（たかぎたきお）　神戸大学名誉教授・大阪学院大学教授　　1, 2

◆執筆者（五十音順）
荒井俊且（あらいとしかつ）　弁護士　　22
岡田康夫（おかだやすお）　弁護士　　8, 17, 24, 65, 78, 88
小川洋一（おがわよういち）　弁護士　　96～98
片岡宏一郎（かたおかこういちろう）　富山大学助教授　　58, 72～75
加藤禮麗（かとうれいじ）　近畿労働金庫　　7, 9～11
門間秀夫（かどまひでお）　弁護士　　82～84
喜多正規（きたまさのり）　三和信用保証　　61, 77
佐々本正人（ささもとまさと）　三和銀行　　26, 27, 31, 37, 40, 42
高橋悦夫（たかはしえつお）　弁護士　　13, 69
竹森茂夫（たけもりしげお）　弁護士　　85～87
田中嘉隆（たなかよしたか）　関西銀行　　6, 28～30, 89
辻井一成（つじいかずなり）　弁護士　　62～64
永井一弘（ながいかずひろ）　弁護士　　32～34
永井真介（ながいしんすけ）　弁護士　　81, 99, 100
西島佳男（にしじまよしお）　弁護士　　16, 23, 66
林　佐智代（はやしさちよ）　弁護士　　20
堀内康徳（ほりうちやすのり）　弁護士　　67, 68, 76
三木憲明（みきのりあき）　弁護士　　93～95
宮川不可止（みやがわふかし）　京都学園大学教授　　3, 4, 19, 25, 51, 53, 92
迎　純嗣（むかいじゅんじ）　弁護士　　70
目方研次（めかたけんじ）　弁護士　　21
吉岡伸一（よしおかしんいち）　三和総合研究所　　5, 12, 14, 15, 18, 35, 36, 38, 39, 41, 43～50, 52, 54～57, 59, 60, 71, 79, 80, 90, 91

序章 金融取引

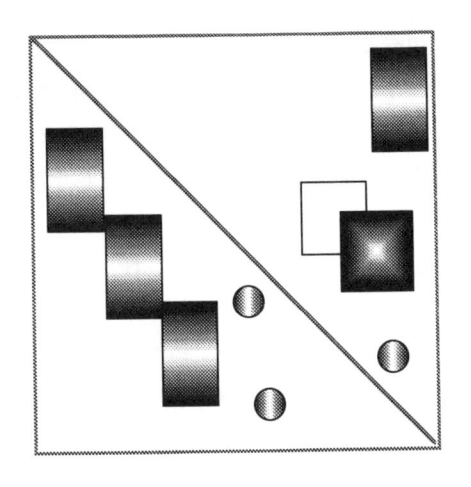

序章 金融取引

1 金融取引・銀行取引とは

Q 「金融取引」とはどういう取引ですか。「銀行取引」ということばも聞きますが、「銀行取引」とは、どういう意味ですか。

A

●銀行取引とは

　「金融取引」の意味を述べる前に、「銀行取引」の意味から説明します。というのは、金融取引の中心は、銀行取引ですし、法律論としても、「銀行取引」ということばがしばしば用いられているからです。

　銀行取引とは、簡単にいえば、銀行が行う取引行為をさすといってよいでしょう。もう少し厳密にいうとつぎのようなことです。

　「銀行」という名称のつく金融機関にはいろいろなものがあります。日常、普通に「銀行」とよんでいるいわゆる都市銀行、地方銀行、第二地方銀行以外にも、信託銀行、長期信用銀行があります。それぞれ、銀行法をはじめ法律（「業法」とよばれています）によって、業務として行いうる取引行為が定められています（たとえば銀行法10条・11条）。このような業法（銀行法のように特定の業種について置かれている法律を「業法」とよんでいます）にもとづいて行われる銀行の取引が銀行取引です。その中心的取引は、預金取引、貸付取引、為替取引です〔それぞれについては3以下にくわしく説明します〕。

　2で、銀行取引約定書のことを説明しますが、その1条1項に「手形貸付、手形割引、証書貸付、当座貸越、支払承諾、外国為替その他いっさいの取引に関して生じた債務の履行については、この約定に従います。」と銀行取引約定書が適用される取引が定められています。それを「銀行取引」ということもあります（銀行取引約定書上は、これらの取引を「銀行取引」とはとくによんでおりません）。確かに、銀行取引を具体的に列挙し、その他いっさいの銀行の行う取引に、銀行取引約定書が適用されるとなっており、この条項に定められている取引が、銀行取引であると解することも可能であり、このようなよび方もできるようにも思われます（後でふれますように、「銀行取引」の意味が裁判上問題にな

り、銀行取引約定書1条1項に定められている取引が銀行取引であると主張されたこともありました）。

　しかし、よく見ますと、一方では、銀行が行ういっさいの取引に適用されるとしていますが、他方では、このような取引に関して生じた債務の履行について適用されることになっています。ですから、取引の相手方である顧客が債務を負わないような取引、たとえば預金取引（普通預金・定期預金）は、ここには含まれていません。

　ここでは、銀行取引とは、最初にいいましたように、銀行が行う取引、あるいはより厳密にいいますと、業法にもとづいて、あるいは業法によって許されている業務として銀行が行う取引行為と理解しておいて下さい。

　法律論として、「銀行取引」の意味が問題となる場合があります。具体的にいいますと、この意味の理解のしかたによっては、当事者間の権利・義務に相違が出てくる場合です。これまでのところ、二つの場合があります。

　一つは、商法の適用範囲に関するものです。取引行為のうち、商法により商行為〔用語解説参照〕となるものは商法が適用され、そうでないものは民法が適用され、当事者間の権利関係に相違が生じることがあります。ところで、商法502条8号は、「両替其他ノ銀行取引」が、商行為になるとしています。この場合の「銀行取引」とは、もっぱら商法を適用するか、それとも民法を適用するかという観点から決定されます（ここではこれ以上くわしいことは述べません）。行政的な取締りの観点から制定されている銀行法等の業法の定める銀行業務とはその範囲は、必ずしも一致しません。

　もう一つは、根抵当権〔63参照〕を設定する場合、被担保債権の範囲を設定行為で定め、登記しなければなりませんが、銀行が根抵当権者の場合には「銀行取引」と定めるのが通常です。保証債権〔72参照〕がこれに含まれるかが問題となりました。判例は、業法で認められている業務から生じる債権は担保されるとしました（信用金庫取引について）。結局、「銀行取引」とは、銀行法によって認められている業務としてなされる取引をさすこととなりました。

用語解説

商　人　　自己の名をもって商行為をすることを業とする者をいう（商法4条

> 以下）。また、商行為以外の営利行為を業とする民事会社や鉱業等を営む者も商法上の商人とみなされる。
>
> **商行為**　　営利活動に関する行為のうち、商法および特別法で商行為と規定されている行為のこと。行為の客観的性質から商行為とされるもの（絶対的商行為）、営業として行う場合に商行為とされるもの（営業的商行為）、商人が営業のためにすることによって商行為とされるもの（附属的商行為）がある（商法501条以下）。
>
> また、当事者の一方にとってだけ商行為である行為を「一方的商行為」といい、双方にとって商行為であるものを「双方的商行為」という。

●金融取引とは

　それでは、「金融取引」ということばの意味を説明します。実は、銀行以外にも、類似の業務が許されている金融機関があります。信用金庫・信用組合・労働金庫・政府系金融機関等があり、それぞれについて業法があり、銀行業務類似の業務をなすことを認めています。これらが行う取引は、実質的には、銀行が行う取引と異なるところはありません。しかし、銀行ではありませんので、「銀行取引」とよぶことは、適当ではありません。そこで、とくにこれらが行う取引をさすときは、「金融取引」とよんでいます。また、実質的には、銀行取引と異なることはありませんので、銀行取引をはじめ、これらを全部ひっくるめて「金融取引」とよんでいます。このような意味で用いられることのほうが多いのです。本書のタイトルである「金融取引」とはこのような意味です。

〔高　木〕

2　銀行取引約定書の意義と性格

Q1　銀行から融資を受けることになり銀行取引約定書の差し入れを求められましたが、銀行取引約定書とはどのようなものですか。

Q2　それ以外にもいろいろな契約書を作成しますが、銀行取引約定書とどのような関係にあるのですか。

A

◯銀行取引と銀行取引約定書

銀行と取引をしますと、通常、銀行取引約定書に署名・捺印をさせられます。保証人がいれば、保証人も署名・捺印を求められます。

銀行との間の取引は、契約を結ぶという方法でなされます。銀行取引約定書は、契約書の一種と見てよいでしょう。しかし、融資を受けるためには、それぞれについての個別的な契約書の作成が必要です（これを「個別的約定書」といいます）。また、担保権の設定や、保証人をつけるためには、それぞれに応じて、担保権設定契約書（たとえば、根抵当権設定契約書〔63参照〕）や、保証契約書〔72参照〕の作成が必要です。銀行取引約定書には、いわば銀行取引から生じる債権・債務についての総則的規定が置かれており、そういう意味で「基本的約定書」とよばれています。銀行取引における憲法のようなものです（もっとも、手形貸付・手形割引〔54・55参照〕については、具体的な条項が置かれており、手形取引約定書としての性格もあわせもっているとされています）。

したがって、銀行と顧客の間に法的な紛争が生じている場合には、具体的な取引についての個別的約定書以外に銀行取引約定書が適用されるわけです。

最もわかりやすい例をあげますと、保証人との間に保証契約が締結されますと、保証約定書が用いられ、保証債務の内容についての約束が、その中に定められていますが、銀行取引約定書にも、保証債務についての重要な約定（「保証条項」とよばれています）がなされています。ですから、保証人の責任が問題になりますと、個別的約定書である保証約定書だけでなく、銀行取引約定

序章　金融取引

書の保証条項が適用されるということになるわけです。

◉約款の問題点

　ところで、銀行取引約定書の内容ですが、これについては、社団法人全国銀行協会連合会（以下「全銀協」と略します）が作成した銀行取引約定書のひな型があり、これをモデルにして、各銀行が作成しています。銀行によっては、ひな型の内容を一部修正したりしていますが、だいたいどこの銀行も同じような内容のものを使用しています。ただ最近では、銀行と顧客が対等の立場であることを明確にするために、その内容等の改正が検討されています。現に一部の銀行ではすでに改訂が行われ新様式のものが使用されています。

　通常、契約といえば、当事者が話し合い、合意した内容で契約書を作成する場合を考えますが、現代の社会では、不特定多数の人を相手に企業が契約を結ぶ場合には、あらかじめ企業の側で、契約内容を決め、それを文章化し印刷された契約書を利用し、相手側には、契約締結の自由はあっても、その内容についてはそれを受け入れるしかないという場合が多いのです（身近なものとしては、保険約款・運送約款があります）。あらかじめ、文章化され印刷された契約は、「約款」とよばれていますが、銀行取引約定書もその一種です。

　このような約款の最大の問題は、企業が一方的につくるものですから、企業の側に有利につくられていることがありえます。現行の銀行取引約定書は、昭和52年に大改正されたものですが、それまでのものはかなり銀行にとって有利な内容になっているという批判が強く大改正されました。約款は、もし一方の利益を無視している内容になっていれば、民法90条の公序良俗違反として無効となります。また、契約解釈の手法を用い一部改定し、制限的に適用するようにすることも可能です。さらに、一部無効の解釈も可能です。現行の銀行取引約定書については、公序良俗違反として無効であるという問題は起きてはいません。しかし、保証条項の担保保存義務免除の特約については、判例は、保証人の代位の利益を害することについて銀行に故意または重大な過失がある場合には、銀行は担保保存義務免除の特約の効力を主張しえないとしております〔**77**参照〕。制限的解釈の例です。

〔高　木〕

第1章 預金取引

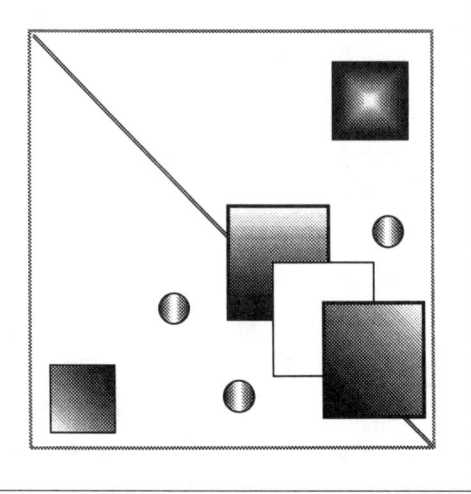

第1章　預金取引

3　当座勘定取引の性格

Q1 当座勘定取引とは、どのような取引ですか。

Q2 当座勘定取引は、どのような取引先が開設・利用できますか。

A

◉**当座勘定取引とは**

　当座勘定取引とは、銀行の取引先があらかじめ手形、小切手の支払資金を銀行に当座預金として預けておいて、振り出した手形、小切手がその銀行に支払呈示されたときにその支払資金で支払することを委託する取引です。

　(1)　**当座勘定取引の法的性質**　　当座勘定取引は、委任契約〔用語解説参照〕のほかに消費寄託契約〔用語解説参照〕を含むか否かについて学説の争いがあります。

　有力説は、取引先の振り出した手形、小切手の支払委託(委任)契約と、その支払資金を銀行に当座預金として預けておく当座預金(消費寄託)契約を含む包括的な契約である、としています。この説によりますと、当座預金は弁済期の定めのない消費寄託契約にもとづく債権と考えられており、当座勘定規定〔4参照〕では、無利息とされています(当座勘定規定20条)。

　当座預金契約が含まれるとしても、当座預金は手形、小切手の支払資金となるべきもので、当座勘定の支払については、他の預金の支払とは異なり、取引先の支払委託にもとづいて手形、小切手の所持人に対して支払われる点に特徴があります。[1]

　(2)　**当座勘定取引と交互計算契約**　　当座勘定取引が交互計算契約を含むか否かについても見解が分かれています。交互計算契約とは、商人〔3ページ　用語解説参照〕間、または商人と商人でない者との間で平常取引をする場合、一定期間の取引から生じる債権・債務の総額について相殺〔84参照〕をし、その残額の支払をすることを約する契約をさしていいます(商法529条)。

交互計算に組み入れられた債権・債務は独立性を失うことになります（これを「交互計算不可分の原則」といいます）。

　通説は、当座勘定取引の当事者は交互計算に関する合意をしていないこと、当座預金に対する差押えが交互計算では不可能となってしまうこと等から、当座勘定取引契約には商法上の交互計算契約を含まないとしています。実務上も当座預金に対して強制執行がなされています。

　他方、判例は、当座勘定取引契約は第三者のためにする契約（民法537条）〔用語解説　参照〕を含むものではないとしています（大審院昭和6年7月20日判決・民集10巻561頁）から、手形、小切手の所持人は銀行に対して直接権利を取得するものではありません。

　(3)　当座勘定取引契約の成立時期　この契約の成立時期については見解の対立があります。消費寄託契約の要物性〔31ページ　用語解説　参照〕を前提にして、契約成立には当座預金の受入れを必要とすると見る説と、一種の口座取引であり諾成契約であるからその受入れがなくても契約は成立すると見る見解がありますが、後者が有力といわれています。

●当座勘定取引の開設

　当座勘定取引は委任契約であり、手形、小切手が信用証券、支払証券であることから、当座勘定取引の開設者は、権利能力と行為能力〔用語解説　参照〕を有し、かつ信用がある者である必要があります。かりに自行を支払場所・支払人とする手形、小切手の不渡りが頻発しますと、第三者はさておき、自行の信用や事務管理に悪影響を及ぼしかねません。したがって、手形、小切手の信用確保、自行の信用保持、顧客とのトラブル回避のためにも、当座勘定取引開設の可否を判断するにあたり、申込人の信用状態を十分に調査、確認する必要があります（手形交換所の取引停止処分〔22参照〕の有無、個人信用情報センターの回答により当座取引のできる者であることを確認し、営業内容、経営者、経営規模等の信用を調査し、確実であると認めた場合に取引を開始します）。当座開設銀行は、手形、小切手の取得者に対して、信用調査をなすべき法的義務はないものと考えられますが、申込人が当座開設屋あるいは不正目的を有する者であることを知り、または重過失により知らないで、当座勘定を開設した場合、不渡り

第1章　預金取引

手形の取得者に対して不法行為にもとづく損害賠償問題が起こるおそれがあります〔 判例 参照〕。

> 判　例
>
> **当座取引開始時の過失が問題となった事例**——東京地裁昭和49年8月8日判決
> （判時767号63頁）
> 　いわゆる当座開設屋であるAがB社名義で当座勘定取引の口座を開設し、手形を振り出した事案で、本判決は、被告銀行が、Aから当座開設の申込みを受けるや、係の者がB社を訪ねて責任者と称する者と面談するなどして調査し、B社が手形事故を起こしたことがないことを確認したほか、Aに出頭を求めて説明を聞いたうえ当座を開設したもので、その後の手形用紙の交付も異常に多いということはなく、被告銀行においてAが当座開設屋であることを知っていたとは認められないし、重過失があったともいえない、と判示した。
> 　東京高裁昭和55年4月15日判決（金商605号34頁）も類似の事案につき、同様の判決を示した。

> 用語解説
>
> **委任契約・準委任契約**　　当事者の一方(委任者)が相手方(受任者)に法律行為(法によって行為者が希望したとおりの法律効果が認められる行為)の委託をし、相手方がこれを承諾することにより成立する契約のこと。受任者は善良な管理者の注意(善管注意義務)をもって事務を処理する義務を負う。
> 　また、法律行為でない事務の委託のことを「準委任契約」という。
> **消費寄託契約・準消費寄託契約**　　当事者の一方(受寄者)が相手方(寄託者)のために保管することを約してある物を受け取ることにより成立する契約を「寄託契約」というが、寄託物が特定の物ではなく、同一種類、同一品質、同一数量の物を返還すればよい寄託契約を「消費寄託契約」という。
> 　また、消費寄託契約によらない他の原因にもとづき金銭その他の代替物を預った者がその物を返還すると約す契約を「準消費寄託契約」という。
> **第三者のためにする契約**　　当事者の一方(諾約者)が、当事者以外の第三者に直接債務を負担することを相手方(要約者)に対して約する契約のこと。第三者のためにする契約においては、第三者は受益の意思表示をすれば、直接諾約者に対して権利を取得する。
> **権利能力と行為能力**　　権利能力とは、私法上の権利義務の帰属主体となる

ことができる資格のことをいい、行為能力とは、法律行為を単独で行うことができる法律上の資格をいう。私法上、すべての人は権利能力をもつが、未成年者、禁治産者、準禁治産者は行為能力をもたない。行為能力のない者が行った財産法上の行為は、法定代理人等において取り消すことができるものとされている。

1）消費寄託契約を否定する学説　この説は、当座勘定への入金は委任事務費用の前払い（民法649条）であって、これには消費寄託契約としての性質は認められないとし、その理由として、消費寄託契約は金銭の保管を目的とするが、当座預金契約は金銭の保管自体を目的とせず手形、小切手の支払資金として提供されるものであることをあげています（水田耕一「貸出」基本金融法務講座（金融財政事情研究会）517頁）。

〔宮　川〕

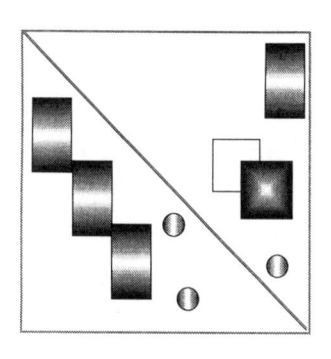

4　当座勘定規定の性格と内容

Q 当座勘定規定とは、どのような性格の規定で、その内容はどのようなものですか。

A

◉当座勘定規定

　当座勘定規定は、当座勘定取引〔3参照〕の約款です。その内容は、①当座勘定の受入れに関する規定、②当座勘定からの支払に関する規定、③当座勘定の管理に関する規定、④当座勘定取引契約の終了に関する規定、⑤補充的な規定について定められています。

　全銀協は、銀行全体の事務の合理化促進のために、昭和40年12月に統一手形用紙制度を実施しましたが、その後、この制度の円滑な運用を確保するために、統一約款の作成作業を進め、昭和44年4月に「当座勘定約定書ひな型」を作成しました。さらに、昭和49年4月16日の理事会で、これを規定方式に改定し新しく「当座勘定規定ひな型」（以下「当座勘定規定」といいます）を制定しました。これが現行の当座勘定規定であり、銀行と取引先間の法律関係を規定し、民法、商法、手形法、小切手法等の一般規定を補充、修正する役割をも果たしています。

　当座勘定規定は、第1条から第26条までありますが、当座勘定の受入れについては、1条から6条までに、当座勘定からの支払に関しては、7条から19条までに、それぞれ規定しています。なお20条以下は、その他の事項（当座勘定の管理、当座勘定取引契約の終了、補充的なこと）に関する規定です。

◉当座勘定規定の主な内容

　(1)　当座勘定の受入れ　　当座勘定に受入れできるものの範囲は、現金のほか、手形、小切手、利札（国債、社債等の債券に附帯して各利払期における利息の支払を約束する有価証券）、郵便為替証書、配当金領収書その他の証券で直ちに取立てのできるものを受入れしています（当座勘定規定1条1項）。手形要件、小切

4 当座勘定規定の性格と内容

手要件の白地はあらかじめ補充するものとし、銀行は白地補充義務を負いません(同規定1条2項)〔21参照〕。

証券類の受入れでは、他店券は当店で取り立て、不渡り返還時限の経過後その決済を確認したうえで支払資金とし、当店券は当店でその日のうちに決済を確認したうえで支払資金としています(同規定2条)。本人振込みでは、当座勘定に振込みがあった場合には、銀行で当座勘定元帳へ入金記帳したうえで支払資金とし、ただし、証券類による振込みについてはその決済を確認したうえで支払資金としています(同規定3条)。

受入証券類が不渡りとなったときは、直ちにその旨を本人に通知すると共に、当座勘定元帳から引き落し、請求がありしだいその証券類を返却しています(同規定5条1項)。

手形、小切手の金額の取扱いについては、複記のいかんにかかわらず、所定の金額欄記載の金額によって取り扱っています(同規定6条)。

(2) 当座勘定からの支払　手形、小切手の支払については、小切手は呈示期間内であると否とにかかわらず、手形は呈示期間内のものにつき支払うこととしています(同規定7条1項)。

手形・小切手用紙については、小切手と約束手形の振出については自行が交付した用紙を使用し、為替手形の引受については金融機関の交付した手形用紙であることを確認すべきことを規定しています(同規定8条1項・2項)。

支払の範囲については、銀行は過振り〔25参照〕の支払義務を負いません(同規定9条1項)。同日に数通の手形、小切手等の支払をする場合に、その総額が支払資金をこえるときは、そのいずれを支払うかは銀行の任意としています(同規定10条)。過振りについては、銀行の裁量により過振りをした場合には、銀行からの請求がありしだい直ちにその不足金を支払うこととし(同規定11条1項)、かつ不足金につき損害金を請求できることとし(同条2項)、過振り支払をした後に当座勘定へ受け入れた、または振り込まれた資金は、過振りの不足金に充当されます(同条3項)。

(3) 届出義務・印鑑照合等　届出事項の変更では、手形、小切手、印章等を失った場合、または届出事項に変更があった場合には、直ちに書面により届け出ることを義務づけています(同規定15条1項)。

第1章　預　金　取　引

　印鑑照合等については、手形、小切手または諸届書類に使用された印影または署名を届出の印鑑（または署名鑑）と相当の注意をもって照合し、相違ないものと認めて取扱いをしたうえは、その手形、小切手、諸届書類につき偽造、変造その他の事故があっても、銀行は責任を負わないと定めています(同規定16条1項)。

　手形要件、小切手要件はできるだけ記載してもらうように求めていますが、振出日、受取人記載もれの手形、小切手が呈示されたときは、銀行はそのつど連絡することなく支払うことができます（同規定17条1項）。また、この取扱いにより生じた損害については銀行は責任を負いません（同条2項）。

　このほか、当座勘定取引の管理、終了等に関する規定等を置いております。

〔宮　川〕

5　当座勘定への入金方法と入金範囲・預金の成立時期

Q 当座勘定には、現金のほかに手形や小切手なども入金できるのですか。また、入金した手形や小切手は直ちに預金として認められるのですか。

A

◯入金方法の種類

　当座勘定に入金する方法としては、店頭入金、振替入金、振込入金などがあります。入金は、預金者である当座勘定取引先が自分で行うのが普通ですが、なんらかの理由により第三者が行うこともできます。

　(1)　店頭入金　　店頭入金とは、銀行の窓口で現金類を入金するもので、当座勘定取引先自身が行う場合には、当座勘定記入帳を用いることが多く、最も基本的な入金方法といえます。

　入金できるものは、現金のほか、手形、小切手、利札、郵便為替証書、配当金領収書など、直ちに取り立てることができるものです(当座勘定規定1条1項)。ただし、手形、小切手などの証券類の場合は、満期(あるいは支払期日)の到来しているもので、自店扱いのもの(当店券)、または他店扱いのもので翌営業日に交換決済できるもの(他店券)にかぎられます。

　しかし、最近は、当該営業店の加盟している手形交換所以外の手形交換所にある金融機関が支払場所となっている手形、小切手であっても、入金処理できる範囲を徐々に広げていっていますから、口座をもっている営業店窓口で入金できる他店券かどうかを確認するほうがよいでしょう。

　なお、入金できない手形、小切手であっても、支払期間内に支払場所に支払呈示する必要がありますから、できるだけ「代金取立て」により取り立てる方法〔50参照〕をとるべきでしょう。

　(2)　振替入金　　振替入金とは、他の預金や借入代わり金を現金を払い出さずに振替操作によって入金するものです。

第1章　預金取引

（3）振込入金　　振込入金とは、振込みの方法により他店または他行から入金するもので、取引先が遠隔地で集金した売上金を入金するとか、取引先の遠隔地にある販売先が売掛金を入金するとかの場合に利用されています〔45・47参照〕。

◉入金と預金の成立時期

　当座勘定に入金したからといって、直ちに預金が成立するとはかぎりませんし、また支払資金とすることができるともかぎりません。

　預金は、金銭の消費寄託契約〔10ページ 用語解説 参照〕であり、現金の場合は、入金と預金の成立時期が同じですが、証券類の場合は、その種類によって預金の成立時期が異なります。

　（1）現金入金の場合　　この場合は、銀行が現金と入金伝票を受け取り金額を確認した段階で預金が成立するものと考えられます。また、最近では、ATM等の機械によって入金することができるようになりましたが、このときは、機械が入金処理をした段階で預金が成立すると考えられます。

　（2）当店券入金の場合　　当座勘定規定では、当店券を入金した場合、入金した店でその日のうちに決済を確認したうえで支払資金とする旨規定されています（当座勘定規定2条2項）。ただし、当店券は自店で直ちに引落し（取立て）をすることができますから、支払口座より引落し確認後に入金すれば、その時点で確定的に預金が成立すると考えてもよいでしょう。

　しかし、事務処理の都合上、入金後に支払を確認する場合も例外的にありますが、このときは、当日中に決済されないことを条件として、入金時に預金が成立したと考えるべきでしょう〔 判例 参照〕。

　（3）他店券入金の場合　　他店券は、手形交換を通じて取り立てなければなりません。そして、この他店券入金については、従来は、取立委任説（他店券の取立委任を受け、その取立代わり金を預金するという関係にあるとする考え方）と、譲渡説（入金時に不渡りを解除条件として他店券を銀行に譲渡し、その時点で譲渡代金により預金が成立するとする考え方）とが対立していましたが、最高裁昭和46年7月1日判決（判時644号85頁）は、取立委任説をとり、現在、当座勘定規定も取立委任説を前提としてつくられているといっていいでしょう。

16

> **判　例**
>
> **当店券入金による預金成立時期が争いとなった事例**——大阪高裁昭和42年1月30日判決（金法468号28頁）
> 　当座預金取引契約を合意解約したにもかかわらず当該取引先が振出人となった手形を当該支店で受け入れた事案で、判決は、銀行が当店券を満期日に預入れを受けた場合、預入れ当日中に、預金不足等による手形不渡り通知をすることにより、預金の成立を否認しても、信義誠実に反するとはえいない、と判示している。

〔吉　岡〕

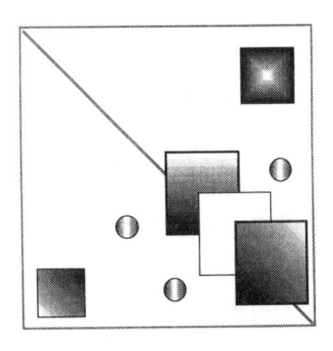

第1章　預金取引

6　当座勘定取引の解約

Q 当座勘定取引は、どのようなときに解約できるのですか。なんらかの制限があるのですか。

A

◉当座勘定取引の解約

　当座勘定取引の解約には、任意解約と強制解約があります。任意解約とは、銀行と取引先との間で合意によって解約することをいい、強制解約とは、一般に銀行の都合によって一方的に解約することをいいますが、強制解約をする場合は相当の事由が必要とされています。

　(1)　任意解約　　当座勘定規定23条1項に「この取引は、当事者の一方の都合でいつでも解約することができます。」と規定していますが、このうち取引先の都合により解約するものを主に任意解約として処理しています。取引先から解約の申出があった場合は、解約の事実を確認する書面に届出の署名・捺印を受け、未使用の手形・小切手用紙を回収します。

　未使用の手形・小切手用紙の回収については、当座勘定規定24条2項に返還義務を課しています。任意解約を受理した場合は、委任の終了となりますから、未決済の手形・小切手があり、それを呈示されても銀行は支払義務を負いません（当座勘定規定24条1項）。

　(2)　強制解約　　銀行が一方的に解約する場合（強制解約）として、まず第一に、取引先が取引停止処分〔**22**参照〕を受けたときがあり、このときは直ちに解約手続をしなければなりません。そして（取引停止処分を事由とする）解約通知の効力は発信したときに生ずることとしています（同条3項）。

　強制解約の第二は、取引振り不良な取引先との当座勘定を解約する場合です。これも当座勘定規定23条1項の規定を適用するもので、銀行の一方的な意思表示で解約することとなります。取引振り不良とは、信用維持をはかる観点から経済社会に対して悪影響を及ぼすような手形の乱発、度重なる支払資金の預入れ遅延（銀行にとって入金待ち）、長期間まったく入出金がない場合な

6 当座勘定取引の解約

ど相当な事由がある場合にかぎられます。

　相当の事由がないにもかかわらず、当座勘定取引を強制解約し取引先に不利益を与えた場合は、銀行が損害賠償責任を負うことになるかもしれませんので、できるかぎり合意によって解約するよう努力することが大切です。

　解約の効力は、解約通知が取引先に到達した「とき」に発生します。到達した「とき」とは、実際に到達した「とき」と、到達しなくても通常到達すべき時に到達したものとみなす「とき」（みなし到達）が含まれます（当座勘定規定23条2項）。

　強制解約の場合、未使用の手形・小切手用紙があるときは、用紙そのものは取引先が買い取ったものですが、不正に使用される可能性がありますので、回収の努力をしなければなりません。判例では「故意に第三者の権利を害するなどの特段の事情のない限り」銀行に回収の義務はない（最高裁昭和59年9月21日判決・金法1076号28頁）、としていますが、銀行実務では、解約通知の文中に「未使用の手形用紙・小切手用紙を返却してください。」と請求催告し、回収努力の記録を残すようにしています。

〔田　中〕

7　普通預金の払戻しと免責約款

Q 普通預金の免責約款とはどのようなものですか。

A

●普通預金の払戻しと免責約款

　普通預金は、金銭消費寄託契約〔10ページ 用語解説 参照〕にもとづく期限の定めのない指名債権(債権者が特定している債権)であり、預金者はいつでも払戻請求を行うことができます。

　これに対して、銀行は窓口に来店した人が正当な受領権者であるかどうかを確認する必要がありますが、不特定多数の人を相手に大量・迅速に処理するため、免責約款を含む取引規定を設けることによって、預金通帳と届出印の押捺された預金払戻請求書の呈示を受ければいつでも払戻しをすることにしています。すなわち、全銀協普通預金規定ひな型によれば、①預金通帳とあらかじめ届け出た印章とを確認することより払戻しができ、②交付した預金通帳や届出印章を失ったときは、書面による届出を要するが、届出前に生じた損害については責任を負わない、③払戻請求書に使用された印影とあらかじめ届出印章による印鑑とを相当の注意をもって照合し、相違ないものと認めて取り扱ったときは、払戻請求書に偽造・変造その他の事故があっても、そのために生じた損害については責任を負わないと規定しています。

　これは判例(最高裁平成5年7月19日判決・金法1369号6頁は、キャッシュカードの不正使用に関して、免責約款による免責を認めている)・学説上認められている附合契約〔用語解説 参照〕の一種であり、取引の円滑化・合理性・公平性等があれば認められるものですが、一方で預金者を拘束しながら、他方銀行に対しては本来つくすべき注意義務は必要であるとし、さらに善意・無過失であることを必要としています〔なお、判例 参照〕。

7　普通預金の払戻しと免責約款

> **判　例**
>
> **預金払戻請求者に対する銀行の注意義務を認めた事例**──名古屋地裁平成4年3月18日判決（金商900号17頁）
> 　「払戻請求者が正当な受領権限を有しないことを疑わしめる別段の事情があり、業務上尽くすべき注意を漫然と怠ったために看過した場合まで免責するものでもない。」とした。
>
> **印鑑照合する際の銀行の注意義務に関する事例**──最高裁昭和47年6月6日判決（金法618号50頁）
> 　「印鑑照合においても照合するにあたっては、特段の事情のない限り、折り重ねによる照合や拡大鏡等による照合するまでの必要はなく、肉眼によるいわゆる平面照合の方法をもってすれば足りるが……社会通念上一般に期待されている業務上相当の注意をもって慎重に事を行うことを要し、……相当の注意を払って熟視するならば肉眼をもっても発見しうるような印影の相違が看過されたときは、過失の責任がある。」とした。

> **用語解説**
>
> **附合契約**　契約内容があらかじめ一方の当事者によって確定されていて、他の当事者は、契約を締結しようとすればその内容に従わざるをえず、それがいやならば契約の締結を断念するほかないという形の契約のこと。

〔加藤〕

第1章 預金取引

8 無権利者に対する預金の払戻しと免責

Q 無権利者に対して銀行が預金を払い戻しても、免責されるのはどのような場合ですか。

A

●無権利者に対する預金の払戻しと二重弁済

　銀行預金取引において、銀行が預金者に対し預金を払い戻す行為は、法律上預金契約における銀行の債務の履行(弁済)にあたります。ところで、銀行が預金者に対して預金を払い戻せば、当然その弁済は有効であり、銀行の預金者に対する債務は本来の目的を果たして消滅しますが、その払い戻した相手方が無権利者(たとえば、預金証書と印鑑を盗み出した者)であった場合、その払戻行為は有効となるのでしょうか。

　無権利者に弁済されても、権利者には利益がないのが通常であり、無権利者に対する弁済は無効であるのが原則です。したがって、真実の権利者(預金者)から預金の払戻しの請求があれば、債務者(銀行)は預金の払戻しをしなければならず、結局銀行は二重に預金を払い戻すことになってしまいます。

　しかし、債務の履行(本問の場合は預金の払戻し)は日頃最も頻繁に行われるものですから、これが安全かつ円滑・迅速になされなければ、契約関係は停滞し、混乱することになりかねません。

　そこで、民法は債権の準占有者に対する弁済(478条)〔後述〕、受領証書の持参人に対する弁済(480条)〔後述〕の場合に無権利者に対する弁済を有効としています。これは、弁済が頻繁に行われる取引であり、これが安全かつ円滑・迅速に行われるようにする必要があること、およびそのような中で受領権限の有無を正確に知ることは債務者にとって困難であることから取引の安全をはかるため設けられたものです。

◉債権の準占有者に対する弁済

　まず、債権の準占有者に対する弁済とは、取引観念上、真実の債権者であると信じさせるような外観を有する者に対して債務者が、その者を債権者であると信頼しかつそう信頼することについて過失がない場合に、その弁済が有効とされることです。この債権の準占有者として判例上表われているのが、債権の事実上の譲受人、表見相続人、預金証書・恩給証書などとその弁済を受けるに必要な印を所持する者、無効な転付命令〔36参照〕を取得した者などです。

　ただ、この債権の準占有者が、債権者本人として弁済を受ける必要があるのか、または債権者の代理人として弁済を受ける場合でもよいのかについて争いがありましたが、判例、学説共に債権者として弁済を受けることも、債権者の代理人として弁済を受けることも、その弁済を受けるについては自己のためにする意思には変わりがなく同様に扱われるべきだとしています。

　また、債権の準占有者に対する弁済の民法478条には、債務者の保護される要件として、善意、すなわち債権者であると信頼したこととしか規定されていません。しかし、この規定は、債務者の外観に対する信頼を保護する制度であり（このような制度は「外観法理」とよばれています）、他の外観法理との均衡上も債務者の無過失を要求すべきであるとされています。また、このように無過失を要求することで真実の債権者との利益考量もきめ細かくでき、より公平な取扱いになるといえます。そして、この無過失であるかどうかは、結局のところ債務者の弁済が取引上要求されている注意義務をつくしてなされたか、信義誠実の原則（信義則）によって判断されます。このほか、真実の債権者の帰責事由も考慮する必要もありませんし、債権の準占有を生じた理由も問いません。

　そして、債権の準占有者に対する弁済が有効であるとは、その弁済により、債務が消滅し、債務者は真実の債権者に対しても免責されるということです。ただし、債権の準占有者は、その弁済を保有する権利をもちませんので、真実の債権者に対して不当利得返還義務〔133ページ　用語解説　参照〕、または債権侵害による損害賠償義務を負担することになります。

第1章 預金取引

●受領証書の持参人に対する弁済

つぎに、受領証書の持参人に対する弁済とは、弁済の受領を証する書面を持参してきた者に対し、債務者がその受領証書を過失なく信頼して弁済した場合にその弁済が有効とされることをいいます。

この受領証書については、真正に成立したものであることが必要であるかが争われていましたが、真実の債権者との利益の均衡から受領証書は真正に成立したものにかぎられるとされています。受領証書が真正に成立したとは、受領証書を作成する権限のある者が作成したということです。

ただ、受領証書が真正に成立したものでない場合でも、諸般の事情からその持参人が債権の準占有者とみなされる場合もあります。

そして、この効果は、債権の準占有者に対する弁済と同様に債務は消滅し、真実の債権者に対しても債務者は免責されます。

〔岡　田〕

9　自動口座振替制度

Q 自動口座振替制度はどのような性質のもので、どのように利用されていますか。

A

◉**自動口座振替えとは**

　自動口座振替えは、徴収者の委託を受けた銀行が、納入者との間に契約を結び、期日に納入者の指定口座から料金等を引き落し、まとめて徴収者の口座に振り替える制度ですが、社会の変化、コンピューター技術の進歩、規制緩和等、また一方、省力化・合理化に伴い各種料金・クレジットカード利用代金・保険料・割賦代金等に自動口座振替えが利用されています。また、普通預金口座から他の預金種目口座へ、ローンの引落しに、銀行と他業種との提携による資金総合口座振替えや銀行間の自動送金など普通預金を決済口座として幅広く利用されています。

　さらに、銀行は決済口座として普通預金で対応を行っていましたが、資金不足を解消するため定期預金等を担保にした当座貸越と組み合わせた総合口座を商品化し、残高不足により引落し不能を少なくする一方、銀行は資金の受皿として給与振込み・年金振込み等に力を入れ、低コストの資金獲得につとめています。

◉**しくみ・法律構成**

　各種料金等口座振替えのしくみ・法律構成については、全銀協総合口座取引規定ひな型4（預金の払戻し等）に「普通預金から各種料金等自動支払いをするときは、あらかじめ当行の手続をしてください。」と規定し、別途契約を行うようにしています。

　銀行は「預金口座振替事務取扱基準」を定め、実施にあたっては、銀行と収納企業との間で「預金口座振替契約」を締結し、自動払いを希望する預金者から「預金口座振替依頼書」を徴求します。また、「預金口座振替申込書」を収

25

第1章　預金取引

納企業に提出しています。

　預金者に対しては、申込書・依頼書に明示することによってつぎの事項の周知徹底をはかっています。

1. 預金規定または当座規定にかかわらず預金通帳・預金払戻請求書の提出または小切手の振出しなしに、請求書記載の金額を預金口座から自動払いができる。
2. 振替日に請求書記載金額を払戻しすることのできない場合、通知することなく、請求書を返却してもよい。
3. この契約を解約するときは、書面により届け出なければならない。
4. 口座振替えに関して、銀行の責めによる場合以外は迷惑をかけない。

　銀行と預金者との関係は、各種料金等預金口座振替えによって支払を委託する委任契約〔10ページ 用語解説 参照〕であり、また銀行と収納企業との関係も、各種料金等の収納事務を委託する委任契約です。そして、収納企業と預金者の関係は、各種料金等支払方法を預金口座振替えで行うという契約になります。

◉善管注意義務

　銀行と預金者・収納企業との間の契約は、委任契約であり、民法644条によると受任者は委任の本旨に従い善良なる管理者の注意義務（善管注意義務）を負っています。このため、万一銀行に故意・過失があった場合は責任を負わなければなりません。

　たとえば、上記4.での銀行の責めによる場合とは、依頼書が出ているにもかかわらず口座振替えがなされていない場合や、解約届・変更届等が出ているにもかかわらず口座振替えがなされた場合であり、この場合は、預金者が被った損害は銀行が責任を負わなければなりません。したがって、業務の流れの中での〝失念〟には十分気をつけましょう。

〔加　藤〕

10 キャッシュディスペンサーによる預金の払戻し

Q CDカードを無権利者が使用した場合には、銀行に責任がありますか。

A

◉**CDカードによる預金の払戻し**

預金の払戻しは、元々預金通帳と届出印章の押捺された払戻請求書の呈示によって行われてきましたが、CDカード(キャッシュカード)による払戻しができるようになりました。これは、CDカードを自動支払機(キャッシュディスペンサー)にセットし、四桁の暗証番号を入力し、この暗証番号と届出の番号と一致すれば払戻しをするしくみです。

したがって、「CDカードと暗証番号」は、「預金通帳と届出印章の押捺された払戻請求書」の払戻方法に代わる特約であり、実質的に同じであるといえます。

◉**免責約款**

取引規定(全銀協カード規定試案)によれば、①CDカードと届出の番号を入力によって払戻しができ、②交付したCDカードを失ったときは、書面による届出を要するが(電話による事前通知も可)、届出前に生じた損害については責任を負わない。③CDカードまたは暗証番号につき、偽造・変造・盗用その他の事故があっても、そのために生じた損害については責任を負わない旨の免責約款を規定しています。

したがって、CDカードを無権利者が取得し、偶然にも暗証番号も一致したために預金を払戻しされた場合の責任については、免責約款により免責されます〔判例 参照〕。

27

第1章　預金取引

> **判例**
>
> **CDカードによる払戻しにつき免責約款の効力を認めた事例——最高裁平成5年7月19日判決（金法1369号6頁）**
> 「銀行の設置した現金自動支払機を利用して預金者以外の者が預金の払戻しを受けたとしても、真正なキャッシュカードが使用され、正しい暗証番号が入力されていた場合には、銀行による暗証番号の管理が不十分であったなど特段の事情がない限り、銀行は免責約款により免責される。」と判示し、免責約款による免責の適用を認めている。

　ここで問題になるのは、①CDカードが真正でなく偽造CDカードの場合と、②銀行による暗証番号の管理不十分の場合である。これら預金者に帰責事由のないものについては、全銀協平成6年4月15日全事第10号カード規定試案の改正により10(2)後段に「ただし、この払戻しが偽造カードによるものであり、カードおよび暗証番号の管理について預金者の責に帰すべき事由がなかったことを当行が確認できた場合の当行の責任については、このかぎりではありません。」を追加し、前掲 **判例** との整合性をはかっています。

●紛失届等の処理

　なお実務上注意しなければならないのは、暗証番号の失念による預金者と称する者からの照会です。この場合、電話照会にはいっさい応じてはいけません。そして、照会依頼書の受付時には本人確認を十分に行う必要があり、預金通帳、届出印および運転免許証等の写真付証明証等で確認し、口頭で回答すべきです。

　また、カード規定試案には、「届出を受けたときは、ただちにカードによる預金の払戻停止の措置を講じます。この届出の前に生じた損害については当行は責任を負いません。」と規定されていますから、紛失届提出以後に払戻しされた場合は、免責を主張することはできません。それゆえ、紛失届を受理したとき、あるいは電話で通知があったときは喪失届に受付時間を記録し、直ちに端末機で支払停止の登録を行うことが大切です。

〔加　藤〕

11 総合口座

Q 総合口座のしくみはどうなっていますか。法的にはどのような性質のものですか。

A

◉**総合口座とは**

　総合口座は、普通預金、定期預金、および定期預金を担保とする当座貸越を組み合わせたものであり、普通預金に残高の不足が生じた場合に、組み入れられた定期預金の90％（千円未満は切捨て）または限度額200万円のどちらか少ない額までその不足額を当座貸越として自動的に払戻しすることができます。当座貸越に残高がある場合には、普通預金に入金された金額は貸越金残高に自動的に返済され、また限度内で繰り返し貸越可能であるため、一般に家計簿がわりに、また公共料金等支払の残高不足を補うため、払う（普通預金）、貯める（定期預金）、借りる（当座貸越）ことができる商品といわれており、預金者は容易・迅速・継続的にサービスが受けられます。

　取引対象は成人個人に限定され、法人・団体との取引は認められません。また、未成年者については定期預金を担保に当座貸越取引が行われるため、法定代理人の同意が必要であるとの理由で、さらに第三者名義の定期預金の差し入れには担保意思確認をしなくてはならないとの理由でそれぞれ認めていません。そして複数口座開設することを認めると最高限度額オーバーになるため１人１口座に限定しています。

◉**法 的 性 質**

　総合口座取引においては、当事者間に金銭消費寄託契約〔10ページ 用語解説 参照〕・委任契約〔10ページ 用語解説 参照〕・根質権設定契約〔164ページ 用語解説 参照〕・当座貸越契約（金銭消費貸借契約〔141ページ 用語解説 参照〕の予約）が成立します。

　普通預金契約・定期預金契約は、合意および目的物の引渡し（金銭の授受）、

第1章 預金取引

すなわち預金の受入れによって消費寄託契約が成立します。しかも、普通預金契約には各種料金の支払、証券類・振込み(給料・年金)の受入れ等を委任することを内容とする委任契約が成立します。

根質権設定契約により総合口座に組み入れられた定期預金は総合口座通帳の定期預金・担保明細欄に記載されますが、定期預金証書等は発行されません。それは民法363条「債権ヲ以テ質権ノ目的ト為ス場合ニ於テ其債権ノ証書アルトキハ質権設定ハ其証書ノ交付ヲ為スニ因リテ其効力ヲ生ス」の反対解釈により合意によって質権が成立すると考えられています。

また、総合口座の場合、確定日付〔用語解説 参照〕はとっていませんが、これは銀行が担保となっている定期預金に差押えを受けたとしても貸越金との相殺〔85参照〕によって対抗(主張)することができるからです(最高裁昭和45年6月24日判決・民集24巻6号587頁)。

根質権の目的物である組み入れられた定期預金はすべて担保になるのではなく、その内の223万円を限度に質権を設定することにしています。

当座貸越契約(金銭消費貸借契約の予約)は、全銀協総合口座取引規定ひな型(以下「総合口座取引規定」といいます)6．(当座貸越)(2)で「普通預金について、その残高をこえて払戻しの請求または各種料金の自動支払の請求があった場合には、当行はこの取引の定期預金および国債等を担保に不足額を当座貸越として自動的に貸出し、普通預金へ入金のうえ払戻しまたは自動支払します。」と規定することによって、定期預金等を担保する金銭消費貸借契約の予約が成立しています。1)

担保処分の方法としては、任意処分しその代金から回収をはかるか、代物弁済〔155ページ 用語解説 参照〕として取得して、正当に評価した価額で回収をはかります(総合口座取引規定14(差引計算等)②③)。

1) 別枠で国債等を担保に入れる当座貸越ができ、利付国債・政府保証債・地方債の額面合計額の80％と、割引国債の額面合計額の60％の合計額、または限度額200万円のどちらか少ない額までできます。この場合、当事者間には国債等保護預り契約・根担保契約〔164ページ 用語解説 参照〕が成立します。
一般に国債等預りは国債振替制度を利用して日本銀行に混蔵寄託〔用語解説 参照〕され、共有持分権等が担保の目的物になります。総合口座取引規定によれば「その国

債等は担保としてその引渡しをうけます。」と規定していますが、質権なのか譲渡担保〔60参照〕なのか規定していません。しかし、いずれにしても、民法344条(要物契約性)〔 用語解説 参照〕による簡易の引渡し（182条2項）〔 用語解説 参照〕がなされいるところから担保権が設定され、しかも質権の場合でも特約で任意処分を規定していますから譲渡担保と異なるところはありません。

> **用語解説**
>
> **確定日付** 証書について、その作成された日に関する完全な証拠力があると法律上認められる日付のこと。私署証書では、公証役場でこれに日付のある印章を押したものがこれにあたる。
>
> **混蔵寄託** 消費寄託〔10ページ 用語解説 参照〕で、他の寄託物といっしょに寄託すること。他の寄託物と区別されることなく寄託されることからこのようによばれる。
>
> **要物契約** 契約の成立に当事者の合意のほか目的物の引渡し等の給付を必要とする(要物性)契約のこと。
>
> **簡易の引渡し** 占有権の譲渡の一方法で、譲受人またはその代理人が現に占有物を所持する場合に現実の引渡しをしないで、単に当事者間の意思表示だけで占有権を譲渡すること。

〔加　藤〕

12 譲渡性預金

Q 譲渡性預金とはどのようなものでどのように利用されていますか。

A

●譲渡性預金とは

譲渡性預金とは、まさに譲渡のできる定期預金のことで、昭和54年5月から取扱いが開始された商品です。当時は、金融の国際化と金利の自由化が本番を迎える時期にあたり、その環境整備の一環として短期金融市場の拡充を促す必要がありました。そこで、アメリカや欧州で活発に取引されていたNCD（Negotiable Certificate of Deposit）（以下「NCD」といいます）を導入しました。

この預金は、金利が臨時金利調整法の適用外とされた初の自由金利預金である点、および発行方法が銀行と預金者の個別交渉による相対発行である点など、当時としては画期的な商品でした。

●NCDの性格

通常の定期預金も債権ですから本来は譲渡可能ですが、預金規定で譲渡を制限しています。しかし、NCDは最初から譲渡することを予定している預金であって、諸外国のものは預金証書も流通証券となっており、債券市場もできています。そして短期金融市場の金利に応じたレートで発行され、預金者が資金を必要とするときは期日前であっても売却できます。

●NCDの内容

わが国のNCDは、有価証券とせず指名債権のままで実施しています。そのため譲渡するにあたっては、証書の交付だけというわけにはいかず、そのつど銀行に対する通知または銀行の承諾が必要となります。そして銀行が払戻しの際に預金者を確認する手段として、譲受人の印鑑を届け出てもらうなど

の手続が必要です。

　現在(平成10年7月末時点)のNCDは、1件当たり額面5,000万円以上1,000万円刻みの期日指定方式となっています。また、金利は現先市場や手形市場などの短期金融市場の実勢を反映してかなり大幅に変動することがあります。発行限度も、当初は当該銀行の自己資本の25％とされていましたが、現在では制限がありません。

◉NCDの利用

　NCDが認められるまで、わが国の短期金融市場は、一般事業法人が参加する債券現先市場と、金融機関のみが参加するコール・手形市場がある程度でしたが、NCD市場はこれを質的にも量的にも拡大、その後も順調に発展、金融機関の短期資金の重要な調達手段となっています。

〔吉　岡〕

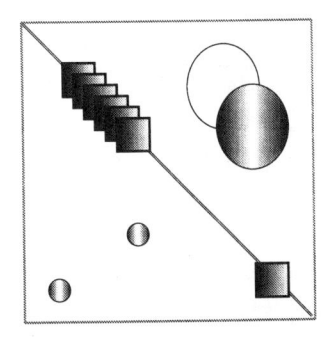

第1章 預金取引

13　定期預金の中途解約と預金担保貸付

Q1　定期預金を中途解約するときにはどのような注意が必要ですか。
Q2　預金担保貸付との関係はどうなりますか。

A

◯定期預金の中途解約

　定期預金は、預金者が一定期間払戻しを受けないとの約定で預け入れる預金ですので、その期間が満了するまでは、銀行は払戻しに応じないのが原則ですが、銀行実務では、払戻請求者に受領権限があるのかどうか疑わしいというような場合を除き、大多数は中途解約の申出に応じているのが実態です。とくに最近は、総合口座が普及していて、その担保定期預金は自動継続扱いの約定になっている関係上、満期後払戻請求は中途解約の形をとることになりますので、中途解約は頻繁に起こるといえます。

　そこで、定期預金の中途解約の場合にも、普通預金の払戻しや定期預金の満期払戻しの場合のように、銀行の無権限者への支払について、債権の準占有者への弁済の規定（民法478条）〔8参照〕が類推適用され、銀行が善意かつ無過失であるときには、その弁済が有効とされるかどうか、すなわち銀行が免責されるかという問題が生じてきます〔**判例**参照〕。

> **判　例**
> **期限前の払戻しに免責を認めた事例**──最高裁昭和41年10月4日判決（民集20巻8号1565頁、金法462号6頁）
> 　預金者のところへ同居していた預金者の妻の姉が、定期預金証書を盗み出して、偽りの印鑑で印鑑登録をしたうえで、預金者の妻と称して預金者の代理人名目で銀行に対して期限前払戻しを請求し、払戻しをした事例において、定期預金債権に関して、契約成立時にすでに期限前払戻しの場合の弁済の具体的内容が合意により確定されているときは、期限前の払戻しであっても民

法478条の適用を受けるとした。

　ところで、前掲 判例 の事案では、銀行はいったん払戻しを拒否したが、払戻しを申し出た事情を確認するために担当係長を預金者の自宅まで赴かせ、担当係長は預金者の妻と称する者に会ったが、格別本人ではないという疑惑を生じさせる事情がなかったという事実が存在しており、普通預金の払戻請求や定期預金の満期払戻請求の場合において、銀行員が預金者と払戻請求者の同一性確認の調査をする以上に、きわめて慎重な手続をとっていて、そこに銀行の善意・無過失が認められ、銀行側が免責された事例です。

　しかし、定期預金の期限前払戻しの場合における銀行員の注意義務について、その後判例は、預金者と払戻請求者の同一性に疑念を抱かせる特段の事由のないかぎり、事実上普通預金の払戻請求や定期預金の満期払戻請求の場合と同じ程度の注意義務（原則として、多くの銀行が行っている預金証書と届出印鑑の所持の確認、事故届の有無の確認、中途解約理由の聴取、払戻請求書と届出印鑑票各記載の住所・氏名、各押捺された印影の同一性を調査確認する）をもって足りるとするにいたっています（大阪高裁昭和53年11月29日判決・金商568号13頁、最高裁昭和54年9月25日判決・金商585号3頁）。

　銀行実務では、中途解約の申出に応じる代わりに、その預金の範囲内で預金を担保として貸し付ける預金担保貸付を行い、その場合、貸付金の返済期日を定期預金の満期日と一致させて、期日に相殺〔84参照〕する約束をしておくことがあります。

　預金担保貸付は実質的には定期預金の期限前払戻しと同じですが、法律的には異なるものですから、この場合にも、銀行の無権限者への相殺について民法478条の規定が類推適用されて、銀行が免責されるかどうかの問題があります。

　これについては、新たに貸付をする場合においては、預金者を定め、その者に対し貸付をし、これによって生じた貸金債権を自働債権として無記名定期預金債務と相殺がされるにいたったときは、実質的には、無記名定期預金の期限前払戻しと同視することができるから、銀行は、銀行が預金者と定めた者が真実の預金者と異なるとしても、銀行としてつくすべき相当な注意を

はらった以上、民法478条の類推適用があるとしています(最高裁昭和48年3月27日判決・民集27巻376頁、金法681号26頁)。

〔高　橋〕

14 預金者の認定

Q1 預金者は、どのように特定すべきですか。

Q2 無記名定期預金の場合はどうですか。

A

◉預金者の認定

　一般に、契約においては、代理〔168ページ 用語解説 参照〕を除き、契約行為者と契約名義人と契約の効果帰属主体が一致します。このことは預金契約（消費寄託契約）〔10ページ 用語解説 参照〕の場合も同様ですが、例外的に、出捐者と預入れ行為者または名義人が異なるケースがあります。たとえば、Aが出捐した金員でBがCの名義で預金をした場合、誰が真の預金者であるか（預金者の認定）という問題が生じます。

　預金者の認定については、三つの学説があります。[1]

　判例は、まず無記名定期預金について客観説〔注1〕の1〕をとることを明らかにし（最高裁昭和32年12月19日判決・金商529号166頁）、その後記名式定期預金についても客観説をとりました（最高裁昭和57年3月30日判決・金法992号38頁ほか）ので、判例は客観説をとることで確立したものと見られています。

◉実務上の留意点

　判例が預金者の認定につき客観説をとっていることから、実務上の処理・対応もこれに合わさざるをえません。客観説では、出捐者が真の預金者ということになりますが、出捐者が表に出てこないケースであれば、通常、銀行が出捐者を知ることはできませんし、調査しようとしても限度があります。

　したがって、銀行が出捐者でない人を預金者であると誤認して預金を払い戻したり、担保提供を受けて相殺〔84参照〕したりすることが起こってきます。しかし、この場合に銀行は、免責約款や債権の準占有者に対する弁済〔8参照〕による免責に期待せざるをえません。そうすると、銀行としては、免責を認

められるよう善意・無過失の事務処理をすることが要件となります。そして、そのためには、預金証書(通帳)および届出印の所持確認が原則となります。

◉無記名定期預金の取扱い

　無記名定期預金は、戦後のインフレ時代に即応した貯蓄増強手段の一つとして設けられましたが、その目的は達成されたという理由から昭和63年3月末かぎりで新規受入れが停止されており、既存の無記名定期預金についても可及的すみやかに整理するものとされました。しかし、まだ従来のものが残っているものと思われます。

　この定期預金の預入れに際しては、銀行に預金者の住所・氏名は届けず、取引に使用する印鑑だけを届けることになっています。しかし、預金者が特定の者であることは通常の定期預金と同じで、その法律的性格は無記名債権ではなく、一種の指名債権であるとされています。

　したがって、銀行としては弁済供託をすることはできません。また、無記名定期預金を払戻しする際、預金証書と届出印の所持人に支払えば、通常ほとんど免責されますが、証書あるいは届出印の盗難や紛失の場合には、真の預金者が誰であるかを慎重に認定しなければなりません。

　1) 預金者の認定についての学説
　　1　客観説(出捐者説)　　自己の預金とする意思で出捐をした者を預金者とする説で現在の通説。
　　2　主観説(預入れ行為者説)　　他人のために預金をする旨をとくに明らかにしていないかぎり預入れ行為者を預金者とする説。
　　3　折衷説　　原則として客観説と同じですが、自己が預金者であると明示的あるいは黙示的に表示した場合には預入れ行為者を預金者とする説。

〔吉　岡〕

15　金銭信託と貸付信託

Q 金銭信託や貸付信託は、預金とどのように違うのですか。

A

◉信託のしくみ

　信託とは、財産をもっている人(委託者)が、財産権を第三者(受託者)に帰属させつつ、その財産(信託財産)を一定の目的(信託の目的)に従って、自己または他人(受益者)のために、その財産を管理・処分してもらう制度です。

◉信託の特色

　信託は、民法上の委任〔10ページ 用語解説 参照〕、請負、代理〔168ページ 用語解説 参照〕などと同様に財産の管理制度の一つですが、財産権が受託者に移るという点が大きな特徴です。信託と類似したものに、代理という制度がありますが、代理の場合には、あくまで名義は変わらず、代理人は他人の権利をその名において管理・処分するのに対して、信託の場合には、財産の名義そのものが受託者に移転し、受託者が名義人になって一定の目的に従い、受益者のために財産の管理・処分を行う制度です。

　なお、信託財産に対する財産権が受託者に移るとはいえ、受託者が自己のためにその財産を処分してもよいということではなく、法は受託者に対して、善管注意義務、忠実義務、分別管理義務、損失塡補・信託財産復旧義務を課して、信託財産を保護しています。

◉金銭信託とは

　金銭信託は、信託財産として金銭を受け入れ、運用収益と信託終了の際の元本を金銭で受益者に交付する信託のことですが、これは、指定金銭信託・特定金銭信託・無指定金銭信託の3種類に分けることができ、指定金銭信託は、さらに合同運用指定金銭信託と単独運用指定金銭信託の2種類に分ける

ことができます。

●**貸付信託**とは

　貸付信託は、合同運用指定金銭信託の一種であり、貸付信託法によって認められた制度で、1個の信託契約約款にもとづいて信託銀行が多数の委託者との間に締結する信託契約により受け入れた金銭を、主として貸付または手形割引〔55参照〕の方法により合同して運用する金銭信託であって、その信託契約上の受益権を受益証券によって表示するものをいいます。

　貸付信託法制定(昭和27年)当初は、資源開発その他の緊要な産業に対して長期資金を供給することを目的としていましたが、その後の改正により、融資対象は国民経済の健全な発展に必要な分野にまで拡大され、信託財産の運用においても有価証券を保有することができるようになっています。

〔吉　岡〕

16　窓口での事故と銀行の責任

Q 入金のため来店した取引先が窓口で盗難にあったときは、銀行に責任があるのでしょうか。

A

● 消費寄託契約の成立時期

　銀行に預金をする顧客と銀行との間の法律関係は、消費寄託契約〔10ページ 用語解説 参照〕であると考えられていますが、本問では、消費寄託契約の成立時期はいつかということが問題になります。

　つまり、銀行の窓口で顧客が預金をする場合、顧客が預金通帳と共に現金を窓口の係員に差し出して預金の申込みをし、係員がこれを受け取り、現金を数えて確認のうえ、通帳に書き込み、通帳を顧客に返すという一連の作業が行われますが、この一連の作業のいつの段階で預金契約が成立するかが問題になるわけです。

● 窓口での事故と預金契約の成否

　この点に関しては、古い判例ですが、本問と類似の事件で、裁判所が一つの判断を示しています（窓口一寸事件）〔 判例 参照〕。

> **判　例**
> **窓口一寸事件**──大審院大正12年11月20日判決〔新聞2226号4頁〕
> 　顧客が銀行員の執務している窓口で、預金を依頼する旨を申し出て金員と預金通帳を窓口に差し出したが、銀行員は、顧客の申出を認識して、うなずき応諾の意思表示をしたものの、金員等には手を触れず、伝票の作成を続行し、一方、顧客は窓口に佇立して金員を監視していた。そして、窃盗の共犯者の1人が顧客の注意をそらせた隙に、他の共犯者が金員を盗んだという事案で大審院は、「当事者間ニ寄託物ノ引渡即占有ノ移転アリタルコトヲ要ス」、つまり、「占有の移転」が必要である旨判示し、当該事案においては占

第1章 預金取引

有の移転が認められないということで、預金契約の成立を認めなかった。

　最近の判例としては、預金の受入れについての権限を有する職員が、定期預金とする趣旨で顧客から金員を受領した場合には、これにより右預金契約が成立し、爾後の金員収納に関する処理は、右結果に影響を及ぼさないと解するのが相当であると判示したものがあり（大阪地裁昭和56年3月5日判決・金商638号18頁）、この判決に対する控訴審（大阪高裁昭和57年1月28日判決・判例集未登載）ならびに上告審（最高裁昭和58年1月25日判決・金法1034号41頁）も第1審の判断を維持しています。要するに、銀行員が預金とする趣旨で金員を「受領」することにより預金契約が成立するものとされています。

●占有の移転ないし受領の時期

　ところで、上掲 判例 のいう「占有の移転」ないし「受領」が、具体的には、どの時点において認められるかということが問題になります。

　この点、学説を参照してみますと、通説は、契約締結権限を有する銀行員が、顧客から金員を受け取り、金額を計算し、これらを預る趣旨の意思表示がなされたとき（具体的には収納印を押捺したとき）に預金契約が成立すると解しているようです。

　そこで、上掲 判例 のいう「占有の移転」ないし「受領」も、通説のいうような行為が行われた時点で認められると考えて差し支えないでしょう。

　結局本問のような事案では、預金契約はまだ成立しておらず、銀行には責任はないと考えられます。

〔西　島〕

17　盗んだ金銭による預金の預金者

Q 預けられた預金が、後日泥棒が盗んだ金銭を預け入れたものとわかったときは、預金者は誰と考えたらよいでしょう。

A

◉預金の性質

　預金は期間を定めて、または期間を定めないで金銭を銀行等の金融機関に預け入れるものですが、法律上は消費寄託契約〔10ページ 用語解説 参照〕となります。

◉預金者の認定

　預金の預金者は、その金銭を預け入れた者が預金者であるのが原則です。ところが、たとえば個人店主が店員に売上金を銀行に預金してくるように指示したところ、その店員が自己名義でその売上金を預金した場合や泥棒が盗んできた金銭を預金した場合には預金者が誰であるか、預金名義人と出捐（しゅつえん）した者が異なるので問題となります。

　金銭の所有権の帰属が問題となるのですが、金銭は他の動産と異なり、その所有権は価値を代表するもので金銭自体には個性のないものであり、占有（現実の支配性）とともに移転するとされています。

　したがって、金銭の所有権者は、占有者であり、預金者も預入れ行為をした者すなわち占有者が預金者であるといえます。

　ただし、前の店員の例では、金銭の所有権の帰属とは異なり預金者は出捐者である店主であるとする判例〔 判例 参照〕があります。

> **判　例**
> **無記名定期預金の預金債権の帰属**──最高裁昭和32年12月19日判決（金商529号166頁）
> 　無記名の定期預金の場合に出捐者が他の者に金銭を交付して無記名定期預

43

金を依頼し、その者が預入れ行為をした場合に、預入れ行為者が右金銭を横領し自己の預金とする意図で無記名定期預金をしたなどの特段の事情のないかぎり、出捐者をもって無記名定期預金の預金者とすべきである、と判示した。

●**本問の検討**

それでは、泥棒の預け入れた預金の預金者は誰でしょうか。預金者は、預入れ行為を行った金銭の占有者であり、泥棒が盗んだ金銭を自己の預金として預入れ行為をした場合も預金者はその泥棒であると解されます。なぜならば、前述の判例も横領した金銭を横領者が自己の預金として預入れ行為をした場合を除いているので、泥棒が盗んだ金銭を自己の金銭とした場合は、金銭の所有権の帰属の原則どおり、盗んだ金銭の所有権は泥棒にあり、その金銭の預入れ行為をしたのは泥棒であるからです。

ただし、被害者は泥棒に対して盗まれた金銭とその預金との因果関係を証明できれば不当利得〔133ページ 用語解説 参照〕として預金債権の返還を請求できますので、銀行としてはこれを理由とする債権差押命令〔36参照〕や債権仮差押命令〔36参照〕等の裁判手続には注意する必要があります。

〔岡　田〕

18 導入預金

Q 導入預金とは、どのようなものですか。なんらかの規制や処罰があるのでしょうか。

A

◯導入預金とは

　銀行が第三者に対して融資をすることの見返りとして預け入れられる預金のことを「導入預金」といいます。たとえば、甲が預金者乙を紹介するから丙に融資をしてやってほしいと銀行に頼みにくるような形で行われます（紹介者甲がいないケースもあります）。このような導入預金によらなければ融資を受けられない丙は、信用力が乏しいうえに、乙や甲に謝礼を渡さなければならないため、貸倒れの危険がきわめて大きいといえます。とくに、裏金利などと称する特別の金銭上の利益を丙から乙に支払うのが普通ですが、このような預金取引は正常なものとはいえず、金融秩序を乱しかねません。

　一方、銀行はこの預金を見返りとはしていますが、正式に担保設定しているわけではないので、丙への融資をこの預金から回収することはほとんど望めません。そうすると、これにより多額の融資金が回収できなくなった場合には、銀行そのものの経営にも影響が出てきます。

◯導入預金の法的規制

　そこで、昭和32年に成立した「預金等に係る不当契約の取締に関する法律」では、導入預金をした者や、その媒介をした者、さらには導入預金に応じた金融機関の役職員も処罰されることになっています。

　この法律によって禁止されている導入預金は、①その預金について裏金利をもらうなど特別の金銭上の利益を得る目的が預金者にあること、②特定の第三者と通じていること、③その預金を融資の担保としないこと、④その第三者に融資をすることを約することの要件を備えた場合です。

　導入預金は、融資の危険を金融機関に転化して、自分は安全な預金という

形で投資しておき、しかも高利を得ようとするところに反社会性があります。そこで、特別の金銭上の利益を得る目的がある場合にかぎって処罰することとされています。

したがつて、中小企業の代表者が会社への融資を受けやすくするために個人で預金をするという場合には、特別の金銭上の利益を得る目的がないので、ここにいう導入預金には該当しません。また、第三者の預金を担保に差し入れるときも、預金者が危険を負担することになりますから、導入預金にはなりません。

◎導入預金の危険性

ところで、導入預金は融資について貸倒れのリスクがあるばかりでなく、預金の払戻しについても問題を生じることが多いといえます。というのは、丙に融資を受けさせるため、乙の預金であるにもかかわらず、丙があたかも自分の預金であるようにふるまつたり、紹介者の甲がこれを詐取しようとしたりするケースが多く、銀行窓口のわずかなミスが二重払いなどにつながつてしまうからです。

◎導入預金の私法上の効力

導入預金は、銀行の経営悪化をもたらしたり、導入預金の払戻しについてトラブルの原因となるなど、各種の弊害を引き起こすものです。そこで、導入預金は、公序良俗に違反し無効となる（民法90条）のではないかという疑問が起こります。

しかし、最高裁判所は導入預金の私法上の効力については有効説をとつています〔 判例 参照〕。

> 判 例
> **導入預金の私法上の効力**──最高裁昭和49年3月1日判決（金商404号2頁）。
> 　導入預金が法律に違反し、当事者が刑事上の制裁を受けることがあるとしても、私法上の効力までも否定しなければならないほど著しく反社会性、反

道徳性を帯びるものと解することは相当ではない、と判示した。

●**実務上の留意点**
　導入預金については、各種の問題を含んでいることを認識し、いやしくも銀行が上記取締法にふれることがないよう、同法の趣旨を正しく十分に理解し、誠実な営業活動、営業態度を心がけることが大切です。
　また、導入預金にもとづく融資についても、判例により有効とされていますが、その融資は不良債権となることが多く、銀行の経営状態を悪化させるほか、社会的に見ても望ましい融資とはいえません。さらに、当該預金の帰属をめぐっては、真の預金者と名乗る者が現われ、銀行が二重払いを余儀なくされることもありますから、このような申出には慎重に対処すべきです。

〔吉　岡〕

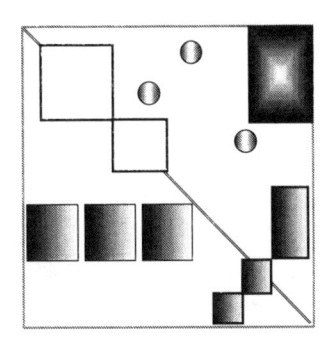

第1章　預金取引

19　銀行の守秘義務

Q1 銀行員はその職務上知りえた取引先の情報を他にもらしてはならない義務(守秘義務)を負っているとのことですが、この守秘義務は何の根拠にもとづいていますか。

Q2 情報を開示しなければならないときもあると思いますが、どのような場合に免責されますか。

A

●銀行の守秘義務の根拠

　銀行の守秘義務については、わが国では実定法上の規定はありません。学説では、銀行その他の金融機関は、顧客との間でなした取引およびこれに関連して知りえた情報を、正当な理由なく他に漏らしてはならないものとして理解されています。たとえば、顧客の預金・貸出金の推移と残高、設備投資、資金繰り、損益状況等の情報がこれに含まれます(会社の商号、本店住所、資本の額等公示されているものは含まれません)。

　守秘義務の根拠について主要なものとして3説があります。[1]

　いずれの説をとるにせよ、銀行に守秘義務があると見る点では一致しており、守秘義務は法的義務と考えられています。そして、銀行が取引先の秘密を漏洩したときは損害賠償責任を負うものと解されています〔 判例 参照〕。

> **判例**
>
> **守秘義務に関する判例**
> 　1——東京地裁昭和56年11月9日判決（金法1015号45頁）
> 　　銀行が預金者の勤務先上司からの要請に応じてその預金者の預金元帳写しを交付した事案につき、正当な理由がなく守秘義務に違反するとして損害賠償責任を認めた。
> 　2——大阪地裁平成2年7月23日判決（金法1289号29頁）
> 　　クレジット会社が消費者の誤ったブラック情報を信用情報センターに報告した場合、信義則上、クレジット契約に付随する信用保護義務の違反として

消費者に対して債務不履行責任を負うとした。

3——東京高裁平成4年2月3日判決（金商910号20頁）
　銀行が顧客の住所・氏名、お客様番号等を記載した宛名ラベルを他の取引先建設会社に交付し、これがダイレクトメールとして利用されてしまった事案につき、個人情報を漏洩したものではないとして銀行と建設会社に対する損害賠償請求を否定した。

　このようにケースにより問題状況が異なるため、画一的に判断することは困難といえます。

◉守秘義務が免除される場合

　しかし、つぎのように正当な理由がある場合には守秘義務が免除されます。
　(1)　取引先の承諾がある場合　　取引先の秘密を開示しても違法とはなりません。個人信用情報センターへの登録とその利用についての同意（当座勘定規定26条）はその一例です。
　(2)　法令の規定による場合　　たとえば各種税務調査（国税徴収法141条・142条、国税犯則取締法1条・2条・3条ノ2、所得税法234条、法人税法154条等）、証人尋問（民事訴訟法190条以下、刑事訴訟法143条以下）、文書提出命令（民事訴訟法223条）、文書送付嘱託（同法226条）、証拠物の押収および捜索（刑事訴訟法197条・218条）、家庭裁判所の調査嘱託（家事審判規則8条）、弁護士法による照会（弁護士法23条の2）等は、いずれも法的根拠のあるものですから、銀行が預金内容等を開示しても違法ではないと考えられています。しかし、その内容、必要性から判断して、正当性が問われる場合もありますので、開示範囲については注意を要します。
　(3)　銀行の営業上必要な場合　　たとえば、銀行間の信用照会に対する回答〔28参照〕については、秘密保持義務を負担する銀行間のみの情報交換であって、他にもれる心配もないので、商慣習として義務違反の責任は阻却されると解されています。ただし、故意・重過失により虚偽の回答をした場合には、損害賠償問題が生じることがあります。
　銀行が正当な理由もなく守秘義務に違反して取引先の秘密を漏洩した場合、

第1章　預金取引

債務不履行もしくは不法行為による損害賠償責任を問われるべきものと考えられています。プライバシーの保護に関心が高まっていることからも慎重な対応を要します。

1）守秘義務の根拠についての学説
　1　契約上の義務説　　取引先との間で銀行取引契約を開始するにあたって明示または黙示に秘密保持の合意をしているものとし、これを取引上の契約から生じる銀行の付随義務であると見る見解。
　2　信義則上の義務説　　銀行取引に伴う信義則上の義務として銀行に秘密保持義務があるとし、これを信義則上の義務であると見る見解。
　3　商慣習説　　金融界において商慣習として秘密保持義務があるとして、これを商慣習上の義務と見る見解。

〔宮　川〕

20　預金の消滅時効

Q 預金は消滅時効にかかりますか。時効消滅するとすれば起算点はいつになりますか。

A

◉消滅時効制度の適用の可否

　預金については、そもそも消滅時効制度が適用されるか否かという問題があります。

　この点、通説・判例は、消費寄託者の返還請求権についてのみ消滅時効の適用を否定する理由は存在しないこと、あるいは債権の成立または消滅の不明確さを一定時間の経過によって、債務者をその立証から解放する必要性などから、消滅時効制度の適用を肯定しています（大審院明治43年12月13日判決・民録16輯937頁、大審院昭和10年2月19日判決・民集14巻2号137頁）[1]。

◉金融機関の消滅時効援用の可否

　つぎに、消滅時効制度を肯定したとしても、金融機関は預金について信義則上消滅時効を援用できないのではないかという問題があります。

　裁判例では、原則として援用を肯定するが特別の事情がある場合には、消滅時効の援用が信義則に反し権利濫用になるとする判例（東京高裁昭和58年2月28日判決・金法1039号49頁）と原則として時効の援用を制限するが特別の事情が存在する場合は、消滅時効の援用は権利濫用にならないとする判例（大阪高裁平成6年7月7日判決・金法1418号64頁）とに分かれています。

　この点、実務上金融機関は、預金獲得上の配慮ないし対外的な信用保持の見地から、預金者の確認ができない等の特別の事情がないかぎり、消滅時効を援用しないという運用になっています。また、この運用は時効が完成した預金を銀行内部の経理処理として雑益に組み入れた場合も同様です。

第1章 預金取引

◉時 効 期 間

民法の一般債権の消滅時効期間は原則として10年です（167条1項）が、商取引の迅速解決の趣旨から商法522条は「商行為に因りて」生じたる債権（商事債権）の消滅時効期間は5年と規定しています。

では、どの金融機関に対する預金についても商法522条の適用があるでしょうか。

まず、銀行は銀行法5条1項に定める株式会社ですから、商人〔3ページ 用語解説 参照〕であり（商法4条・52条）、その営業のためにする行為は商行為（附属的商行為）（同法503条）〔3ページ 用語解説 参照〕といえますし、また営業的商行為（同法502条8号）〔3ページ 用語解説 参照〕といえます。

したがって、銀行が預金者との間でなす消費寄託契約〔10ページ 用語解説 参照〕、つまり預金については商法522条の適用があります。そしてこの場合は、預金者が商人であろうとなかろうと、商事債権として同条の適用があります（商法3条1項）。

問題なのは、営利を目的としない信用金庫、信用組合等の金融機関の場合です。信用金庫、信用組合等は、営利を目的とする法人ではなく、商法上の商人とはいえません（最高裁昭和63年10月18日判決・民集42巻8号575頁、最高裁昭和48年10月5日判決・金法705号45頁）。また、信用金庫は、商法502条8号の「銀行取引」を行っていますが、営業性を有していないと考えるのが多数説です。

したがって、預金取引の相手方が商人であるときは、その借入れは附属的商行為であり、商法3条により同法522条の適用がありますが、相手方が非商人の場合は、同条の適用がありません。

なお、実務上、金融機関は商事債権と民事債権とにかかわらず、預金債務を10年で経理処理上雑益処理をしています（「睡眠預金に係る預金者に対する通知及び利益金処理などの取扱の改正について」全銀協平成3年9月6日通知）。

◉預金の消滅時効の起算点（「権利を行使することを得るとき」）

ではこの10年の時効期間はいつから計算するのでしょうか。消滅時効は権利を行使しうる時から進行を始めます（民法166条1項）。

(1) 普通預金　　最後の預入れまたは払戻しの時点から時効が進行します。

預金者はいつでも払戻しを請求することができることから、預入れと同時に時効が進行しますが、預入れや払戻しのつど、預金債務の「承認」(民法147条3号)があったと解され、時効が中断するからです〔96参照〕。

(2) 当座預金　当座勘定契約の終了時点から時効が進行します。当座預金(勘定)契約が存続するかぎり、預金者は小切手によらないでその払戻しを請求することはできないからです(前掲大審院昭和10年2月19日判決)。

これに対して、最後の預入れまたは一部払戻しがあった時点と解する説もありますが、実務上は、長期間無異動の当座預金口座については、解約手続をとっておくのが無難でしょう。

(3) 自動継続定期預金　最初の満期日から起算します。支払期日までに預金者から継続中止の申出があり、金融機関がこれに応じた場合は、債務承認がありいったん中断し、新たな支払期日が到来した時点から時効が進行します。[2]

金融機関としては最終的な整理措置を講じることのできないのは不便であることから、全銀協が各地方銀行協会へ提出した取扱基準(「睡眠預金に係る預金者に対する通知及び利益金処理などの取扱の改正について」全銀協平成3年9月6日通知)では、最初の満期日から時効が進行するとして経理上の処理をしています。

(4) 通知預金　払戻しの通知がある場合は、通知の日から2日後(払戻しができる日)から、払戻しの予告のない場合は、据置き期間(7日間)を経過した日(預入れ日から起算して8日目から時効が進行します)。

(5) 定期積金　満期日(掛金払込みの遅延があったときは繰り下げ後の満期日)から時効が進行します。

(6) 当座貸越債権　判例は当座貸越契約終了時点からですが、個々の貸越時からとして処理すべきです。

◉時効中断事由

(1) 決算利息元加　決算利息元加については判例・通説は、預金元帳に記入しただけでは債務承認とは認められず時効を中断しないと考えています。その理由は、債務承認と認められるには債務者が相手方の権利を内心認識し

ているだけでは足らず、その認識を外部へ表示することが必要であり、さらにその表示が権利者に対してなされることが必要であるからです。

これに対して、債務承認として認められると考える反対説もありますが、実務上は長期間無異動口座の整理については、いったん整理口座へ移したうえで、利息元加の手続を行わず、さらに10年経過してから雑益組入れ等の最終処理をするのが無難です。

(2) 第三者による差押え　第三者による差押えについては、大審院大正10年1月26日判決・判民大正10年第5事件（我妻評釈）では、時効中断事由とはならないと解していますが、その後も下級審レベルでは反対の判例（大阪地裁岸和田支部昭和39年12月17日判決・判時401号55頁）も出てきており、また有力な反対説もあるため、実務では慎重に取り扱うべきです。[3]

---

1) 預金とは消費寄託契約であり、金銭を銀行に保管させること自体が預金者にとって、権利行使にあたり、権利の上に眠る者とはいえないことを理由に消滅時効制度の適用はないと考える少数説もあります。
2) 継続中止の申出がない場合については判例・学説は確立していませんが、預金者の立場からは、継続中止の申出をしないで放置しているのは、必ずしも権利の上に眠るものではないことを理由に消滅時効の進行する余地はないと考える説もあります（西原寛一『金融法』(有斐閣)118頁、田中誠二『新版銀行取引法』(経済法令研究会)148頁など）。
3) 我妻栄『新訂民法総則』(岩波書店)468頁。

〔林〕

第 2 章
手形・小切手

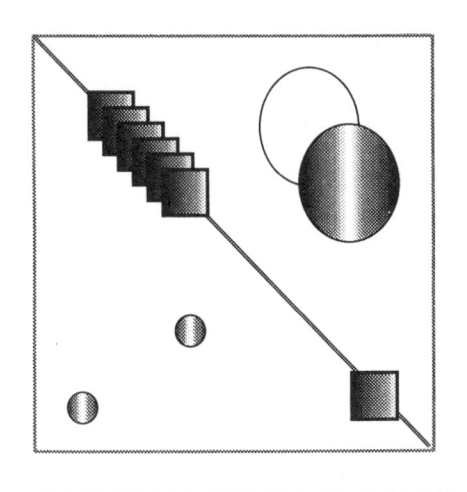

21 白地手形

Q1 白地手形とはどういうものですか。また、銀行に白地を補充する義務があるのでしょうか。

Q2 取立銀行に白地補充権があるのでしょうか。

A

◉白地手形とは

　白地(しらじ)手形とは、手形として必要な記載事項の一部が記載されていないで、後日その取得者に手形要件を補充してもらうことを予定しているものをいいます。銀行実務上は、そのままで完成手形として決済されていますが、実体法および裁判実務上は完成手形とはされていないというギャップがあるため、手形の権利を裁判で実現しようとする場合に問題となります。

　実務上よく見られるのは、受取人白地、振出日白地ですが、満期日白地というのもあります。満期日白地の手形は、手形法上一覧払いとみなすことになっており(手形法2条2項・76条2項)、判例の傾向はこれを無効手形ではなく白地手形としていますが、このような重要要件の欠けている手形の取得は避けるべきであり、割引依頼人等に補充してもらっておくべきです。

◉白地手形と無効手形との区別

　白地手形は要件が充足されるまでは未完成な手形であり、そのままでは手形上の権利を行使することはできませんが、欠けている要件が補充されれば、完全な手形となりますので、白地未補充のままでも流通します。

　白地手形は、白地部分の要件を欠いているから外見上は無効な不完全手形と変わりません。そこで、結局、補充権の有無で白地手形は無効手形と区別されることになります。そうするとつぎは補充権の有無を何で判断するかが問題となります。

　この補充権の有無については、学説上、主観説(振出人が欠けた要件を受取人に補充させる意思を有していたかによる)、客観説(書面の外観上補充が予定されているか

による）、折衷説（要件の記載を欠く手形の振出人は、補充権を与える意思いかんを問わず当然補充権を与えたものとする）の争いがありますが、判例は、基本的には主観説の立場に立ちつつ（大審院昭和5年10月23日判決・民集9巻972頁）、要件を欠く手形に署名して相手方に交付したときは、特別の事情がないかぎり、補充権授与の意思が事実上推定されるとして（大審院大正14年12月23日判決・民集4巻761頁）、折衷説的立場をとっています。

◉白地のままの支払呈示

　手形の主債務者である振出人に対する関係では、支払呈示期間内に完成手形として呈示することは、手形上の利息または遅延損害金請求の要件にすぎませんので、所持人は、支払呈示期間経過後でも手形債権ないし白地補充権が時効消滅しないかぎり、白地補充のうえ主債務者に対し、手形金および遅延損害金を請求することができます。

　そして、白地手形のまま訴えを提起した場合、白地部分を補充した翌日から遅延損害金を請求できることになります。

　ところが、手形の裏書人等の遡求義務者に対する関係では、白地部分を補充しないまま支払呈示期間内に支払呈示しても適法な呈示にならないので、遡求権保全の効力はないことになります（最高裁昭和41年10月13日判決・民集30巻8号1632頁）。

　そこで、訴訟で支払呈示期間経過後に白地を補充したことが明らかになると、遡求義務者に対する手形金等の支払請求は不可能となります。

　以上のとおり、白地手形による請求あるいは訴え提起の際には、主たる債務者に対する請求でも遡求義務者に対する請求でも、不都合が生ずるおそれがあるので、支払呈示期間内における呈示の際には、白地部分を補充しておくことが重要といえます〔判例参照〕。

〔判例〕
白地手形に対する判例の考え方——下級審判例には、確定日払手形の振出日付や、受取人、振出地のように手形上の権利の確定に関係のない手形要件については、これは手形要件ではないとし、呈示の効力を認めたものがあるが

第2章　手形・小切手

(京都地裁昭和39年2月5日判決・金法372号9頁等)、受取人欄白地の手形は補充前には権利行使できないとするのが最高裁の判例である（最高裁昭和43年10月8日判決・金法531号37頁）。

●銀行の白地補充権

　白地手形の補充権は、手形とともに移転し、手形を取得した者は同時にこの権利を取得します。したがって、原則として所持人に補充権があることになります。白地手形の取立を依頼された場合、銀行は善良なる管理者として委任事務を処理することになり(準委任契約)(民法656・644条)〔10ページ 用語解説 参照〕、この場合は、所持人の代理人として補充ができます。

　もっとも補充が可能としても、補充する義務まで負うかは問題であり、当座勘定規定ひな型や代金取立規定ひな型では、銀行は白地を補充する義務を負わない旨を約定しており、このような特約も有効ですが、この特約がない場合でも、銀行には、白地補充を促したり、自ら白地補充する義務を負うものではないとした判例（最高裁昭和55年10月14日判決・金法956号31頁）があります。

約束手形（統一用紙）の記載事項（表）

　約束手形の記載事項は、＊1手形番号、＊2手形交換所名と統一手形交換所番号、＊3銀行の統一金融機関番号、＊4部店番号、＊5銀行の交換整理番号、＊6磁気印字、＊7顧客の口座番号である。

〔目　方〕

22 手形・小切手の不渡りと不渡り事由

Q 入金した手形・小切手が不渡りになったときはどう処理されますか。不渡り処分を受けるとどうなりますか。

A

◉不 渡 り

　一般に手形・小切手の所持人は、自らの取引銀行に手形・小切手の取立てを依頼し、依頼を受けた銀行（手形持出し銀行）は、手形交換所における呈示等を通じて取立事務を処理します。ところが、支払銀行における振出人の当座預金残高が不足していたり、振出人が詐取などの手形事故を届け出ている場合には、不渡り手形として手形持出し銀行に返還されると共に、通常、手形交換所に対し不渡届が提出されます。これが「手形・小切手の不渡り」とよばれるものです。

◉不 渡 り 事 由

　不渡り事由としてはつぎの3種類があります。
　第1の不渡り事由は、「ゼロ号不渡り事由」とよばれているもので、形式や裏書の不備等適法な支払呈示がないというべき場合や和議等により保全処分〔43参照〕で出ている場合等であり、不渡り届の提出も必要ありません。
　第2の不渡り事由は、「第1号不渡り事由」とよばれているもので、振出人（支払人）の当座預金残高不足および取引なしの場合であり、手形交換所に第1号不渡り届が提出されます。この不渡り事由は、支払人の信用にかかわるものと解釈されています。
　第3の不渡り事由は、「第2号不渡り事由」とよばれているもので、契約不履行、詐取等、前記以外の不渡り事由がこれにあたり、第2号不渡り届が提出されます。この場合には、原則として手形と同金額を支払銀行に預託することが義務づけられます。
　第1号不渡りおよび第2号不渡りの場合、手形では支払銀行が不渡り事由

59

を付箋に記載し、小切手では不渡り事由を直接裏面に記載して、手形・小切手の持出し銀行に返還します。

◉**取引停止処分**

　手形・小切手の振出人または引受人が6カ月以内に2回第1号不渡りを出すと、手形交換所規則の定めにより、銀行は同人に対し2年間当座勘定取引および貸出取引を停止しなければなりません(取引停止処分)。事業者にとって銀行取引ができなくなることは、実際上事業活動が困難になることを意味しますので、できるかぎり不渡りを出さないように注意することになり、これにより手形・小切手による円滑な信用取引が維持されることになります。

〔荒　井〕

23　誤って不渡りにした場合の責任

Q 銀行が誤って手形・小切手を不渡りにした場合には、どのような責任をとらなければならないでしょうか。

A

◉銀行が誤って不渡りにした場合

　振出人が、手形・小切手を不渡りとした場合には、手形交換所から参加銀行に対し不渡り報告がなされることになり、その結果、振出人の経済的信用は大きく傷つけられることになります。

　そして、「銀行業者は、その業務の遂行に当たっては、細心の注意を払うべく、みだりにその利用者、就中、商人の経済的信用を失墜せしめることのないよう尽力すべき一般的注意義務」(大阪地裁昭和43年6月24日判決・金法536号27頁)を当然に負っていますから、銀行は、誤って手形・小切手を不渡りとした場合、不渡りを出した取引先に対して、債務不履行ないし不法行為により、損害賠償責任を負うこととなります。

　したがって、銀行としては、手続ミスなどの過誤により手形・小切手を不渡りとすることを避けるため細心の注意をはらうべきですが、①支払銀行において、営業時間ぎりぎりで手形・小切手決済金の入金処理がなされた場合や、②持出し銀行から返却を依頼された手形を返還した場合などにおいては、銀行内の連絡ミスにより誤って不渡り届が手形交換所に提出されてしまう事態が生ずることがあります。

◉取消請求

　このような場合、銀行としては、手形交換所規則による取消請求を行うことが必要となります。手形交換所は、銀行から不渡り届が提出された場合、交換日から起算して4営業日目に不渡り報告を行いますので、誤って不渡り届を提出した銀行は、交換日から起算して3営業日目の営業時限までに取消請求を行わなければなりません。

第 2 章　手形・小切手

◉**不渡りになった場合の銀行の責任**

　銀行が取消請求も行わず、手形交換所から不渡り報告が参加銀行に対して行われてしまった場合には、銀行は損害賠償責任を負うことになります〔 判例 参照〕。

> 判　例
>
> **損害賠償の範囲についての判例──前掲大阪地裁昭和43年6月24日判決**
> 　銀行の過失により手形の振出人が不渡り処分を受けたところ、興信所などがこれを報じたため、手形の振出人が不渡り処分を受けたことによる信用の失墜により倒産にまで追い込まれたという事案。
> 　裁判所は、手形交換所の行う不渡り報告は加盟金融機関にのみに通知され部外者には公表されるものではないこと、不渡り報告は取引拒絶処分ではなく、一般には金融機関との当座預金取引および貸付取引等にはなんら影響を及ぼさないものであることなどを理由とし、振出人の倒産は、通常損害ではなく、特別損害に該当する、と判示した。

　いずれにしても、銀行としては、誤って手形・小切手の不渡り届を出すことのないよう細心の注意を払うべきであり、また誤って不渡り届を出してしまった場合には、すみやかに取消請求を行う必要があります〔 判例 参照〕。

> 判　例
>
> **取引停止処分の取消請求を認めた判例──仙台高裁平成10年2月4日決定**
> （金法1508号75頁）
> 　銀行は、自己の過誤にもとづいて手形債務者たる振出人を銀行取引停止処分に陥らせたので、その過誤を是正すべき委任契約〔10ページ 用語解説 参照〕上の義務を負担しているというべきであるから、手形交換所の規定にもとづき、銀行協会に対し、取引停止処分の取消請求をすべき義務がある、とした。

〔西　島〕

24 偽造手形・小切手の支払

Q 偽造の手形・小切手を銀行が支払った場合には、どのような責任を負わなければならないでしょうか。

A

◉**偽造の手形・小切手**

　偽造とは、権限なく手形・小切手を振り出すこと、または権限のない者が不真正な署名を手形・小切手にすることなどをいいます。

　偽造手形・小切手には、被偽造者、つまり手形・小切手上に振出人等として表示されている者の手形行為（手形法、小切手法における意思表示）がありません。したがって、偽造手形・小切手は、被偽造者との関係においては無効なものであり、いいかえると被偽造者は手形・小切手上の責任を負わなくてよいものです。

　しかし、手形・小切手は、市場に流通することが予定されたものであるために、市場において手形・小切手を取得した第三者が不測の損害を被らないようにする必要もあります。

　そこで、偽造手形・小切手の被偽造者は原則的には手形・小切手上の責任を負いませんが、手形・小切手取得者が真正な手形・小切手であると信頼することに正当な理由がある場合には、例外的に被偽造者にも手形・小切手上の責任があると取り扱われることがあります。具体的には、被偽造者において手形用紙、取引印の保管に落ち度があった場合等に偽造手形・小切手がつくられた場合があげられます。

◉**偽造手形・小切手を銀行が支払った場合**

　以上のように、偽造手形・小切手は、被偽造者にとっては原則的に無効なものですが、それではこの偽造手形・小切手を支払担当者である銀行が支払った場合には、どのように取り扱われるのでしょうか。

　手形・小切手は、振出人と銀行との当座勘定取引契約により処理されます。

第2章　手形・小切手

　当座勘定取引においては、振出人は自己において正当に振出しまたは引受をなした手形・小切手についての支払委託がなされています。したがって、偽造手形・小切手は、被偽造者の委託のないものといえますから、銀行がそのような偽造手形・小切手を支払っても、その効果を被偽造者に帰すことはできないと考えられます。

　そう考えると、偽造手形・小切手を銀行が支払った場合、銀行は被偽造者に対し、支払金額の返還義務もしくは当座勘定取引における善良なる管理者の注意義務(善管注意義務)違反による損害賠償義務を負担することになります。

　もし、偽造手形・小切手の支払による損失がすべて銀行の負担となるとすれば、銀行は手形・小切手を支払う際に、その手形・小切手が真正なものか、偽造されたものでないかを慎重に調べなければならないことになってしまいます。そうなると、手形・小切手を多量に円滑かつ迅速に決済することができず、本来の手形・小切手に期待されている機能が果たせなくなってしまいます。

　そこでわが国においては、当座勘定規定16条の規定するとおり、上記損失は、被偽造者において負担するものとする商慣習があるとされています(判例同旨)。これは、手形・小切手の迅速・円滑な決済制度を利用する者は、それに伴うリスクも負担するべきであるとする考え方によるものと思われます。

　この当座勘定規定16条によれば、偽造手形・小切手を支払った銀行も免責されることになりますが、この当座勘定規定16条の適用を受けるためには、支払った銀行が相当の注意義務をつくしたことが必要となります。

　銀行が相当の注意義務をつくしたとされるためには、手形・小切手に使用された署名、印鑑と銀行に届け出られた署名、印鑑との照合(当座勘定規定16条1項)、手形・小切手用紙が銀行所定のものと同一か否か（同条2項）等につき相当の注意を払わなければなりません。このほか、相当の注意が払われたか否かは、手形・小切手番号の照合、手形・小切手上の記載に異常がないか、手形・小切手につき事故届・紛失届が提出されていないか等の事情も加えて総合的に判断されます。

〔岡　田〕

25 過振り

Q 過振りとは、どのようなことをいうのですか。また、どのようなときに行われ、どのように処理されるのですか。

A

◯過振りとは

　過振り(かぶり)とは、当座取引先が当座勘定の支払資金(貸越契約のある場合は貸越限度額)をこえて手形・小切手を振り出すことをさしていうこともありますが、銀行実務では、貸越契約の有無にかかわらず、銀行が当座取引先の当座勘定の支払資金をこえて手形・小切手の支払をすることを「過振り」といっています。

　当座勘定規定では、「呈示された手形・小切手等の金額が当座勘定の支払資金をこえる場合には、当行はその支払義務を負いません。」との定めがあります(当座勘定規定9条1項)。しかし、その場合、いっさい支払わないことにしますと、僅少の残高不足でしかも取引先と連絡がとれない場合に、取引先の手形・小切手が不渡りになってしまいます。そこで、当座勘定規定には「第9条の第1項にかかわらず、当行の裁量により支払資金をこえて手形、小切手等の支払いをした場合には、当行からの請求がありしだい直ちにその不足金を支払ってください。」との規定があり(同規定11条1項)、この条項は、9条1項にかかわらず銀行が支払資金をこえて手形、小切手等の支払をした場合、すなわち過振りをした場合の取扱いを定めたものです。

　過振りをするか否かは銀行の独自の意思によって決められ、銀行は取引先の依頼があったからといって、貸越義務を負うものではありません。この過振りの処理をした場合、銀行からの請求がありしだい取引先はこの不足金を直ちに支払う義務があることを本条項は明らかにしています。「当行の裁量により」とは、取引先の依頼を受けないで銀行が独自の判断によって過振り支払ができることを明確にする趣旨であり、依頼を受けてする過振りができないというものではありません。

第2章　手形・小切手

●過振りの法的性質

　過振り支払には、当座預金残高(貸越限度額)をこえて手形、小切手が呈示され、これの支払をした場合(いわゆる赤残過振り)のほか、預金残高の範囲内で手形、小切手が呈示され、これの支払をしたが、預金のなかには受入れした他店券が含まれており、この決済を見込んで支払う場合(いわゆる他手過振り)があります。

　銀行が取引先の依頼を受けないで過振りをした場合、過振りの法的性質については委任事務処理説1)と事務管理説2)が有力です。

　商行為〔3ページ 用語解説 参照〕の受任者は委任の本旨に反しない範囲内で委任を受けない行為をもすることができるのであり(商法505条)、また支払呈示があった際に支払資金が不足していたとしてもその手形、小切手は銀行に支払委託する趣旨で振り出されたものであり、裁量による過振り支払権限があり、不足金の支払義務を特約している以上、過振りの支払を委任事務処理と見るのが妥当です。

　いずれの立場をとるにせよ、過振りは、取引先に対して貸出しをするのと同じことであり、信用のある取引先にかぎって支店長承認のうえで例外的に許容するべきもので、銀行として安易に行うものではありません。

　当座勘定規定によりますと、過振り不足金に対しては損害金を請求できることとし(当座勘定規定11条2項)、過振り支払をした後に当座勘定へ受け入れ、または振り込まれた資金は、過振り不足金に充当され(同条3項)、不足金と損害金の支払がない場合には、銀行は諸預り金その他の債務といつでも差引計算することができ(同条4項)、過振り不足金が残っている場合には、本人から当座勘定に受け入れ、または振り込まれている証券類は、その不足金の担保として譲り受けたことになります(同条5項)。受け入れた手形、小切手で取立委任裏書がなされていたものが本条による担保となったときは、これを譲渡裏書に変更しておく必要があります(これをしておかないと銀行は取引先に対する人的抗弁をもって対抗〔主張〕されることになります)。

　　1)　委任事務処理説(大審院昭和18年4月16日判決・法学12巻10号94頁、東京地裁昭和34年11月6日判決・下民集10巻11号2343頁)　　手形・小切手は支払委託の趣旨で振り出された

ものであり銀行に対する支払委託があると見るもので、この説によりますと、過振り金全額の請求が認められます（民法650条）。

2）事務管理説（田中誠二『新版銀行取引法』〔四全訂版〕（経済法令研究会）472頁）　義務がないのに支払をするものでありこれを事務管理（同法697条〔121ページ 用語解説 参照〕）と見るもので、この説では過振り金の請求は有益費用にかぎり認められます（同法702条）。

〔宮　川〕

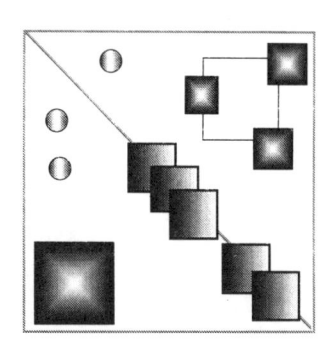

26 線引小切手

Q 線引小切手とはどんな小切手のことですか。持参人に現金払いをしてもかまいませんか。

A

◯線引小切手とは

　線引小切手とは、小切手の表面に2条の平行線を引いた小切手であり(小切手法37条1項・2項)、小切手が一覧払いで、持参人払い方式が多いため、盗難や紛失等で小切手を不正に取得した所持人が、小切手を安易に現金化することを防ぐために設けられた制度です。

　線引小切手には、一般線引と特定線引の2種類があります。一般線引小切手とは、2条の平行線内になんらの指定もしないか、または「銀行」もしくは同一の意味の文字を記載した小切手であり(同条3項)、特定線引小切手とは、2条の平行線内に銀行の名称を記載した小切手です(同条同項)。線引や特定線引内の銀行名は抹消することができず、たとえ抹消しても、抹消はないものとみなされます(同条5項)。

　現金払いについては、当座勘定規定で小切手の裏面に届出印の押捺(または届出の署名)があれば、その持参人に現金払いができることになっています。

◯線引小切手の効力

　支払銀行は、線引小切手の支払呈示を受けると、一般線引小切手の場合には銀行あるいは支払銀行の取引先に対してのみ支払うことができ(小切手法38条1項)、特定線引小切手の場合には指定された銀行に対してのみ支払うことができます(同法37条2項)。ただし、数個の特定線引のある小切手は、支払うことができません。しかし、2個の特定線引のうち1個が手形交換所における取立てのためになされた小切手は支払うことができます(同条5項)。

　また、銀行は自己の取引先あるいは他の銀行からのみ線引小切手を取得したり、これらの者のために線引小切手を取り立てることができます(同条3

26 線引小切手

項)。

　上記の規定を遵守しなかったために損害が発生した場合には、支払銀行および入金銀行は、小切手の金額を限度としてその損害を賠償しなければなりません(同法38条5項)。

◉**線引小切手の現金払いについて**

　小切手所持人が、線引小切手を支払銀行へ呈示して現金払いを要求しても、上記の線引小切手の効力から、支払銀行は一般線引小切手の場合には、小切手所持人が銀行あるいは自分の取引先以外であれば、また特定線引小切手の場合には指定された銀行以外であれば、支払うことができません。そこで、支払銀行は現金支払を拒絶して、小切手所持人の取引銀行からの取立てを依頼したり、一般線引小切手であり、かつ自分の取引先である場合には、取引先の口座に入金後、出金手続を取り現金支払に応じています。

　ただし、支払銀行は小切手振出人(当座取引先)との間の当座勘定規定で、線引小切手でも、小切手の裏面に届出印の押捺(または届出の署名)があるときは、その持参人に支払うことができる旨の規定に従って通常現金支払を行っています。

　しかし、この線引小切手の現金支払は当座取引先と銀行間で有効であっても、法的には小切手の正当な権利者でない者に支払った場合には、正当な小切手の権利者である第三者には対抗(主張)することができません。そこで、銀行は第三者から小切手法38条5項の規定にもとづき損害賠償を請求されるおそれがあるので、銀行は当座勘定規定で当座取引先に対して損害賠償の求償ができるよう規定していますが、当座取引先の信用が悪化していると求償ができなくなるおそれもあるので、小切手の呈示者が正当な権利者であるか否かに疑問があるときは慎重に対応しなければなりません。

〔佐々本〕

27　自己宛小切手（預手）

Q1 銀行の自己宛小切手はどのようなときに利用されるのですか。

Q2 自己宛小切手を紛失したときには、どうすればいいのですか。

A

◯銀行の自己宛小切手

　自己宛小切手とは、「預手」ともいわれ、銀行が自己を支払人として振り出す小切手であり、その支払の責任を負っています。そのため、取引界では通常その支払が確実であるとして現金と同様に取り扱われています（最高裁昭和37年9月21日判決・金法324号4頁で引用）。

　したがって、銀行の自己宛小切手を利用することにより多額の現金を移動させずに取引の決済が可能となるので、遠隔地での取引、即時決済の取引や送金の手段（送金小切手）に利用されています。

◯銀行振出の自己宛小切手を紛失した場合

　小切手所持人は、自己宛小切手を振り出した銀行へ小切手を紛失したこと、および紛失した小切手が支払呈示された場合には支払を停止するよう自己宛小切手の振出を依頼した依頼人と連名で届けます（支払停止の依頼）。

　ただし、振出銀行は、自己宛小切手紛失届を受理するに際して「貴行が支払うことを適当と認めて支払った場合には異議を述べない」旨の特約をしています。これは、普通の小切手の場合、振出人が支払を銀行に委託しているので、振出人から銀行に、紛失した小切手の支払停止の依頼があれば、支払銀行は支払の委託がなくなったとして呈示された小切手の支払を行いませんが、銀行の自己宛小切手の場合、振出人と支払人が同一であり、支払の委託関係がないので、小切手の善意の所持人が支払呈示してくれば支払を拒絶することができないからです。すなわち、呈示された小切手が呈示期間内であ

れば遡求義務〔用語解説 参照〕（小切手法39条）を、呈示期間経過後であれば利得償還義務〔用語解説 参照〕（同法72条）を振出人が負うためです。

また、小切手を紛失した小切手所持人は除権判決〔用語解説 参照〕を受け、紛失小切手を無効（公示催告手続及ビ仲裁手続ニ関スル法律784条・785条）にした後、銀行に対して紛失小切手額の支払を求めてくるからです。

◉振出銀行の対応

振出銀行は自己宛小切手の紛失届を受けるに際して、小切手紛失者が正当な権利者であるかどうか、銀行の自己宛小切手の発行依頼人から小切手紛失者への流通経緯、紛失状況、警察への届出等をエビデンスによって確認し、上記の自己宛小切手紛失届を受理します。

万一、紛失小切手が支払呈示されると、銀行は小切手の最終所持人が善意の第三者であると支払を拒絶できないので、小切手の最終所持人に直接面談を行い、当該小切手の取得経緯や事情を確認して、小切手の最終所持人が善意の第三者であるかどうかを確定しなければなりません。

しかし、支払銀行は通常小切手の最終所持人とは取引関係もなく、取得経緯等の聴取で小切手の最終所持人が善意の第三者であるかどうかの判断を行うことは実務上困難であるため、支払銀行は事故届を提出した小切手発行依頼人および小切手の最終所持人に連絡して、当事者間で話合いを行わせて、その結果に従って処理を行います。

しかし、当事者間で決着がつかないときや小切手の最終所持人を善意の第三者と確定できない場合には、銀行はとりあえず小切手の支払を行わず不渡り返還（第2号不渡り）手続〔22参照〕をとって事実関係の把握に努めます。

用語解説

遡求義務　手形や小切手が不渡りになった場合、裏書人等が、被裏書人その他自分よりも後にその手形・小切手を取得した者に対し、償還請求に応じなければならない義務のこと。

利得償還義務　手形や小切手上の権利が、手続の欠缺または時効によって消滅した場合に、実質上利得を受けた者が、その受けた利益の限度において償還しなければならない義務のこと。

第 2 章　手形・小切手

除権判決　　権利者の申立てにより、公示催告手続を経て株券・手形などの有価証券を無効と宣言する判決のこと。

〔佐々本〕

28　信用照会に対する回答と銀行の責任

Q1　銀行間の信用照会とはどのようなものですか。

Q2　回答銀行は取引先の守秘義務に違反しませんか。

Q3　回答銀行の照会銀行に対する責任はどのような範囲で負いますか。

A

◉信用照会

　銀行間では、手形・小切手の決済見込みなどを相互に照会することが広く行われていますが、これを「信用照会」とよんでいます。通常は、手形の所持銀行が一定の書式による文書で支払銀行へ照会発送し、支払銀行が回答書を返送する形をとっていますが、電話による信用照会もあります。電話による場合の回答銀行は、照会銀行からの電話をいったん切って、相手の電話番号を確認のうえ、改めて回答することとしています。

　この信用照会は、書き合い手形がないかどうかなど、不渡事故等の損害を未然に防止したり、不良取引先を排除するなど、ギブアンドテイクの精神で行われる銀行相互間の便宜または自己防衛のための情報交換であり、この制度は商慣習として定着しています。

　実際に照会される事項は、資本金、業種、創業・設立年月、主な仕入先・販売先、月商、取引状況、決済見込み等です。

　なお、回答は一つの参考であって、照会銀行は決済見込みを自分で判断することになりますが、この情報はあくまで銀行内部かぎりとしています。

◉信用照会と守秘義務

　銀行員は、その職務上知り得た取引先の情報(秘密)を他にもらしてはならない義務（守秘義務）〔**19**参照〕を負っています。

しかし、この守秘義務も、信用照会については、銀行自身の防衛のためであること、銀行間だけの情報交換で金融機関内部に保持され他にもれる心配はないこと、回答内容も一般的、概括的と認められることなどにより、例外として違反とはならないと考えられています。

◉回答内容に対する責任

銀行間の信用照会に対する回答内容に関して、回答銀行は照会銀行に対して法律上の責任は負わない（照会銀行は、回答内容について責任を追及しない）との商慣習があります。判例でも回答銀行の責任を否定しています（大阪地裁平成4年6月25日判決・判夕814号197頁）。

しかし、学説の多数説では、自行の債権を確保するために嘘の回答をしたり、故意または過失により誤った回答をすると、回答銀行は、照会銀行に対し不法行為による損害賠償責任を負うと解していますから、十分注意が必要です。

銀行間の信用照会以外に、取引先や手形の所持人からの照会も一般に「信用照会」ということもありますが、ここでいう「信用照会」には該当しませんので、当然に銀行の守秘義務は守らなければなりませんから、銀行以外の照会に対してはいっさい回答しないことになっています。

〔田　中〕

29 手形交換の機能と決済方法

Q 手形交換所ではどのように手形や小切手が決済されているのですか。

A

◉手形交換とは

　手形交換とは、流通する多数の手形や小切手などの他店券の取立てについて、いちいち支払場所(通常は銀行支店)まで行って取り立てることに代えて、各金融機関がその地域の手形交換所へいっせいに持ち出して簡易に、集団的に、迅速に決済することです。

　その決済方法は、交換参加の各金融機関が、一定地域内にある銀行その他金融機関を支払場所とする手形・小切手等を手形交換所へ持ち出して、相互に取立分(交換持出し手形)と支払分(交換持帰り手形)との差額(「交換尻」といいます)を、参加銀行が開設している日本銀行の当座勘定によって振替決済するという特殊決済方法(通説)です。

　そして、手形交換所における手形等の呈示は、支払のための呈示としての効力を有することになっています(手形法38条・77条、小切手法31条)。

◉手形交換の対象物

　つぎに、どのようなものが交換決済できるのか(交換適格証券)については、手形交換所規則に「小切手、手形、利札、郵便為替証書、配当金領収書、その他金額の確定した証券で当該銀行において領収すべき権利の明らかなもの」[1]と定めています(大阪手形交換所規則22条1項・2項)。

◉手形交換所の加盟銀行

　手形交換所の加盟銀行(社員銀行、準社員銀行および客員)は、参加銀行(加盟銀行および代理交換委託金融機関)が支払うべき手形・小切手については、特別の場合を除いて手形交換に付する義務があることになっています(大阪手形交換所

規則22条1項)。この義務は、手形交換という集中決済制度を利用することにより参加銀行の手形・小切手の決済事務の合理化をはかっていますので、いちいち店頭呈示して支払銀行に余分な事務負担を負わせないためであります。

◉手形交換によらなくてもよい手形・小切手

なお、この原則の例外として、手形交換によらなくてもよいつぎの手形・小切手があります。

1. 加盟銀行が、定められた時限に交換尻の不足金を支払わないため、手形交換が繰戻しとなって、持出し銀行に返還された手形・小切手。
2. 他の加盟銀行へ誤って持ち出したために返還された手形・小切手。
3. 代理交換委託金融機関が、代理交換から生じた不足金等を受託銀行へ支払わないため、受託銀行から持出し銀行へ返還された手形・小切手。
4. 加盟銀行が手形交換に出席しないため、手形交換に組み入れることのできなかった手形・小切手。

1)「その他金額の確定した証券」としては、手形代わり金支払通知書、内国為替の交換振込みにおける振込金交換請求依頼書、振込代理事務として取り扱われている振込金の交換請求依頼書、加盟銀行間で支払い領収する外国為替関係の領収書等各種の領収書、国庫金送金通知書、期日の到来した無記名の割引金融債券等があります。

〔田　中〕

30 依頼返却

Q1 依頼返却とはどういうことですか。

Q2 依頼返却はどのようなときに利用されるのですか。

A

○依頼返却とは

　依頼返却とは、手形交換において、持出し銀行は、いったん持ち出した手形・小切手について別途支払済その他真にやむをえない理由があるときは、不渡りを回避するため、交換日当日、支払銀行に対し当該手形・小切手の返却を依頼することをいいます。

　手続としては、持出し銀行の役席から支払銀行の役席へ電話で当該手形・小切手の返却を依頼し、支払銀行では後刻持出し銀行へ依頼事項を確認、記録のうえ、当該手形・小切手の現物に「貴店○○殿ご依頼により返却します。」との付箋をつけて、日付・自店名を記入、押切印・連絡役席者印を押捺し、逆交換にて返却します。

　手形・小切手の金額が大きい場合は、支払銀行から、手形交換尻においてすでに資金の決済が終わり、資金コスト負担も大きいことから、逆交換ではなくその日のうちに資金の決済を求められることがあります。お互いに事務負担が倍加されることでもありますから、単に不渡り回避だけの目的で依頼返却すべきでなく、支払済等真にやむをえない事情がある場合に応じるべきです。

　本来、依頼返却は、手形交換に持ち出した手形・小切手のうちに要件不備、支払期日前、別途支払済などのため、交換呈示すべきでない手形・小切手について行われるものです。したがって、依頼返却による不渡りは、信用に関しないものとして０号不渡事由〔22参照〕に該当し、取引停止処分〔22参照〕の対象になりません。このため、取引停止処分を回避する目的で依頼返却を悪用する例が見られます。

第2章 手形・小切手

　判例は、振出人が不渡り処分を免れるために行ったとしても、依頼返却を受けた手形・小切手に対する支払呈示の効力については、一度交換呈示した以上、有効な呈示がなされたものと解しています(最高裁昭和32年7月19日判決・金法148号9頁)。学説でも、呈示の効果が消滅したものではなく、ただ支払拒絶の表現方法が異なったものにすぎないと解されています。[1]

　ただし、実務的には、預金の場合は、入金人に対し振出人の依頼によるものかどうかを確認することとし、割引手形の場合は、代わり手形を受領した後に依頼返却する等、万全を期する必要があります。

1) 長谷部茂吉『最高裁判所判例解説』〔民事篇〕昭和32年度(財団法人法曹会)166頁、西原寛一『手形小切手判例百選』〔新版増補〕(有斐閣)228頁

〔田　中〕

31 異議申立制度と不渡り処分審査請求

Q1 異議申立預託金を積めば不渡り処分を受けないのですか。

Q2 異議申立てされた不渡り手形の所持人が不渡り処分審査請求ができるのはどんなときですか。

A

◯**異議申立制度**

　この制度は、大正9年11月に創設され、数度の改正を経て現在にいたっています。手形交換所では、呈示された手形・小切手が決済されなければ不渡り処分にしなければなりませんが、すべてを形式的に不渡り処分とすると、手形・小切手の支払人に過酷な結果となることもあるので、ある一定の条件を備えていれば、支払銀行が不渡り処分にすることに異議申立てを行うことができる制度です。

　手形交換所規則によれば、第2号不渡り届〔**22**参照〕に対し、異議申立提供金を手形交換所に提供して支払銀行は異議申立てをすることができると規定しています。ただし、不渡りの事由が偽造または変造である場合には、盗難届や告訴状などを添付したうえで異議申立提供金の提供の免除を請求できます。

　手形交換所は異議申立提供金の免除の請求を受けると、不渡り手形審査専門委員会の審議に付して審議の結果、偽造または変造であると承認されれば異議申立提供金の提供が免除されます。

　しかし、審議の結果却下されると、不渡り手形審査委員会の審議日当日から3営業日目の営業時間内に異議申立提供金を提供しなければ、不渡り処分となります。

　異議申立ては、あくまでも支払銀行が手形交換所に対して行うものであって、手形支払人が直接異議申立てをすることができる制度ではありません。

したがって、手形支払人は支払銀行に異議申立預託金を預託し、異議申立ての依頼をします。そして支払銀行は手形支払人の意向を受けて手形交換所に異議申立てを行うこととなります。

◉不渡り処分の審査請求

不渡り処分の審査請求は、平成2年の手形交換所規則の改正によって、異議申立てされた不渡り手形の振出人等が裁判所により当該手形の支払義務があると確定すれば、手形の振出人等は手形金の全額を支払わなければなりませんから、万一、一定の期間内に支払をしなければ、手形の振出人等を不渡り処分にし、不渡り処分の異議申立てを認めないこととしました。

不渡り処分の審査請求をするための条件としては、①支払義務確定届または差押命令送達届が交換所に受理されていること、②当該受理日から起算して2カ月後の応当日以後においても不渡り手形の支払がなされていないこととして、持出し銀行は、不渡り処分審査請求をするには、不渡り報告・取引停止処分審査請求書につぎの資料を添付して手形交換所に提出します。

(1) 支払義務の確定を証する資料
　(a) 確定した手形訴訟判決文の写し
　(b) 手形債権にかかる確定した通常訴訟判決文の写し
　(c) 手形債権にかかる確定した支払命令の写し
　(d) 手形債権にかかる認諾調書の写し
　(e) 手形債権にかかる和解調書の写し
　(f) 手形債権にかかる調停調書の写し
(2) 当該不渡り手形の写し
(3) 不払いに関する事情説明書

ただし、支払義務確定届、差押命令送達届の受理日から起算して3カ月後の応当日以後、または当該不渡り手形の異議申立日から起算して2年後の応当日以後は、不渡処分の審査請求はできません。

〔佐々本〕

第 3 章
相　　　続

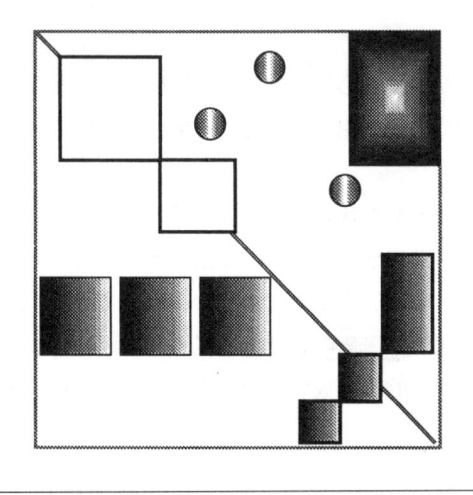

第3章 相　続

―32　預金者死亡の場合の一般的対応

Q1 預金者が死亡した場合に、預金は相続人全員に対して払い戻さなければならないのですか。

Q2 預金者が死亡した後の払戻しでも、銀行に過失がなければ免責されますか。

A

◯預金者の死亡と相続の開始

　相続は、被相続人の死亡という事実が生じた時点から開始しますから、被相続人の財産は、被相続人が死亡した瞬間から相続人のものであるということになります。預金債権も相続財産(遺産)ですから、観念的には相続開始時から相続人のものであることになります。問題は、相続人が複数いる場合、すなわち共同相続の場合の預金債権の帰属をどのように理解するかです。

　金銭債権の共同相続人への帰属については、判例は一貫して分割債権になると解しています（大審院大正9年12月22日判決・民録26輯2062頁、最高裁昭和29年4月8日判決・判タ940号20頁等）。すなわち、金銭債権のような可分債権は相続開始とともに法律上当然に分割され、各相続人はその相続分に応じて権利を承継するという考え方に立っているのです。この考え方によると、相続人は、その相続分に応じて独立して債権を有することになりますから、各相続人は単独で自己の相続分に関する権利を行使できることになります。

◯相続した預金についての銀行実務

　預金債権についても分割債権になるとすると、遺産に属する預金債権について払戻請求があった場合、原則として相続人全員の合意または遺産分割協議書〔用語解説参照〕の提出がなければ払戻しを拒絶するという銀行実務での一般的な取扱いと矛盾することになります。

32 預金者死亡の場合の一般的対応

> **用語解説**
>
> **遺産分割**　遺産が共同相続人の共有となっている場合に、これを各相続人の相続分に応じて分割し、各相続人の単独財産とすること。分割方法は、遺言があればそれに従い、なければ共同相続人の協議による。協議が調わなければ家庭裁判所にその決定を請求することができる。
>
> **遺産分割協議書**　遺産分割の協議が共同相続人の間で成立した場合、それを証明するため遺産分割協議書が作成される。この協議書を作成しなくても、遺産分割の効力は、協議が成立した以上有効なものと認められるが、後日の紛争を避けるため、また、不動産を共同相続人の1人に単独取得させ、その登記をするためには、原因証書として遺産分割協議書が必要となるので、一般にこの協議書が作成される。

比較的最近になって、このことが正面から問題になった事案があり、下級審の判断が示されています〔 判例 参照〕。

> **判例**
>
> **共同相続人の一部からの法定相続割合分の請求に関する判例——東京高裁平成7年12月21日判決**（金商987号15頁）
>
> 共同相続人の一部の者が被相続人の預金債権につき自らの法定相続分に相当する金額の払戻しを求めたところ、銀行が遺産分割協議が成立するかまたは共同相続人全員が同意しないかぎりは共同相続人の一部からの支払請求に応じられないとして争った事案で、東京高等裁判所は、銀行の支払拒絶を容認した原審をくつがえして、預金債権も分割債権となることを認め、銀行は法定相続分に応じた払戻請求に応じるべきである、と判示した。
>
> その後東京地方裁判所でも同様の判示がなされている（東京地裁平成8年2月23日判決・金法1445号60頁）。
>
> なお、この平成8年の判決は、金融機関が相続人間の紛争に巻き込まれるリスクを負うことを考慮し、「共同相続人の一人が預金債権につき法定相続分の払い戻しを求めてきた場合に、一応、遺言がないかどうか、相続人の範囲に争いがないかどうか、遺産分割の協議が整っていないかどうか等の資料の提出を払戻請求者に求めることは、預金払戻の実務の運用として、不当とはいえない。」と述べたうえで、「預金の払戻請求をした共同相続人の一人が、一定の根拠を示して、相続人の範囲、遺言がないこと、遺産分割の協議が整っていない事情等について説明をしたときは、金融機関としてはその者の相続

分についての払戻請求に応ずべきものである。」としている。

◉銀行が支払ってしまった場合
　この場合は、銀行が死亡の事実を知らなかったか、知っていたかで多少事情が異なります。
　(1)　銀行が死亡の事実を知らないで預金を支払った場合　　この場合は、その払戻しが届出印の押捺された預金払戻請求書と預金通帳または預金証書によって処理されたときには、債権の準占有者に対する善意の弁済〔8参照〕として支払は有効になると思われます。もっとも、判例・多数説はこの善意を「善意・無過失」と解釈しておりますので、たとえば、銀行が預金者の死亡届を受けつけていたり、預金者が社会的に有名人でその死亡がマスコミ等を通じて公知の事実とされているようなときは、上記の手続によってなされた払戻しは無効となってしまうことに注意して下さい。ただし、払い戻したのが共同相続人の1人であれば、その相続分に相当する金額については払戻しが有効になります。
　(2)　死亡の事実を知った場合　　この場合は、銀行は払戻請求権者が預金の正当な相続人であることを確認するのに必要な調査をつくさなければなりません。具体的には、戸籍謄本で相続人の確認をし、印鑑証明書および住民票で相続人本人であることを確認し、さらに遺言がないかを確認することが必要でしょう。その際、遺言の存否については払戻請求者に確認するだけでなく、他の相続人に照会することが必要とされるでしょう。

〔永井(一)〕

33　預金の相続人・受遺者への対応

Q 遺産分割や遺言によって預金をもらった相続人や受遺者に預金を払い戻してもよろしいですか。

A

◉預金者死亡後の払戻しの問題点

　相続人のうちの一部の者が、遺産分割協議〔83ページ 用語解説 参照〕により、あるいは遺言により当該預金を承継したとして預金の払戻しを請求してくることは、実務上よく見受けられることです。また、相続人以外の者が遺言により当該預金を取得したとして払戻しを請求をしてくることも稀ではありません。この場合、銀行側からすると、特定の相続人に対してその法定相続分をこえた払戻しを行い、あるいは法定相続人以外の者に対して払戻しを行うことになりますから、その対応については慎重に行うことが必要です。

◉遺産分割により預金を取得した特定の相続人から払戻請求があった場合

　遺産分割〔83ページ 用語解説 参照〕により預金を取得した相続人からの払戻請求の場合には、まず遺産分割協議が相続人全員によってなされたか否かを確認することが必要です。これは、戸籍謄本等で被相続人の死亡と相続人の範囲を確認したうえで行わなければなりません。

　戸籍を確認する際には、少なくとも被相続人の15歳くらいまで遡ることができるだけの戸籍(あるいは除籍)謄本を提出してもらうべきでしょう。その際に、共同相続人の中に未成年者が含まれていることが判明した場合は、その者のための正規の特別代理人が遺産分割協議に参加しているかについても確認する必要があります。

　遺産分割協議書が相続人本人の意思にもとづいているかを確認するためには、遺産分割協議書に相続人全員の実印を押捺してもらったうえで、印鑑証明書の添付を要求するべきでしょう。その際に記名(氏名を記すこと。ゴム印等による押捺を含む)ではなく自署(本人の署名)を要求する取扱いが多いようです

が、法律的な効果としては自署と記名を区別する必要はありません。

なお、遺産分割が、調停や審判によってなされている場合には、調停調書や審判書を提出してもらうことが必要です。

◉遺言によって預金を取得した者からの払戻請求があった場合

遺言により預金を取得した者からの払戻請求の場合は、遺言の記載が「相続させる」とされている場合と「遺贈する」(遺言により遺言者の財産の全部または一部を無償で贈与する)とされている場合に分けて検討する必要があります。

(1) 遺言書に当該預金を特定の相続人に「相続させる」との記載がある場合　「相続させる」という記載の趣旨は、最高裁判例によると遺産分割方法の指定であり、遺言の効力発生時に特定相続人が特定財産の所有権を確定的に取得する効力を生じさせると解されています(最高裁平成3年4月19日判決・金商871号3頁)。この立場を前提にすると、原則として被相続人の死亡と同時に当該預金は特定の相続人に確定的に帰属するので、金融機関としては遺言の名宛人である特定の相続人の署名・押印のみで相続預金の払戻請求に応じざるをえないことになります。

もっとも、遺言書が自筆証書遺言の場合、後日その真正が争われることが少なくありませんから、少なくとも家庭裁判所の検認の手続を経ていることを確認したうえで手続を進めるべきでしょう。

(2) 遺言書の記載が「遺贈する」とされている場合　これはさらに特定遺贈の場合と包括遺贈の場合で取扱いが異なります。

まず、特定の者に「遺贈」するという内容の遺言があった場合(特定遺贈)ですが、この場合も受遺者は「相続させる」遺言の場合と同様、遺言の効力発生と同時に当該預金を確定的に取得することになります。

したがって、受遺者は金融機関に単独で相続預金の払戻しを請求しうることになります。「遺贈する」という遺言であれ、「相続させる」という遺言であれ、遺言執行者の指定がなされている場合には、遺言執行者は相続人の代理人とみなされますから、相続人ではなく遺言執行者を相手方として手続を行わなければなりません。

なお、実務上の取扱いとして、金融機関が相続人全員の同意書や印鑑証明

書を要求することがあるようですが、法律的には必ずしも根拠があるのではなく、後日のトラブルを回避する目的でなされていることに留意して下さい。

　また、相続人以外の者に対して「遺産の全部を遺贈する」あるいは「遺産の何分の一を遺贈する」というように割合のみを定めた遺贈（包括遺贈）がなされた場合には、その者は相続人と同様に取り扱われることになります。

　したがって、金融機関としては包括受遺者を含めた相続人全員からの請求がないかぎりは、遺産分割協議の結果を待つことになります。

〔永井(一)〕

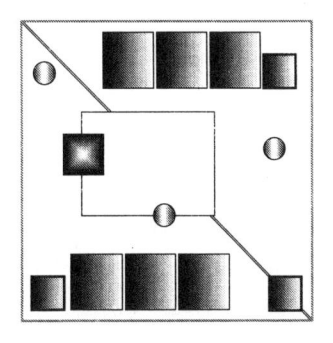

第3章 相　　続

─34　相続人の一部の者への支払

Q 葬式費用が必要なときなど特別の場合には、相続人の一部に対しても払戻ししてもよろしいですか。

A

●相続人の一部の者からの預金の払戻請求

　相続人のうちの一部の者が、他の相続人に無断で相続預金の全額について払戻しを受けることが許されないことはいうまでもないことです。他方、相続人のうちの1人の者が請求する金額が、その者の法定相続分の範囲内であれば、判例の立場を前提にすると、各相続人は金融機関に対してその法定相続分に応じた払戻しを請求することができることになりますから〔**32**の 判例 参照〕、金融機関としては払戻しに応じざるをえないことになります。もっとも、金融機関は、一部の相続人の法定相続分の範囲内での払戻請求には応じていないのが実情のようです。

　したがって、実務的には、相続人の一部の者が遺産分割〔83ページ 用語解説 参照〕前に相続預金の払戻請求をする場合には、その法定相続分の範囲内であっても、原則として他の相続人の協力を得ることを求めるなどして相続人全員からの払戻請求という方法をとることが多いようです。これは、金融機関としては結果的に超過払戻しになり、二重払いを余儀なくされることを防止したいという姿勢の現われでしょう。

●相続預金の判決書による支払

　もっとも、相続人は支払督促〔 用語解説 参照〕や判決により、法定相続分の範囲で金融機関に対する債務名義〔97ページ 用語解説 参照〕を取得し、これを提示することによって実質的に相続預金の払戻しを求めることが可能になります。これは、金融機関にとっても、支払をしても確実に免責されるため、二重払いのリスクをほぼ完全に回避できるというメリットがあります。ですから、他の相続人の協力が得られないような場合に、法定相続人の1人から

34 相続人の一部の者への支払

法定相続分に応じた払戻しを強く要求された場合等に、金融機関の方から支払督促や訴訟等の法的手続をとることをすすめる場合もあるようです。ただし、その場合には払戻しの請求を受けた時点から金融機関は履行遅滞に陥ることになり、支払督促や判決が確定して支払が終わるまで年6分の商事法定利率にもとづく遅延損害金を支払う義務が生じることになります。これは、通常の約定金利にくらべて著しく高率ですから、預金の金額が多額な場合には、慎重な対応が必要です。

●便宜払い

以上は通常の場合の取扱いですが、被相続人の葬儀費用のために至急に払戻しが必要な場合など、相続人にとって緊急性がある場合がありえます。このような場合には、多くの金融機関は、一種の便宜的取扱いとして払戻しに応じているケースが多いようです。ただ、32の 判例 の立場（分割債権と見る立場）を前提とすると、むしろ払戻しに応じなければならないことになりますから、便宜的取扱いとはいえないのかもしれません。いずれにせよ、払戻しに応じる場合には、二重払いの危険を回避するために遺言や遺産分割協議〔83ページ 用語解説 参照〕がないこと、法定相続人以外に相続預金について権利関係を有する者がいないことを確認することが必要です。ただ、これらの事情の確認方法については、金融機関としては払戻請求者のことばを信じるしかないのが実情です。

●預金が複数口ある場合の払戻手続

預金債権は、一口ごとにそれぞれ別個独立した債権ですから、払戻しをする場合には、一口ごとに法定相続分を計算して払戻しに応じなければならないことになります。これを怠って、複数口の預金債権を合計した金額を前提にして法定相続分の割合による金額を計算し、そのうえで一部の特定の預金のみから払戻しを行ってしまうと、払戻請求者が真実の債権者でなかったような場合に、法定相続分をこえる金額について債権の準占有者に対する弁済〔8参照〕による免責が受けられないことになりますから注意して下さい（東京地裁平成7年11月30日判決・金法1441号32頁）。

第3章 相　　続

> **用語解説**
> **支払督促**　金銭の支払などについて、債務者が簡易裁判所に申し立てることにより、債務者を審尋しないで債務の支払を命ずるもの。債務者は支払督促の送達日より2週間以内に異議の申立てをすることができる。異議申立てがあると通常の訴訟手続に移行する。

〔永井（一）〕

35 貸付先の死亡

Q 貸付先(個人)が死亡したとき、借入金はどのように承継されるのですか。

A

◉貸付先死亡の確認

貸付先が死亡した場合には、債権者として何をしなければならないでしょうか。

まず、貸付先が本当に死亡したのかどうか確かめる必要があります。銀行員がたまたま死亡の場に居合わせないかぎり、多くの場合は、家族等からの通知によってはじめて死亡したことを知るのではないでしょうか。その場合も、通夜や葬式がある前であれば、死亡したことは確認できますが、通夜や葬式も終わり、何日か経ってから死亡の事実を知らされたとしても、家族等の供述だけで信じるわけにはいきません。したがって、このようなときには、戸籍謄本等で確認せざるをえません。

また、銀行の場合、貸付金だけの取引というのは考えられず、必ず預金取引もありますので、死亡が知らされたときは、ただちにロックしておく必要があります。さらに、「委任」取引〔10ページ 用語解説 参照〕は、本人の死亡により終了しますので、各種口座振替えと同様に貸付金の自動引落しもストップしなければなりません。

なお、債務者が死亡したからといって、当然に期限の利益を喪失〔53参照〕するわけではありません。というのは、相続人が債務を引き継ぎ返済を続けることも十分予想されるからです（ただし、個人ローン関係の約定書の中には、「相続の発生」を当然に期限の利益喪失理由としているものがありますから注意しなければなりません）。

◉相続人の確認

貸付先の死亡が確認できたら、つぎに相続人が誰であるかを確かめる必要

があります。戸籍謄本や除籍謄本を集めることによって（あるいは集めてもらうことによって）法定の相続人を確認し、つぎにそれらの者が相続放棄〔用語解説参照〕や限定承認〔用語解説参照〕をしていないかどうか、さらに相続欠格〔用語解説参照〕や相続廃除〔用語解説参照〕の対象になっていないかどうかを十分調査しなければなりません。

> **用語解説**
> **相続放棄** 法定相続人が相続を放棄することをいうが、相続放棄は、相続を知ったときから3カ月以内に家庭裁判所にその旨を申述する必要がある（民法915条）。
> **限定承認** 相続人が、相続によって得た財産の限度において被相続人の債務を弁済することを留保して相続を承認すること（同法922条以下）。
> **相続欠格** 推定相続人〔用語解説参照〕として相続人の地位を有する者であっても、一定の重要な事情が存在する場合には、法律上当然に相続人の資格を失わせること（同法891条）。遺言書の偽造等がこれにあたる。
> **相続廃除** 推定相続人が被相続人に対して虐待を加えたときなどに、被相続人が家庭裁判所に請求して相続人の地位を失わせること（同法892条以下）。

●**遺言による債務の相続**

債務の相続については、資産の相続同様、遺言があればその遺言に従うことになりますが、債権者を害するような遺言をすることはできません。したがって、たとえば、資産はすべて相続人Aに相続させ、負債については無資力の相続人Bに相続させるという内容のものは、無効とされます。

●**遺産分割協議による債務の相続**

遺言がなければ、相続人の間で相続財産（負債も含めて）を分割する協議（遺産分割協議）〔83ページ 用語解説参照〕を行うことになります。被相続人の負債については、判例は分割協議の対象とはならず相続割合に応じて各相続人に分割して相続されるものであるとしていますが、実務上の対応として、各相続人に債務を分割して請求、回収することは、債権者にとっても、各相続人に

とっても、わずらわしいばかりでなく、現実的な対応方法とはいえません。

したがって、相続人のうち、誰か1人に債務を相続させることにして、他の相続人は保証人になるというのが円満な解決方法であるように思われます（ただし、債務を相続する相続人が、十分な資産も相続するというのであれば、他の相続人を保証人からはずしてもよいかもしれません）。

◎**遺産分割協議以外の債務の承継方法**

しかし、債務についての相続人を誰にするかというのは、実際には、なかなかスムーズにはいかないケースも多いので、その場合の対応も考えておかなければなりません。

遺産分割協議全体としては長期間を要するが、特定債務についての返済に関しては相続人のうち誰が負担するかが決まっているような場合は、当該相続人に債務引受をしてもらうのが現実的対応といえます。また、相続人の中に被相続人の債務の保証人になっている者がいれば、当該相続人に代位弁済〔**74**参照〕してもらうのも一つの方法でしょう。

◎**相続人不存在の場合**

ところで、上記のように相続人がいる場合もあれば、債務が多額にのぼるなどの理由から、推定相続人〔 用語解説 参照〕がすべて相続放棄してしまうケースや、はじめから相続人が存在しないケースもあります。このような場合には、家庭裁判所から選任された相続財産管理人が相続財産の処理にあたることになります。

◎**財産の分離請求**

また、相続財産は資産額の方が負債額より多いが、相続人が債務超過であるようなとき、相続人がそのまま相続してしまうと（相続放棄、あるいは限定承認をしなければ）、相続財産と相続人の固有財産が混合して被相続人に対する債権者（相続債権者）が著しく不利益を被ることになります。また、逆に負債と相続人の固有財産が混合して、相続人の債権者が著しく不利益を被るケースもあります。このような場合には、財産の分離請求〔 用語解説 参照〕を考えて

第3章 相　続

みる価値があるのではないかと思われます。

> **用語解説**
> **推定相続人**　特定の者の相続人として、現在最優先順位にある者のこと。
> **財産の分離請求**　相続財産と相続人の固有財産の混合により、相続債権者または相続人の債権者が不利益を被ることがないように、家庭裁判所への請求により、一方の債権者が優先的に弁済を受けることを認めるもの。

〔吉　岡〕

第4章
仮差押え・差押え等

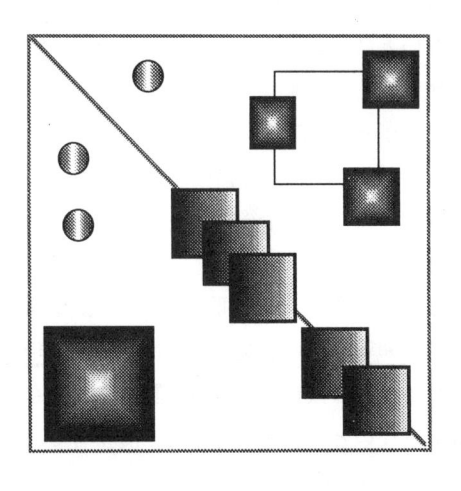

第4章　仮差押え・差押え等

36　預金に仮差押え・差押え等があったときの銀行の措置

Q1 預金に仮差押え・差押えがあった場合にはどのように対応すべきですか。

Q2 差押権者や転付権者に対して支払う場合には、どのような点に注意し、どのような書類を徴求すべきですか。

A

●差押え等の種類

　民事執行法等にもとづき、民事上の債権をもつ者は、任意に支払わない人の財産を差し押えることができますが、その種類にはつぎのようなものがあります。

　(1)　仮差押え　　仮差押えとは、民事保全法にもとづき、裁判所において債権者の申立てにより債務者の財産を押えるもので、勝訴判決などが無くても認められます。しかし、その反面、差押命令〔後述〕や転付命令〔後述〕と違って、仮差押えには債権者に預金を取り立てる権利はありません。預金に対する仮差押えは、債権仮差押えの一種であり、債務者に対して取り立ててはならないと命ずる一方、第三債務者である銀行に対しては支払ってはならないと命ずるものです。

　したがって、銀行の預っている預金が仮差押えを受けた場合には、まず(預金係において)支払停止措置をとっておく必要があります。

　なお、仮差押命令後に入金された預金については、仮差押えの効力は及びません。

　(2)　差押命令　　差押命令とは、民事執行法にもとづき、勝訴判決や公正証書〔用語解説参照〕などの債務名義〔用語解説参照〕をもっている債権者が、申立てにより裁判所において認められるもので、債務者に対して取り立ててはならないと命ずる一方、第三債務者である銀行に対しては支払ってはならないと命ずるものです。

また、それだけにとどまらず、債権者は差押命令が債務者に送達されてから1週間経過すれば、差し押えた財産を取り立てる権利をもちます。

なお、差押命令送達後に入金された預金に対しては差押えの効力が及びません。

┌─ **用語解説** ─────────────────────────┐
債務名義　一定の私法上の給付請求権について、法律が執行力を認めた証書のことで、勝訴判決や公正証書などがこれにあたる。
公正証書　公証人が法律行為その他私権に関する事実について作成する証書のこと。
└─────────────────────────────────┘

(3)　転付命令　　転付命令とは、差押命令と同様のものですが、第三債務者(銀行)に対する権利が債務者から債権者に移り(債務者に送達されてから1週間以内に抗告されないかぎり確定します)、債権譲渡と同様になる結果、債権者は自己の債権として回収することができます。

差押命令・転付命令の関係は下図のとおりとなります。

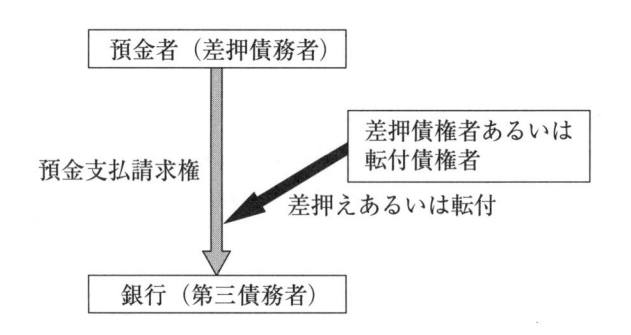

```
        ┌──────────────────┐
        │ 預金者（差押債務者）│
        └─────────┬────────┘
                  │          ┌──────────────┐
                  │          │差押債権者あるいは│
     預金支払請求権 │    ◀━━━ │転付債権者      │
                  │          └──────────────┘
                  │           差押えあるいは転付
                  ▼
        ┌──────────────────┐
        │ 銀行（第三債務者）  │
        └──────────────────┘
```

◉**預金を支払う場合の徴求書類**

差押え等にもとづき預金を弁済期到来後に支払う場合には、差押債権者あるいは転付債権者から表1・表2の書類を徴求すべきです。

表1　差押命令により支払う場合

a．領収書

第4章 仮差押え・差押え等

> b．印鑑証明書
> c．（法人のとき）資格証明書
> d．（代理人によるとき）委任状、代理人の印鑑証明書
> e．債権差押命令の送達証明書

　債務者に送達されてから1週間経過していないと、差押債権者に取立権が発生しないので、e.の債権差押命令の送達証明書により確認しなければなりません。

表2　転付命令により支払う場合

> 表1のa～dの書類（差押命令の場合と同じもの）
> e．転付命令の確定証明書、あるいは抗告なきことの証明書

　転付命令は、債務者に送達されてから債務者が1週間以内に抗告しないことを条件に確定するので、債務者が抗告期間内に抗告していないこと、いいかえると転付命令が確定していることをe.の「転付命令の確定証明書」、あるいは「抗告なきことの証明書」により確認しなければなりません。

◉取引先からの事情聴取

　仮差押え・差押え等（以下「差押え等」といいます）をしたということは、後日当該債権者が取立てにくる可能性が高いものといえます。したがって、差押え等を受けた先が懇意にしている取引先であれば、債権者との間のトラブルを未然に防止する意味からも、取引先から事情を聴取したうえで、強制的な取立てがなされるといった事態をできるだけ回避したほうがよい旨を説得するのがよいと思われます。

　たとえば、預金に差押えを受けたうえ、取り立てられたとなれば、取引先の信用にも影響がないとはいえないでしょうから、任意に支払うことによって差押えを取り下げてもらえば、取引先の信用も傷がつかずにすむでしょう。

◉店内での連携、本部への報告

　差押え等を受ければ、（銀行によって対応のしかたに差異があるでしょうが）少なく

とも営業店内部では営業店長まで報告し、店内の連携をとり、取引先への対応につき意思統一をはかっておかなければなりません。たとえ預金のみの取引先であったとしても、融資とのかかわりがあるかないかを確認する意味から、預金係内のみの報告ですまさずに、融資係に連絡しておかなければなりません。たとえば、差押え等を受けた者が、融資の保証人や家族あるいは関係会社であるときは、債務者自身にも影響があることが多いと思われます。

また、場合によっては本部へ報告し、その指示を仰がなければならないこともあるでしょう。

◉陳述書とは

陳述書とは、差押命令等が第三債務者(銀行)に送達される際に、債権の存否、種類、額等につき裁判所からの催告にもとづいて陳述するものです〔陳述書の作成、提出については37参照〕。

◉貸出先の預金に対する差押え等への対応

貸出先の預金に対して、他の債権者から差押え等があったということは、貸出先の信用につき少なからずトラブルがあると考えるべきです。というのは、預金に差押え等を受けるということは、貸出先がなんらかの金銭債務を負い、貸出先が任意にこれを支払っていないために、その債権者が強制的手段をもって回収をはかろうとしているわけですから、貸出先の信用状態の悪化を反映していることが多いのです。

したがって、どういう理由で差押え等を受けるにいたったかについては、直接事情聴取するなどしてつかんでおくことが肝要です。そして、貸出先から今後の返済について不安がない旨の裏付ある説明を受け、かつ十分に納得ができない場合には、預金を相殺し貸出金を回収することも検討しなければなりません(銀行取引約定書ひな型5条1項には、債務者・保証人の預金への差押え等は当然に期限の利益喪失事由になる旨の特約〔53参照〕があります)〔差し押えられた預金との相殺については85参照〕。陳述書を作成、提出する際にも、後日相殺する可能性があることから支払う意思のない旨を述べておくべきです。

〔吉　岡〕

37 差押債権についての陳述の催告に対する回答

Q1 銀行は、差押債権についての陳述の催告に対して回答しなければならないのでしょうか。

Q2 期日までに陳述をしなかったり誤った陳述をするとどうなりますか。

A

◉陳述の催告

　差押命令といっしょに陳述書〔36参照〕が同封されてくることがあります。陳述書は、差押債権者が、その後の手続を進めるうえでの判断材料とするためのもので、差押債権者は、第三債務者(銀行)に対する陳述の催告の申立てをすることができます（民事執行法147条1項、民事保全法50条5項）。

◉銀行の陳述

　陳述書を受けた銀行は、陳述書の送達日より2週間以内に陳述書を作成して裁判所に提出しなければなりません（民事執行法147条1項、民事保全法50条5項）。

　万一、銀行が、故意または過失によって陳述を怠ったり、不実の陳述をするとそれによって生じた損害を賠償する責任が生じます（民事執行法147条5項、民事保全法50条5項）。

　したがって、銀行は陳述の催告を受け、故意または過失によって陳述をしなければ、差押債権者より損害賠償を要求されることもありえるので、期限までに陳述書を提出しなければなりません。

◉誤った陳述に対する損害賠償

　万一、銀行が誤った陳述をした場合の損害賠償の範囲は、銀行が誤った陳述をしたことによって発生した相当因果関係の範囲内でその責めを負います。

37 差押債権についての陳述の催告に対する回答

たとえば、銀行が陳述書に差押債権が存在して差押債権者に弁済する旨の意思表示をしながら、将来その差押債権を相殺〔85参照〕することは、有効とされています〔判例参照〕ので、陳述に反する行為によって差押債権がなくなったとしても損害賠償の責めを負いません。

しかし、差押債権者が仮差押え時に誤った陳述にもとづいて債務名義〔97ページ 用語解説参照〕取得のために行った訴訟提起や、その後の差押命令の決定をとるために要した費用等に関して負担した費用、または銀行が誤った陳述をしなければ差押債権者が他の資産の差押え等の強制執行が可能であったと予見できる金額については、差押債権者から損害賠償を請求してきた場合には、銀行の損害賠償責任の問題が生じるおそれがあります。

したがって、誤った陳述書が提出されていることに気づけば、すみやかに訂正の陳述書を裁判所に提出すると共に、差押債権者にも正しい陳述書を送付し、銀行が損害を被ることのないように努めなければなりません。

> **判 例**
>
> **誤った陳述の法的責任の事例**――最高裁昭和55年5月12日判決（金商599号11頁）
> 「陳述は事実の報告たる性質を有するに過ぎず、第三債務者が被差押債権の存在を認めて支払の意思を表明し、将来において相殺する意思がある旨を表明しなかったとしても、これによって債務の承認あるいは抗弁権の喪失というような実体上の効果を生じることがなく、その後、第三債務者において当該債権につき、これを受働債権として相殺に供すること又は時効の消滅を主張ことは妨げない」として相殺を有効とした。

〔佐々本〕

38 他人名義・無記名預金の差押え

Q1 他人名義の預金に対して差押えがあった場合はどのように対応したらよいでしょうか。

Q2 無記名定期への差押えがあった場合はどうすべきですか。

A

◯他人名義の預金への差押え

たとえば、甲が乙の名前で定期預金をしている場合に、それを知った甲の債権者丙が「債務者甲が乙名義で株式会社○○銀行○○支店に有している定期預金○○円」というように、差し押える債権を表示して裁判所に差押えを申し立てれば、丙は当該預金を差し押えることができます。

しかし、差押債権者が、単に、「債務者甲の定期預金○○円」と表示して差押えをしたときには、乙名義の預金が甲のものかどうか銀行にはわかりませんから、特別な事情のないかぎり、それを差し押えられたものとして取り扱うことはできません。

◯過去の判例からの教訓

ところで、乙名義の定期預金ではあるが甲の預金であるとして丙から差押えを受けたところ、乙より、それは自分のものであると銀行にいってきた場合にはどうすればよいでしょうか。この場合には、一応、銀行としては当該預金を差し押えられたものとして取り扱わざるをえませんし、かつ乙、丙どちらに対しても支払うべきではありません。もし、乙あるいは丙が訴訟を起こしてくれば、もう一方に補助参加してもらって争わざるをえないこととなります〔判例参照〕。銀行としては、訴訟の決着などを見てどちらに支払うべきかを判断することになります。

なお、差押債権者が銀行に対して差し押えてきた場合に、預金名義人から第三者異議の訴えを起こすこともできます。

38 他人名義・無記名預金の差押え

> **判例**
>
> **他人名義預金を差し押えられた事例**——広島高裁昭和34年３月11日判決（判時189号16頁）
>
> 　子の名義の預金を税務署長が父親の預金であると認定して滞納処分による差押えを行い、銀行が預金名義が異なるとしていったん支払を拒んだものの、結局税務署のいい分を聞き、かつ銀行に迷惑をかけないからといわれて税務署に対して支払ったところ、後日、預金者である子から預金払戻請求が起こされた事案。
>
> 　第１審（山口地裁昭和32年２月４日判決・下民集８巻１号178頁）は、銀行の税務署長に対する支払を債権の準占有者に対する支払〔8参照〕として有効としたが、控訴審は、注意義務を欠き過失ありとして銀行が敗訴、二重払いさせられた。
>
> **通謀虚偽表示〔用語解説参照〕の善意の第三者にあたらないとされた事例**
> ——東京高裁昭和37年５月31日判決（金法312号８頁）
>
> 　AがB名義でC銀行に預金した経緯事情のいっさいを知悉しているDの申立により、当該預金債権はBのものであることとしてなされた債権差押えならびに転付命令〔36参照〕はその効力を生じない、と判示した。

> **用語解説**
>
> **虚偽表示**　民法上、広義では真意でないことを知りながらする意思表示をさす。単独意思表示と通謀虚偽表示とに分かれるが、一般に前者を「心裡留保」といい、後者だけを「虚偽表示」という。通謀虚偽表示は相手方と通じてする真意でない意思表示をいう。この意思表示の法律効果は無効であるが、善意の第三者に対してその無効を主張することはできない（民法94条）。

●無記名定期預金の差押え

　無記名定期預金も指名債権（債権者が特定している債権）であるので、一般の預金と同様に債権差押えの対象となります。しかし、無記名定期預金については、預金者が誰であるのかわからない建前になっていますし、また銀行が預金者であると思っている人が真の預金者とはかぎりませんので、単に「債務者Aの無記名定期預金」と表示して差し押えられても、どの預金が差し押えられたのかわかりません。結局、預金証書の番号か届出印の印影でも特定しないかぎり、差押えすることができないということになります。

〔吉　岡〕

第4章　仮差押え・差押え等

39　差押えと預金の特定

Q　同一債務者の預金が複数ある場合に、差押えの預金はどのように特定したらいいのですか。

A

◯預金への差押え

　預金に対する差押えは、裁判所から発せられる差押命令によってなされますが、その差押命令の内容は、債務者である預金者に対しては預金債権の取立てやその他の処分を禁止し、かつ第三債務者である銀行に対しては預金者への支払を禁止するものです。差押命令は預金者と銀行の双方に送達されますが、銀行に送達されたときにその効力が発生し、預金者に送達されてから1週間経過後に取立権が発生します。この場合、銀行としては、すみやかに差押債権を特定してその支払を停止しなければなりませんが、他方、それ以外の預金について預金者から支払請求があった場合には、その支払に応じなければなりません。

　ところで、債権に対する強制執行においては、申立書に強制執行の目的とする財産を表示しなければならず（民事執行規則21条3項）、そのためには差し押えるべき債権を特定するに足りる事項を明らかにしなければならない（同規則133条2項）、とされていますが、これは、関係人間に強力な法律効果が発生する強制執行の性質にかんがみ、その対象を客観的に他の債権と区別できるように明確にしておく必要があり、また差押禁止債権であるか否か、差押えの許容限度を超過していないかなどの諸点についての執行裁判所の審査に資するために定められているものです。しかし、どの程度に差押債権を特定すべきかが一義的に定まっているわけではないので、上記制度の趣旨に照らし、かつ当該債権の給付内容に照らして、債権の種別ごとに判断するほかありません。そして、一般的には、差押債権の表示を合理的に解釈した結果にもとづき、しかも第三債務者において格別の負担を伴わずに調査することによって当該債権を他の債権と誤認混同することなく認識しうる程度に明確に表示

することが要求されます。

◉預金者の特定
　預金の差押えにおいて、預金者の氏名の表示が、銀行に届出を受けている預金名義と一致すれば問題はありませんが、両者が異なっている場合、どの程度まであっていれば預金者が特定されていると見てよいか、という問題があります。
　判例の中には、本名と通称名の両方で預金取引をしているケースで、本名だけを表示した差押命令について、通称名を用いた預金に対して差押えの効力が生じないとしたものがあります（名古屋高裁昭和28年3月19日判決・高民集6巻2号68頁）。このような通称名義あるいは架空名義、他人名義の預金については、一般には「AことB」などと表示して差し押えるべきでしょう。

◉取扱い店舗の特定
　預金の差押申立を受けるに際し、現在では、実務上ほとんどの裁判所が金融機関名だけでなく取扱い店舗についても明記させています〔 判例 参照〕。

> **判 例**
>
> **取扱い店舗に関する判例**——差押債権目録に「第三債務者方の複数の支店に債務者の預金が存するときは、第三債務者における支店番号の若い支店から充当し」と記載した債権差押命令の申立てに対して、「預金債権の差押命令を求めるためには、債権を特定するに足りる事項の一つとして取引店舗を特定する必要がある」として当該申立てを却下したものがあり（東京地裁平成5年3月3日決定・金法1351号35頁）、これを不服とした特別抗告も却下された（東京高裁平成5年4月16日決定・金法1357号50頁）。
> 　ところが、同一銀行の3支店に順序を付した債権差押命令の申立てに対しては、「三店舗を列挙する程度であれば、差押命令受領後、当日中の相当時間内に処理することが可能と認められ、特定の取扱店舗のみの債権の差押えに関する事務処理と大差のない程度の負担で処理できると考えられるので、第三債務者である銀行に過度の負担をかけるものとはいえないというべきである。よって、本件差押命令の申立ては差押債権が特定されていると解するの

が相当である。」としている（東京高裁平成8年9月25日決定・金法1479号54頁）。

●預金の特定

　預金の特定とは、差押命令の差押債権の表示に記載され差し押える預金の記載が、当該預金者に対する他の預金とどの程度区別できればよいかということで、たとえば数種類の預金がある場合や、同種類の預金が数口ある場合にどうすればよいかということです。

　差押債権者にとっては、債務者の預金については、特別の事情がないかぎり、預金が当該銀行にあるとわかったとしても預金の種類や口座番号までは知りません。そこで、実務上はつぎのように記載して申立てを行っています。

差押債権目録

金〇〇〇〇円
　ただし、債務者が第三債務者（〇〇支店扱い）に対して有する下記預金債権のうち、下記に記載する順序に従い、頭書金額に満つるまで。
記
1．差押えのない預金と差押えのある預金があるときは、次の順序による。
　(1) 先行の差押え、仮差押えのないもの
　(2) 先行の差押え、仮差押えのあるもの
2．数種の預金があるときは次の順序による。
　(1) 定期預金
　(2) 定期積金
　(3) 通知預金
　(4) 貯蓄預金
　(5) 納税準備預金
　(6) 普通預金
　(7) 別段預金
　(8) 当座預金
3．同種の預金が数口あるときは、口座番号の若い順序による。
　　なお、口座番号が同一の預金が数口あるときは、預金に付せられた番号の若い順序による。

〔吉　岡〕

40 差押えが競合したときの措置

Q 差押えの競合とは、どのようなことをいうのですか。また、競合したときにはどうすればよいのでしょうか。

A

◉差押えの競合

　差押えの競合とは、複数の債権者が別々に同一の債権を差し押えた結果、先着の差押債権額と後着の差押債権額の合計額が、差押債権の額をこえる状態になることです。

　差押えが競合した場合には、第三債務者である銀行は、差押債権の全額を供託しなければならない場合(義務供託)〔後述〕と供託をすることができる場合(権利供託)〔後述〕とがあり、それぞれの競合の態様によって対応します。ただし、銀行が差押債務者に対して反対債権があれば、相殺〔84参照〕をすることになります。

◉差押えの競合の態様と銀行の対応

　競合の態様にはつぎのようなケースが考えられます。

　(1)　仮差押えと仮差押え　　仮差押えにもとづいて支払の停止を続けるか、権利供託を行う。

　(2)　仮差押えと差押え　　義務供託を行う。

　(3)　差押えと差押え　　義務供託を行う。

　(4)　(仮)差押えと転付命令

　　(ｱ)　(仮)差押えが先着している場合には、転付命令〔36参照〕の効力は生じなくなり、(仮)差押えと差押えの競合となり、義務供託を行う。

　　(ｲ)　転付命令が先着している場合には、転付命令が確定すると、銀行に転付命令が送達された時に遡って、被差押債権が転付債権者に支払に代え券面額で移転する(民事執行法160条)ため、その後の(仮)差押え等は効力を生じなくなり、競合とはなりません。したがって、転付債権者に被差押債権を弁済

すればよいことになります。
- (5) 仮差押えと滞納処分による差押え〔**41**参照〕
- (6) 差押えと滞納処分による差押え〔**41**参照〕

◉**権利供託**と**義務供託**

　民事執行法156条1項は、「第三債務者は差押えに係る金銭債権の全額に相当する金銭を債務履行地の供託所に供託することができる。」と規定し、民事保全法50条5項で同条の準用を認めて第三債務者の供託する権利を認めています(これを一般に「権利供託」とよんでいます)。第三債務者は差押債権を供託すれば債務を免れることができます。

　民事執行法156条2項において、第三債務者は差押債権が競合したときは差押債権の全額に相当する金銭を債務の履行地の供託所に供託しなければならないとして、第三債務者に差押債権の供託を義務づけています（これを一般に「義務供託」とよんでいます）。

〔佐々本〕

41 税金の滞納処分を受けたときの銀行の措置

Q 預金に税金の滞納処分を受けた場合にはどのように対応すべきですか。また、差押庁に対して支払う場合には、どのような点に注意し、どのような書類を徴求すべきですか。

A

◯滞納処分による差押えとは

　税金の滞納処分による差押えとは、国税徴収法により税務署等に認められたもので（同法47条・62条〜67条）、納税義務者が任意に納期限までに税金を支払わない場合、税務署等が直接かつ強制的に取立てすることができるものです。これは、地方税や社会保険料などにも同様の規定が設けられていたり準用されたりしています（地方税法48条・68条、地方自治法231条の3、国民年金法95条、厚生年金保険法86条、健康保険法11条の2、国民健康保険法80条等）ので、府県税事務所、市役所や社会保険事務所等も延滞している税金等を差し押えることができます。

　民事執行法との大きな違いは、徴税担当官が直接、かつ直ちに取り立てることができる点です（民事執行法では債務者に送達されてから1週間経過しないと取立権が発生しません）。

◯貸出金等がない先に対する対応

　取引先からの事情聴取や本部等への報告等については、民事執行法や民事保全法の差押え等の場合と基本的に同様ですが、国税徴収法では直ちに取り立てることができることになっていますので、すみやかに行いこれに対応しなければなりません。また、支払う場合の徴求書類や供託については異なります。

　(1) 預金を支払う場合の徴求書類　滞納処分による差押えにもとづき預金を弁済期到来後に支払う場合には、滞納処分を行う担当官の身分を確認の

うえ、領収書を徴求して支払に応ずべきです。

　なお、支払う方法としては、現金によるのではなく保証小切手か振込みによるべきです。

　(2)　供託　　民事執行法と違い、滞納処分による差押えのみでは供託することは認められていませんが、滞納処分による差押えがされている預金債権について、強制執行による差押え、あるいは仮差押えがされ競合した場合には、銀行が権利供託できます〔42参照〕。

◉貸出金等がある先に対する対応

　貸出金等がある先に滞納処分による差押え等を受けた際の対応は、基本的に民事執行法による差押え等があった場合と同様と考えてよいでしょう。ただし、国税徴収法では、直ちに取り立てることができることになっていますので、反対債権があるかどうか（債務者自身だけでなく保証人であるかどうか）のチェックをすみやかに行うべきです。もし反対債権がある場合には、相殺する旨を徴税担当官に通知し、取立てをあきらめてもらうよう説明すべきでしょうが、それにもかかわらず徴税担当官が取立権を行使してきたときは、原則として相殺すべきでしょう〔85参照〕。

〔吉　岡〕

─42 税金の滞納処分による差押えと差押えの競合

Q 税金の滞納処分による差押えと差押えが競合した場合には供託することができるのでしょうか。

A

◉滞納処分による差押え

納税者が国税等を滞納した場合には、徴税職員は滞納者の財産を差し押えなければなりません（国税徴収法47条）。そして、徴税職員は差押えを銀行に対して債権差押通知書を送達して行い（送達により差押えの効力が生じる）、銀行に対して差押えの履行を、滞納者に対して差押債権の取立てその他の処分を禁止します。（同法62条）

徴税職員は差し押えた債権の取立てをすることができ、金銭を取り立てたときは、その限度において、滞納者から国税等を徴収したものとみなされます（同法67条）。

◉滞納処分による差押えと差押えの競合の態様と供託

競合の態様としてはつぎのようなケースが考えられます。

(1) 仮差押えと滞納処分による差押え　仮差押えと滞納処分による差押えが競合した場合には、滞納処分による差押えは、仮差押えによりその執行を妨げられないことから、銀行は、徴税職員による取立てに応じて支払ってもよいし、仮差押債権の全額を供託することもできます（権利供託）（滞納処分と強制執行等との手続の調整に関する法律〔滞調法〕20条の9第1項・20条の6第1項）。

なお、供託した場合は、徴税職員等にその事情を届け出なければなりません（同法20条の9第1項・20条の6第1項）。

(2) 差押えと滞納処分による差押え　差押えと滞納処分による差押えが競合した場合で、差押えが先着しているときには、銀行は差押債権の全額を供託しなければなりません（同法36条の6第1項）。

差押えと滞納処分による差押えが競合した場合で、滞納処分による差押えが先着しているときは、差押えは滞納処分による差押えの解除がされなければ、その取立てができないので(同法20条の5)、銀行は徴税職員による取立てに応じて弁済してもよいし、債権の全額を供託することもできます(権利供託)(同法20条の6第1項)。

(3) 転付命令と滞納処分による差押え　転付命令〔**36**参照〕と滞納処分による差押えが競合しても、供託をしないで処理することも可能です。

転付命令による差押えが先着しているときは、銀行は先着の転付命令が確定すれば、転付命令の債権者に弁済すればよいのです。すなわち、転付命令の確定によって、転付命令が銀行に送達された時に遡ってその効力が生じることとなるので、転付債権が転付債権者に弁済されたものとみなされて(民事執行法160条)、後着の滞納処分による差押えは差押対象債権が存在しない結果となり、滞納処分による差押えの効力が生じなくなるからです。

滞納処分による差押えが先着しているときは、銀行は徴税職員等による取立てに応じて弁済すればよいのです。転付命令が送達される前に滞納処分による差押えがされていれば、転付命令の効力が生じない(滞調法36条の5)からです。

〔佐々本〕

43 預金に仮処分や保全処分があったときの銀行の措置

Q 預金に仮処分や保全処分があった場合にはどのように対応すべきですか。

A

◉仮処分とは

　仮処分には、係争物に対する仮処分と、仮の地位を定める仮処分とがあります。係争物に対する仮処分とは、特定の物について争いがあり、現状を変更されると権利の実現が困難になるという場合に行われるもので、たとえば不動産の引渡請求をする際に、処分禁止の仮処分をするのがその例です。

　仮の地位を定める仮処分とは、権利関係に争いがあるときに、緊急の必要から当事者の一応の関係を定めるもので、たとえば預金の帰属に争いがある場合に、とりあえず預金の権利者であると主張する者の名義にするという仮処分をするのがその例です。

◉保全処分とは

　保全処分とは、破産、和議、会社更生等の法的整理手続〔81参照〕の開始が申し立てられたとき、これに伴って債務者の財産を保全する必要がある場合に出されるものです。預金に対する保全処分は、仮差押えや仮処分と異なり、債務者である預金者に対する処分としてなされるのが多いといえますが、保全処分の内容は種々多様なので決定の内容を十分読む必要があります。

◉仮処分や保全処分への対応

　仮処分や保全処分を受けたときの銀行の対応は、基本的には、差押え等を受けたときのものと同様です。

　(1) 取引先からの事情聴取　　仮処分等があったということは、取引先がなんらかの請求を受けているとか、後日銀行に債権者等からの請求があると

かの可能性が高いものといえます。したがって、仮処分等を受けた先が懇意にしている取引先であれば、債権者等との間のトラブルを未然に防止する意味からも、取引先から事情を聴取しておくのがよいでしょう。

(2) 店内での連携、本部への報告　仮処分等を受ければ(銀行によって対応のしかたに差異があるでしょうが)、少なくとも営業店内部では営業店長まで報告し、店内の連携をとり取引先への対応につき、意思統一をはかっておかなければなりません。たとえ預金のみの取引先であったとしても、融資とのかかわりがあるかないかを確認する意味から、預金係内のみの報告ですまさずに、融資係に連絡しておく必要があります。たとえば、仮処分等を受けた者が、融資の保証人や家族あるいは関係会社であるときは、債務者自身にも影響があることが多いと思われます。また、場合によっては本部へ報告し、その指示を仰がなければならないこともあるでしょう。

(3) 貸出先に対する仮処分等への対応

(a) 貸出金回収の必要性　貸出先の預金に対して仮処分等があったということは、貸出先の信用に少なからずトラブルがあると考えるべきです。どういう理由で仮処分等を受けるにいたったかについては、直接事情聴取するなどしてつかんでおくことが肝要です。そして、貸出先から今後の返済について不安がない旨の裏付ある説明を受け、かつ十分に納得ができない場合には、預金を相殺し貸出金を回収することを検討しなければなりません。

(b) 期限の利益の喪失　銀行取引約定書では、貸出先の債権保全を必要とする相当の事由が発生したときには、請求により期限の利益を喪失させることができる、と約定されています（銀行取引約定書5条2項5号）〔**53**参照〕。したがって、銀行は債権保全上相当な事由があり相殺しなければならないと判断される状況であれば、事前に請求しておくことが肝要です。

(c) 保証会社等への通知　その貸出金が保証会社や信用保証協会〔**75**参照〕等(以下「保証会社等」といいます)の保証を受けている場合には、貸出先への仮処分等は「事故」の一つとなりますから、当該保証会社等に対してすみやかに報告しなければなりません。また、その後の処理・対応についても、保証会社等の了解をとったうえで行うべきでしょう。

〔吉　岡〕

44　仮差押え・差押えが解除されたときの銀行の措置

Q 仮差押え・差押えが解除された場合にはどのように対応すべきですか。預金は預金者に払い戻してもよろしいでしょうか。

A

◉仮差押え・差押え等の解除・取下げとは

　民事保全法・民事執行法にもとづき預金等に対してなされた仮差押え・差押え等（以下「差押え等」といいます）が、債権者からの取立てがなされる前に、なんらかの理由により債権者側から取り下げられることがあります。

　取り下げられる理由としては、①債権者と債務者との間で和解が成立した、②債権者が債務者の別の資産から回収した、③債権者が差押え等で取り立てることを無意味と判断した、などが考えられます。しかし、いずれにしても、取下げにより差押え等は最初からなかったことになります。

　国税徴収法にもとづき差押えがなされた場合にも、滞納処分庁から差押えが解除されることがありますが、差押えの解除は、債務者がなんらかの資産で納税した結果であると考えてよいでしょう。このときも、差押えは最初からなかったことになります。

◉預金の払戻し

　差押え等の解除等があったときは、差押え等は最初からなかったことになりますから、別の差押え等がないかぎり原則として差し押えられていた預金は払い戻してもよいことになります。

　しかし、当該取引先に貸出金等がある場合には、保全状況や今後の予測される動向等を総合的に判断したうえで、預金を払い戻すかどうかを決めることが肝要です。

　なお、解除等の通知は、差押え等の通知と共に保存し、差押え等が解除あるいは取り下げられた旨の記録を残しておくべきでしょう。

第4章　仮差押え・差押え等

●**抵当不動産に対する差押えの解除等**

　根抵当権者が、抵当不動産に対する競売手続の開始または滞納処分による差押えがあったことを知った時から2週間を経過すれば、当該根抵当権は確定することとなります（民法398条の20第1項）〔**64**参照〕。

　しかし、その競売手続の開始もしくは差押えの効力が消滅したときは、担保すべき元本は確定しなかったものとみなす（同条2項）、と規定されています。すなわち、他の債権者によって競売手続が開始されたり、国税徴収法にもとづく差押え（地方税法などの準用によるものを含みます）がされたりしたときには、その後2週間の経過で根抵当権は確定し、当該根抵当権では担保されませんが、その手続等が取り下げられたり、解除されたりして効力が消滅したときには、元どおりの根抵当権に戻って、新たな債権も担保することとなります。

　なお、参加差押えは、その参加差押えにかかる財産につきされていた滞納処分による差押えが解除されたときは、その参加差押えは、差押えの効力を生ずることになります（国税徴収法87条1項）。

〔吉　岡〕

第5章
内国為替取引

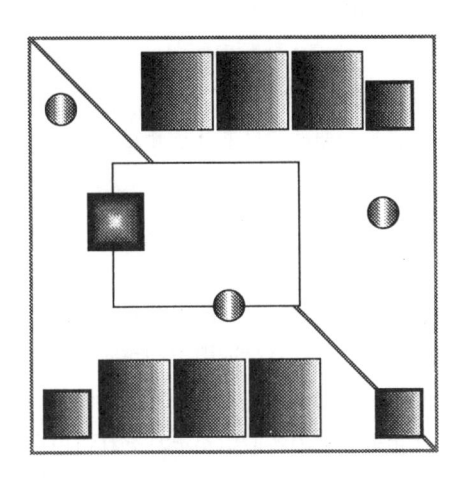

第5章　内国為替取引

45　為替取引の役割

Q 為替取引は経済の中でどのような役割を果たしていますか。

A

◉為替取引の銀行法上の意義

　銀行法2条では、銀行業とは、①預金または定期積金の受入れと資金の貸付または手形の割引とをあわせ行うこと、②為替取引を行うことのいずれかを行う、としています。

　また、銀行の業務範囲を定めている同法10条においても同様の規定を置いています。このように、為替業務は、預金、貸出と共に銀行の3大業務の一つであるといわれますが、銀行法の中でも明確に規定されています。

◉為替取引の定義

　ところで、為替取引の定義については、法律上規定はありませんが、一般に、利用者である取引先の立場から見て、「隔地者間の金銭上の債権・債務の決済を、現金の輸送等によることなく、銀行に委託して行うこと」といわれ、内国為替取扱規則では、①送金、②振込み〔47参照〕、③代金取立〔50参照〕、④雑為替の4種類の取引に分けています。ただし、実際の為替取引においては、「隔地」ということも、「現金の輸送等によらない」ということも必ずしも必須の要件ではありません。

　内国為替取引の当事者には、依頼人、仕向銀行（代金取立ての場合には委託銀行）、被仕向銀行（代金取立ての場合には受託銀行）、受取人の4者が存在します。そして、これら各当事者のうち、ⓐ依頼人と仕向銀行、ⓑ仕向銀行と被仕向銀行、ⓒ被仕向銀行と受取人との間にはそれぞれ契約関係がありますが、このうちⓐとⓑには為替取引契約が成立していると、一般に学説や判例において論じられています。もっとも、一口に「為替取引」といっても、送金、振込み、代金取立ての各取引がそれぞれ特色をもっているため、各取引について

個別に論じられています。

◉**経済的な役割**

　現在の日本では、金融機関共同の内国為替制度〔46参照〕が整備されており、手形交換制度と並んで国内における金融機関の2大決済制度を構成しています。この両制度は、まったく別個の制度というわけではなく、機能的に密接な関係をもっており、その連携によって金融機関の決済制度が運営されています。日本経済の金融的基盤の一端を担うものといっても過言ではないでしょう。

　わが国では、経済の拡大に伴って、銀行の決済機能の重要性がますます高まってきていますが、全国銀行データ通信システム〔46参照〕の拡充により、取引量の増大に対処しています。

　なお、為替取引には他行為替のほか、同一銀行の営業店相互間における行内取引、あるいは「本支店為替」とよばれるものも含まれ、他行為替に準じて取り扱われています。

　これらの為替取引を種類ごとに見てみると、一方では振込みおよび給与振込みが著しく増大していることがわかります。他方、これに反して、送金は激減しており、代金取立ても振込みへのシフト等により減少傾向にあるといえます。

〔吉　岡〕

第5章　内国為替取引

―46　内国為替取引のしくみ

Q 内国為替取引のしくみはどのようになっていますか。「全銀システム」とはどのようなものですか。

A

◯内国為替取引制度のしくみ

　内国為替は、歴史的には長い間、個別の銀行同士で締結する「為替取引契約」において取引店の範囲、為替通知の方法、資金決済方法などを定めて実施していました（外国為替においては、現在でもこの方法にもとづいて行われています）。それが、昭和18年8月から実施された内国為替集中決済制度によって、はじめて日本銀行における集中決済方式が導入され、その後、昭和33年6月から実務的な運営が銀行協会に移管されるに従い、加盟銀行による共同事業としての性格を強めてきました。そして、この傾向を決定的にしたのが昭和48年4月から実施されたデータ通信システムを中核とする全国銀行内国為替制度です。[1]

　この制度では、個別銀行間同士の為替取引契約は廃止され、この制度に加盟する銀行は、社団法人東京銀行協会の定める「内国為替運営規約」、「内国為替取扱規則」、「全銀システム利用規則」および「為替決済規程」に従い、加盟銀行相互間で自由に為替取引を行うことができるようになりました。当初は、全国銀行と商工中金だけがこの制度に加盟していましたが、徐々に加盟金融機関を増やし、現在では第二地方銀行、信用金庫、信用組合、労働金庫、農業協同組合なども加盟し、ほとんどすべての金融機関が加盟しているといってもいいでしょう。

　なお、これらの為替取引に関する契約の法的性質は、委任契約〔10ページ（用語解説）参照〕を中心として事務管理〔（用語解説）参照〕、消費寄託〔10ページ（用語解説）参照〕等の契約が含まれたものと解されています。

46 内国為替取引のしくみ

> **用語解説**
> **事務管理** 法律上の義務がないのに他人のためにその事務を処理すること。こうした行為は本人の利益にもなることから、民法は、それが本人の意思に反しないかぎり、本人と事務管理者との間に委任に類似した債権関係が生ずるものとしている（702条）。

◉為替決済の貸借

内国為替制度のうち、交換振込みの方法によるもの以外の為替取引に伴う加盟銀行の為替貸借の決済は、すべて日本銀行における加盟銀行の為替決済預り金口座によって行われています。そのため、加盟銀行は、内国為替制度への加盟にあたって、日本銀行における為替決済取引（または代行決済取引）の承認を得てこの口座を開設することが条件となっています。

◉「全銀システム」とは

内国為替制度の中核となる機能を果たしているのが昭和48年4月に稼働した「全国銀行データ通信システム」（略して「全銀システム」）とよばれるものです。この全銀システムは、東京と大阪にある全銀センターと、全国各地にある加盟銀行のコンピュータセンターとを専用の通信回線で結び、加盟銀行相互間の為替通知、およびこれに付随する通信などの電文を中継するとともに、電文の点検、記録、集計などを行っています。そして、加盟銀行の毎日の決済額は一般の通信の終了後に各銀行および日本銀行に通知され、当日の為替貸借を預り金口座により決済します。

全銀システムが実施されるまでは、為替通知は郵便や電報などを利用していましたが、実施後は専用通信回線を使用するため、通知時間も迅速になり、かつ通知の秘密も保持されています。また、為替決済額の取りまとめについても、迅速かつ簡素化されることになりました。

1) 加藤一郎・吉原省三編『銀行取引』〔第6版〕（有斐閣）288頁参照。

〔吉　岡〕

第5章　内国為替取引

47　振　込　み

Q 振込みは、最も簡便な送金方法といわれていますが、どのような種類がありますか。

A

◉振込みのしくみ

　振込みとは、仕向銀行が依頼人の指図にもとづき被仕向銀行にある受取人の預金口座に所定の金額を入金することをいいます。依頼人は、仕向銀行に対して振込依頼書に受取人の取引銀行、預金種目、口座番号、振込金額などの必要事項を記載し、振込資金および手数料を添えて振込みの依頼をします。仕向銀行は、この振込依頼書にもとづき被仕向銀行に対して全銀システムまたは交換振込みにより振込通知をします。被仕向銀行は、仕向銀行から振込通知を受けたときはすみやかに指定口座を探して振込金額を入金します。

　振込みは、受取人が預金口座さえもっていれば、誰でも利用できることから、最も簡便かつ安全な送金方法として広く利用されています。また、最近では、銀行窓口での受付は、ATM機等機械の受付が大半を占めるようになり、振込依頼人自身が直接機械を操作して振込みすることが多くなり、かつ被仕向銀行宛送られてきた振込金もほとんどの場合銀行担当者の操作を経ずに、機械で瞬時に受取人口座に入金されるように変化してきています。

　そして、仕向銀行と被仕向銀行との間の資金決済も、平成5年3月以降翌日決済から当日決済へと変更されており、振込みに関する実務環境は大きく変貌しています。

　なお、振込依頼にあたっての資金は、現金が原則です。他店券による依頼を受けたときは、その他店券が手形交換などにより決済されてから振込通知を発します。また、仕向銀行における預金をあてる場合には、払戻手続を終えたうえで振込手続をします。というのは、内国為替取扱規則においては、他行間での未決済資金のやり取りによる混乱を避けるため、現金あるいは現金化された資金にかぎっているからです。

47 振 込 み

◉振込みの法律関係

　振込取引の当事者には、依頼人、仕向銀行、被仕向銀行および受取人の4者が存在し、各当事者間の関係のうち、振込取引の法律関係として意味があるのは、①依頼人と仕向銀行、②仕向銀行と被仕向銀行、③被仕向銀行と受取人の各当事者間の関係です。そして、①および②の当事者間の法律関係は、委任契約〔10ページ 用語解説 参照〕であり、③の当事者間の法律関係は、各種の預金規定にもとづく関係（消費寄託契約〔10ページ 用語解説 参照〕と委任契約）にあります。

◉振込みの種類

　(1) 電信振込み　電信振込みとは、振込依頼を受けた仕向銀行が全銀システム〔46参照〕を利用して振込通知の電文を発信、振込みするものです。
　(2) 文書振込み　文書振込みとは、顧客から提出される振込依頼書にもとづき、振込票を為替通知として被仕向銀行へ送付して行う振込みをいいます。
　文書振込みは、付帯物件のある振込みや、急を要しない振込みに利用されます。この文書振込みは、仕向銀行と被仕向銀行との間の振込票の授受方法および決済方法の違いにより、さらにつぎの2種類に分けられます。
　　(a) メール振込み　メール振込みでは、仕向銀行の各営業店から集められた振込票を、まとめて郵便等により被仕向銀行の振込センターへ送付、同センターから被仕向店へ送付して行う振込みです。
　メール振込みによって授受された振込票の資金決済は、全銀システムを利用して一括で行います。
　　(b) 交換振込み　交換振込みは、手形交換における交換母店または振込センターが振込票をとりまとめ、手形交換所の文書交換により被仕向銀行の交換母店または振込センターへ交付します。振込票の資金決済は、手形交換に準じて行います。

〔吉　岡〕

第5章　内国為替取引

48　給与振込みと総合振込み

Q1 給与振込みとはどのような振込みですか。

Q2 総合振込みとはどのように違うのですか。

A

◯給与振込みとは

　従業員に対する給与（労働賃金）の支給を銀行振込みによって行うことを「給与振込み」といいますが、給与振込みも振込みであるかぎり一般の振込みと基本的な性格が変わるものではありません。その意味では、振込依頼人が多数の振込みを一括して依頼してくる総合振込みと類似点が多いといえます。

　しかし、労働者の賃金確保の観点からの法的規制があること、取扱件数が特定の日に集中すること、毎月継続して行われること、入金不能や遅延の及ぼす影響が大きいことなどを考慮して、確実な処理のために全銀協では「給与振込事務取扱要領」という特別な取扱方法を規定しています。

　なお、国家公務員や地方公務員の給与振込みについては、さらに特別の取扱いが定められています。

◯給与振込みの特徴

　給与振込みが一般の振込みと異なる主要な点はつぎのとおりです。

　(1)　企業・銀行間の契約　　銀行が給与振込みを企業との間で行うに際しては、事前に「給与振込に関する契約書」を締結し、さらに、仕向銀行と被仕向銀行との間で、上記要領に定めるひな型に準じた「給与振込に関する協定書」により給与振込協定を締結します。なぜなら、給与振込みの実施にあたって、振込明細の交付方法・交付日、資金の交付日、振込金の支払開始日、手数料などを取り決めておく必要があるからです。

　(2)　振込口座の事前確認　　給与振込みを始めるときは、最初の振込みに先立って、委託企業から提出される「給与振込口座確認書」にもとづき、仕

向銀行と被仕向銀行との間で振込口座の確認をします。被仕向銀行において、名義、口座番号などに誤りがあることを発見した場合には、所定の方法により、仕向銀行に対して正しい内容を通知することにしています。

なお、給与振込みの受取人口座は、普通預金および当座預金にかぎられます。

(3) 振込依頼書等の受入れ　振込みを依頼する企業などは、振込先、振込金額等の明細を記入した連記式の振込依頼書、または磁気テープ、フロッピーディスクを契約した日までに仕向銀行宛持ち込まなければなりません。

(4) 振込手数料　給与振込みは、一般の振込みに比較して顧客の手数料が低く抑えられています。

(5) 資金決済日　給与振込みの資金決済日は、一般の振込みにくらべて早く設定されています。

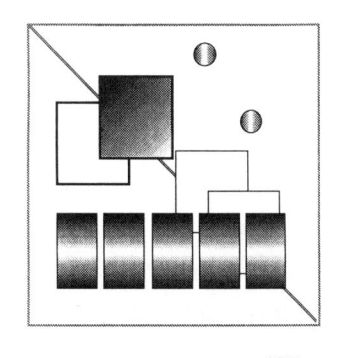

〔吉　岡〕

第5章　内国為替取引

49　振込みの組戻しと取消し

Q 振込みの組戻しと取消しとはそれぞれどのようなもので、両者はどう違うのですか。

A

●振込みの組戻し

　銀行実務上、従来からの慣行として行われている「振込みの組戻し」という手続があります。これは、振込依頼人の依頼によりいったん開始した振込手続を取り止め、振込依頼受付前の状態に戻すというものです。

　組戻しの実務は、仕向銀行のみならず被仕向銀行までが、たとえ預金成立後であっても受取人の意思を確認して、資金返還のための承認手続を負担しています。実は、これにより真の誤振込みのほとんどは迅速・安価に資金が取り戻されているところに重要な意義があります。

●取消制度

　平成7年10月から、内国為替制度の加盟銀行間、すなわち全国ほとんどの金融機関間で振込みの取消しの取扱いが統一実施されています。これは、仕向銀行が誤って発信した振込通知について、一定のルールのもとに、被仕向銀行が受取人のそのつどの承諾を得ることなく、預金口座の入金記帳を取り消して資金返還に応じるという制度です。

　従来の実務では、より無難な選択として、受取人の承諾を得たうえで取消しに応じようとする取扱いが少なくなかったようです。それでも、ほとんどの場合は、受取人が承諾するのが普通でしょうが、なかには受取人と連絡がとれないために、被仕向銀行が取消しに躊躇することになったり、また受取人が承諾を拒絶して紛議となったりする例も見られたようです。

　上記の変更は、全加盟銀行の承認のもとに成立させる取扱いとなっていることから、内国為替取扱規則の該当箇所が改正され、またこれと並行して、預金者と被仕向銀行間の当座・普通等関係預金規定に「この預金口座への振

込について、振込通知の発信金融機関から重複発信等の誤発信による取消通知があった場合には、振込金の入金記帳を取り消します。」の旨を追加する改正が行われています。

　取消しの対象となるのは、仕向銀行の錯誤によって生じた振込通知の重複発信、受信銀行名・店名相違、通信種目相違、金額相違または取扱日相違の五つの原因の場合だけに限定されています。

　取消しの具体的な取扱いは、振込みの種別により若干異なりますが、一般のテレ為替による当日扱いの振込みの場合には、つぎのように取り扱われます。すなわち、仕向銀行の取消依頼電文の発信は、原電文の発信日の翌営業日まで認められ、被仕向銀行はその受信日の翌営業日までに資金返還することを要します。もし、その受信時点ですでに振込金が預金口座から払い戻される等により残高（当座貸越を含む支払可能残高）が取り消すべき金額に満たないときは、被仕向銀行は残高不足により資金返還できない旨を回答しなければなりません。

　なお、この取消しの取扱いは、振込依頼人の依頼による「組戻し」については対象とされていないことに注意しなければなりません。というのは、振込依頼人から錯誤があったとして組戻しの依頼を受けても、銀行にはその原因が法律上取り消すことができる錯誤なのか、あるいは依頼人と受取人との特別の事情によるものなのかを知る立場になく、しかも受取人に受領すべき原因関係がある場合には振込金による預金債権成立の問題も生じるからです。したがって、このようなケースにおいて、受取人の承諾なしに取り消すことをルール化することは、とうてい適切な措置とはいえないと思われます。

　以上のことから、振込依頼人が錯誤した場合には、従来どおり受取人の承諾を前提に組み戻すという手続を行うべきです。

　万一にでも、銀行が顧客からの組戻し依頼分を取消しの対象とすることがあると、内国為替制度加盟銀行間の高度な信頼関係を崩すことにもなりますし、この制度が一般取引先にも理解を得られないことになりかねませんので十分な注意が必要です。

〔吉　岡〕

第5章　内国為替取引

50　代金取立て

Q 代金取立てのしくみはどのようになっていますか。また、経済の中でどのような役割を果たしていますか。

A

◯代金取立てとは

　代金取立ては、銀行が取引先などから依頼を受けて、手形・小切手等の証券類の金銭債権を支払人に請求し、代わり金を取り立てるものです。

　手形交換制度は、一定地域内の同一手形交換所に加盟する金融機関の間で手形・小切手等の取立て、決済を行うものですが、それ以外の地域の金融機関との間における手形・小切手等の決済は、内国為替取引としての「代金取立て」で行います〔図参照〕。

　この代金取立ては、振込みと相まって、隔地間の資金決済の円滑化に貢献し、経済の活性化に役立っているものといえましょう。

　しかしながら、代金取立ての取扱件数は、近年、手形・小切手の利用の減少傾向に平行して徐々に減少してきています。

代金取立てのしくみ

手形・小切手等の送付
委託銀行 ⇄ 受託銀行
為替(代金取立て)通知

委託銀行側：手形・小切手等取立依頼／入金　取立て依頼人
受託銀行側：支払／手形・小切手等引落請求　支払人

50 代金取立て

◉**対象となる証券類**

代金取立ての対象となる証券の種類は、約束手形、為替手形、小切手、公社債、利札、配当金領収書、その他の証券類とされていますが、約束手形および為替手形の取扱量が圧倒的に多いといえます。

◉**当事者の法律関係**

代金取立ての当事者は、証券類の取立てを依頼する人、この依頼人から取立てを依頼される委託銀行、委託銀行から依頼を受けて支払場所等に支払呈示する受託銀行、および証券類の支払人の4者です。

(1) 取立て依頼人と委託銀行との関係　この両者の間には①証券類の取立てを内容とする委任契約関係〔10ページ 用語解説 参照〕、②委託銀行が取立て依頼人の代理人として証券類の取立てを行うという代理関係〔168ページ 用語解説 参照〕、③取立てが完了した場合に代わり金を入金するという条件付の準消費寄託契約関係〔10ページ 用語解説 参照〕の3種の法律関係があります。

(2) 委託銀行と受託銀行との関係　この両者間には、為替取引契約に定める内容にもとづく委任契約を中心とする法律関係があります。

(3) 受託銀行と支払人との関係　この両者間には、代金取立て契約上の直接の法律関係はありませんが（多くの場合ですが）、受託銀行が証券類の支払場所になっているときは、預金契約上の当事者の法律関係が存在します。

◉**代金取立ての種類**

代金取立ては、内国為替制度加盟銀行間における代金取立て手形の送付方法および資金決済方法によって、つぎの三つの方法に分けられます。

(1) 集中取立て　委託銀行が各営業店から集手センターに集めた手形を支払期日の一定日前までに、受託銀行の集手センターへ送付し、取立てを行う方式を「集中取立て」といいます。

この方式では、支払期日にいったん全銀システム〔46参照〕により資金決済され、不渡りが発生したときは、支払期日の翌営業日までに受託店または集

手センターから委託店に対して不渡り手形1件ごとに個別に連絡し、資金を戻すことになります。
　集中取立ては、その集中処理によって合理化をはかろうとしたものであり、加盟銀行としてもできるだけこの方式を利用しようとしています。
　(2)　期近手形集中取立て　　期近手形集中取立てとは、手形の支払期日が切迫して集中手形の対象とならない手形について、委託銀行の集中店から受託銀行の集中店にまとめて送付する方式によるものです。資金決済および不渡り分の取扱いは、集中取立ての場合と同じです。
　(3)　個別取立て　　個別取立てとは、委託店と受託店との間で、個別に手形等を授受する方式によるもので、入金方法または不渡り手形の通知についても、手形1件ごとに行います。

◉取立て委任裏書の方法

　代金取立ての委任にあたっては、委託銀行は、証券類の要件を確認すると共に取立て委任の裏書をしなければなりません。裏書の方法としては、委託銀行が記名・捺印する正式の方法もありますが、簡便な方法として取立て委任印が一般的に銀行間で認められ、使用されています。

〔吉　岡〕

51 振込依頼人の誤振込み

Q 振込依頼人が誤振込みをした場合には、どのような扱いになるのですか。依頼人や受取人に対してどのような責任を負うことになりますか。

A

◉振込契約の法的性質

多数説は、振込依頼人と仕向銀行との関係は、振込入金を委託する委任契約ないし準委任契約〔10ページ 用語解説 参照〕であり、仕向銀行と被仕向銀行との関係は、内国為替取扱規則にもとづき受取人の預金口座に入金することを委託する委任契約ないしは準委任契約であり、被仕向銀行と受取人の関係は預金規定にもとづく委任契約および消費寄託契約〔10ページ 用語解説 参照〕の複合的契約であると解しています。

振込依頼人と被仕向銀行との間には直接の契約関係はなく、振込依頼人の誤振込みにより受取人の預金口座に入金手続がなされた場合に預金債権は成立するのか否かが問題になります。

これについては、原因関係必要説、原因関係不要説の対立がありました。[1]

従前の判例は、振込依頼人の誤振込みにより受取人の預金口座に入金手続がなされた場合、預金成立を否定していました〔 判例 参照〕。

判 例

振込依頼人の誤振込みに関する判例

1──鹿児島地裁平成元年11月27日判決（金法1255号32頁）

事前の包括的な消費寄託契約の意思表示は無限定のものではなく取引上の原因関係の存在を前提としているものであり、実質上正当な振込金の受取人と指定されるべき取引上の原因関係を欠くときは消費寄託契約は成立しないとして預金の成立を否定した。

2──東京地裁平成2年10月25日判決（金商995号13頁）

預金債権を成立させることにつき事前に合意しているものは、受取人との

間で取引上の原因関係がある者の振込依頼にもとづき仕向銀行から振り込まれてきた振込金にかぎられると解するのが相当であるとし、本件ではこれがないとして預金の成立を否定した。
　第2審の東京高裁平成3年11月28日判決（判時1414号51頁）も、特段の定めのないかぎり原因関係の存在を必要とするとして預金債権の成立を認めなかった。

　しかし、このような扱いでは振込みが制度的に成り立たないと主張する実務家を中心に反対の見解が高まり、最高裁判所の判断が注目されました。前掲東京高裁判決の上告審である最高裁平成8年4月26日判決（民集50巻5号1267頁）は、振込依頼人と受取人との間に振込みの原因となる法律関係が存在するか否かにかかわらず、受取人と銀行との間に振込金額相当の預金契約が成立し、受取人が預金債権を取得することを認めました。そして、この場合、誤振込みによる振込依頼人は、受取人に対して不当利得〔 用語解説 参照〕の返還を請求すべきであるということになり、振込依頼人がこの預金債権に対してなされた強制執行は認められないとして第三者異議の訴えを提起することは許されないとしました。

　他方、振込依頼人は受取人名と口座番号等を誤記したことに重過失があると見るべきであり、錯誤無効を主張しても認められないように考えられます。そうすると、受取人の預金口座に入金記帳がなされた場合、振込みは完了しており、仕向銀行や被仕向銀行に責任はないことになります。

　銀行実務では、被仕向銀行が仕向銀行より組戻し〔49参照〕の依頼を受けた場合の取扱いについて、口座に入金処理をしていない場合には組戻しに応じることができますが、入金処理後は預金債権が成立して委任事務処理は終了していますからこれに応じる義務はありません。しかし、被仕向銀行としては受取人に入金取消しの承諾を求め、受取人が承諾した場合にかぎり組戻しに応じています。後者の場合において受取人の承諾が得られないときには、振込依頼人は受取人に対して不当利得の返還を求めることになります。

　一方、振込依頼が正しくなされているのに被仕向銀行が誤処理をして誤った入金記帳がなされた場合には、被仕向銀行はすみやかにこれを取り消し、

他方、正当な受取人の口座へ入金し直すことになります。

> **用語解説**
>
> **不当利得** 法律上の原因なしに他人の財産または労務によって利益を受け、そのため他人に損失を及ぼすこと。民法は不当利得の返還を定め、善意の（その事実を知らない）場合は、現に利得のある限度で、悪意のある（その事実を知っている）場合は、利益の全部に利息を付して返還しなければならないとする（703条・704条）。

1)　1　原因関係必要説　振込みは振込依頼人と受取人との間の原因関係にもとづく資金返済の支払手段であるから、原因関係を欠くときには預金は成立しないとしています。
　　2　原因関係不要説　預金規定には預金契約の成否を振込依頼人と受取人との間の原因関係の有無にかかわらせている定めはなく、振込みは安全、安価、迅速に資金を移動する手段であって、多数かつ多額の資金移動を円滑に処理するため、仲介にあたる銀行が原因関係の存否、内容等を関知することなくこれを遂行するしくみがとられているものであり預金は成立するとしています。

〔宮　川〕

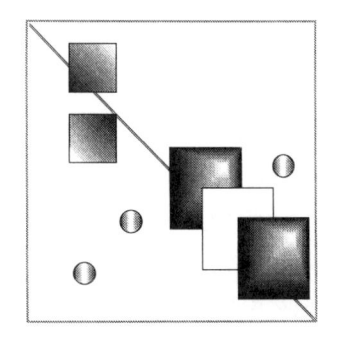

第5章　内国為替取引

52　銀行が誤って振り込んだときの責任

Q 銀行が誤って振り込んだ場合には、どのような扱いになるのですか。依頼人や受取人に対してどのような責任を負うことになりますか。

A

●振込取引の法律関係

　振込取引は、振込依頼人の依頼にもとづき、仕向銀行が振込依頼人から資金を受け取り、被仕向銀行に受取人の預金口座に資金を入金するよう依頼し、被仕向銀行がこれを受けて受取人の預金口座に入金するというものです。その過程は、①振込依頼人と仕向銀行の間、②仕向銀行と被仕向銀行の間、③被仕向銀行と受取人の間に分けて論じられるのが普通です。

　①の関係については、通説・判例は委任契約ないし準委任契約〔10ページ 用語解説 参照〕と解しており、②についても、一般に全国銀行内国為替制度における内国為替取扱規則にもとづく委任契約あるいは準委任契約が成立するとしています。③については、約款によりあらかじめ包括的に、被仕向銀行が現金、手形、小切手その他為替による振込み等の受入れを承諾し、受入れのつど当該振込金を受取人のため、その預金口座に入金し、かつ受取人もこの入金の受入れを承諾して預金債権を成立させる意思表示をしているものであることが認められれば、この契約は、(準)委任契約と消費寄託契約の複合的契約であるということができます。

●振込取引における銀行の法的責任

　振込取引における事故や過誤には、振込依頼人が誤った場合のもの〔51参照〕のほかにも、たとえば、仕向銀行が二重に振込通知を発信してしまったとか、あるいは仕向銀行が受取人名を間違えてしまって誤振込みがなされたとか種々さまざまなものがあります〔 判例 参照〕。

> **判 例**
>
> **預金口座解約後の振込入金の事例**——東京地裁昭和41年4月27日判決（金法445号8頁）
>
> 　本事件は、前日に取引停止処分となり当座勘定取引が解約されていたA社の当座預金に振込入金の通知を受けた銀行が、同日に支払呈示されたA社振出の約束手形を「解約後かつ支払人が来行しないこと」を理由に不渡り返却しながら、振込金をいったん別段預金に留保し、翌々日にA社に直接支払ったという事案。この取扱いに対して依頼人は、①当座口振込みは受取人が被仕向銀行に当座勘定取引を有することを停止条件とする委任契約であり、本件は条件不成就により無効であるから、仕向銀行は振込金を不当利得〔133ページ 用語解説〕参照〕として返還する義務がある、②そうでないとしても、仕向銀行は振込金が手形決済資金であることは了知でき、かつ取引停止処分後に支払えば、依頼人が損害を被る危険のあることを承知できたはずであり、口座解約の事実を依頼人に通知し、その回答があるまでは払戻しを留保すべき善管注意義務があるのにこれを怠ったため、依頼人は受取人から回収できず損害を被ったので、同額の損害の賠償を請求すると主張した。
>
> 　これに対して本件判決は、①の主張については斥けたものの、②の主張についてはほぼ全面的に認め、仕向銀行に損害賠償を命じた。
>
> **振込遅延の事例**——東京地裁昭和47年6月29日判決（金法660号26頁）
>
> 　本事件は、午後1時頃来店した依頼人が為替係員に同じ銀行の別支店宛振込みにつき、「商用の金だから大至急送金したいが2時半までに大丈夫か」と確かめたところ、「テレタイプを利用しているから10分〜15分で送金できる。」旨の返答があったため振込みを依頼した。しかし、被仕向店には仕向店から午後1時30分過ぎに受信されたものの、被仕向店ではしばしば振込みがある類似名の預金口座への振込みの誤りではないかと考えて、仕向店に照会するなど手間どっていたため、入金手続は午後3時53分頃となってしまった。この振込みは依頼人が商売の手付金として振り込んだものであったが、午後2時半までに振込入金がなければ契約解除されることになっていた。このような事情から、本件振込依頼人は、上記売買契約を手付金の払込遅延を理由に解除されたとして、逸失した得べかりし利益について仕向銀行に対して損害賠償を求めた。
>
> 　本件判決は、銀行が2時半までの送金完了を約定しておきながら、口座発見までに手間どったとして銀行の過失を認めたが、振込依頼人の損害は特別の事情によって生じたもので、銀行でこれを予見し、または予見しうべかり

しものではなかったとして、依頼人の請求を斥けた。

　この判決から導かれることは、銀行が依頼人から所定時刻までに振込入金されなければ契約解除され損害を生じるという特別事情のあることを告げられ、銀行がこれを承知してその時刻までの入金を約して振込依頼を受けたにもかかわらず過失により入金が遅延したとされる場合には、その特別損害につき賠償責任を負うことがあるということである。

　なお、発信遅延故障等の対策として、振込依頼書および振込金受取書には、やむをえない事由による通信機器、回線の障害、または郵便物の遅延等によって振込みが遅延することがあっても当行は責任を負わない旨の免責文言が記載されている。しかし、これをもって、これらの故障等すべてに銀行が免責されると安心するのではなく、銀行としては、故障や障害が発生しないように極力防止をはかる努力をしたにもかかわらず、故障等のために振込みが遅延した場合に免責されると考えるべきである。

振込依頼の撤回があったのにこれを看過ごして振込みを実行した事例──東京地裁平成5年3月5日（金法1379号42頁、金商939号35頁）

　本事件は、依頼人が受取人に対する報奨金債務の支払のため、仕向銀行に対し振込依頼をしたが、振込実行日前に上記依頼を撤回したにもかかわらず、仕向銀行がこれに気づかず、同銀行の資金で受取人の預金口座に振込みしたため、依頼人から上記資金の回収を求めることができなかったので、仕向銀行が振込金を受領した受取人に対して、不当利得としてその返還を請求した。

　本件判決は、振込依頼人と受取人との間に対価関係が存在する場合でも、振込実行前に依頼が撤回されたときは、不当利得関係は仕向銀行と振込依頼人の間で問題とすべきではなく、給付関係当事者である仕向銀行と受取人の間で処理されるべきである、として仕向銀行の受取人に対する不当利得返還請求を認容した。

受取人の承諾を得ずに組戻しに応じた被仕向銀行から仕向銀行に対して振込金を返還請求した事例──岡山地裁平成5年8月27日判決（金法1371号83頁）

　本判決は、受取人の預金口座に振込金が入金記帳された時点において、預金債権が成立したというべきであるとし、また振込みの組戻し〔**49**参照〕は、受取人の承諾を得たうえでなければ許されないが、被仕向銀行が承諾し組戻し手続が完了している以上、組戻し金額について振込みの組戻しの無効を主張して不当利得であるということはできない、と判示した。

〔吉　岡〕

第6章
貸付取引

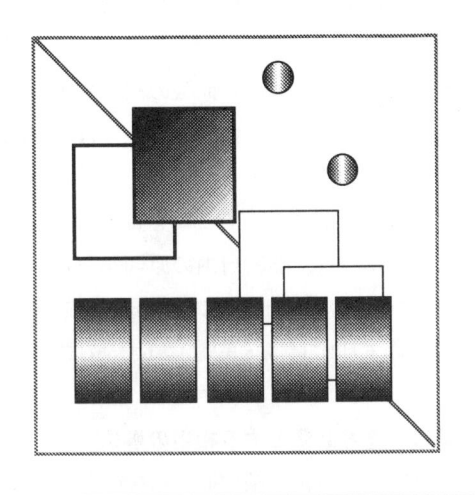

第6章　貸付取引

─53　期限の利益の喪失

Q1 銀行取引約定書にある期限の利益喪失条項とはどういうことですか。

Q2 期限の利益喪失事由の一つである「債権保全を必要とする相当の事由」と認められるのはどのようなときですか。

A

◉期限の利益の喪失とは

　期限の利益とは、期限の存在すること(始期または終期の到来しないこと)によって当事者が受ける利益のことです。銀行の貸出金については利息付のため、債務者と銀行が共に期限の利益を有しているといえますが、一般には、期限は債務者の利益のために定めたものと推定されています(民法136条1項)。

◉期限の利益喪失事由

　民法上、期限の利益喪失事由としては、①債務者が破産宣告を受けたとき、②債務者が担保を毀滅しまたは担保を減少したとき、③債務者が担保提供義務を負う場合にこれを供さないときの三つの場合にかぎられています(民法137条)。

　銀行取引においては、期限の利益喪失事由をこのほかにも定めておく必要があるため、銀行取引約定書5条では、民法が定める以外の事実が生じたときにも期限の利益を失うものとし、これを、当然に期限の利益を喪失する場合と銀行の請求によってこれを喪失させる場合に分けて喪失事由を規定しています。学説は、契約自由の原則からこのような合意の効力を原則として認め、また最高裁判所は、この期限の利益喪失約款を有効と認めています(最高裁昭和45年6月24日判決・民集24巻6号587頁)。

◉債権保全を必要とする相当の事由

　銀行取引約定書5条(期限の利益の喪失)2項5号には、請求による期限の利

益の喪失事由の一つとして（銀行取引約定書5条2項各号のほか）「債権保全を必要とする相当の事由が生じたとき」があげられています。本号の規定は抽象的であるためどのような場合がこれにあたるかが問題ですが、たとえば、商品等に処分禁止の仮処分がかかったり、会社の内紛で取締役に職務執行停止の仮処分があったりして債務者の営業の継続に支障が生じているとか、赤字会社との合併が確定的になったとか、大口の販売先が倒産して連鎖倒産のおそれがあるとか、主力工場が罹災したとか、ストライキ・ロックアウトの応酬で泥沼の労使紛争が長期にわたって続いているとか、会社が清算に入ったとかの事由が生じた場合において、客観的に見て債権保全の必要性があれば、銀行の請求によって期限の利益を喪失せしめることができます〔 判例 参照〕。

この条項に対しては、学説の中に、漠然として客観的に確定しえない事実を条件とする条項は効力がないと見る見解もありますが、通説は、本号に批判的であるもののこれを有効と見ています。

実務上、この必要性の判断にあたっては、銀行の恣意的・主観的な判断による必要性の認識では足りず、他の債権者であっても、そのような事態が発生すれば債権保全策をとるであろうといった保全上の客観的必要性を要するのです。客観的な認識のほかにも、信頼関係の破壊、銀行に損失が発生する可能性を要すると見る学説もあります。

> **判 例**
>
> **債権保全を必要とする相当の事由と認めた事例**——仙台高裁平成4年9月30日判決（金商908号3頁）
> 経営不振の債務者が経営の再建をはかるため債権者に対して債権者集会の通知をした場合、その前後の状況からみて、「債権保全を必要とする相当の事由が生じたとき」に該当する、と判示した。

また、本号を除く銀行取引約定書5条1項各号または2項各号所定の期限の利益喪失事由に形式的に該当する事実が生じた場合であっても、債権保全の客観的必要性が実質的にないときには、期限の利益喪失の効果は生じないものと解すべきであり、このような客観的必要性の存在は本号以外の期限の

利益喪失条項の前提要件となるものと理解できます。たとえば、僅少額の弁済が数日遅延しただけのケースでは、一般に、期限の利益を喪失させるべきものではないでしょう。

　以上のように考えると、債務者の信用に著しい低下がなく、債権保全の必要性が格別生じていない場合に、「債権保全を必要とする相当の事由」があるといえるかは疑問です。本号の包括規定で請求をするにあたっては、貸付債権保全の必要性を客観的に判断し、後日それを立証できる場合にかぎるべきものであり、したがって債権保全の客観的必要性がある事実を具体的に把握したうえですることとし、主観的・恣意的な判断は避けなければなりません。

　なお、取引先に対する期限の利益喪失の通知は、通常、配達証明付内容証明郵便でしています。

〔宮　川〕

54　手形貸付の性格

Q　手形貸付とはどのようなときに利用されるのですか。法律的な性格はどのようなものですか。

A

◉**手形貸付とは**

　銀行が取引先に対して融資する場合に、金銭消費貸借契約証書（借用証書）〔用語解説　参照〕を差し入れてもらう代わりに、融資先から銀行を受取人とした約束手形を差し入れてもらい融資することがあります。このような貸付方法を「手形貸付」といいます。この場合の手形は、手形本来の機能のほかに、証書貸付の場合の証書と同じ役割を果たすことになります。

　手形貸付は、銀行にとっても管理が簡便であり、また融資を受ける側にとってもいちいち借用証書を作成しなくてもいいだけでなく、印紙税も証書を用いる場合にくらべて安くすむという利点があります。手形貸付は、主に短期間の貸付に利用され、貸出日から手形期日（あるいは約定日）までの利息を前取りしています。

> **用語解説**
> **金銭消費貸借契約**　当事者の一方（借主）が種類、品質、数量の同じ物を返還することを約して、相手方（貸主）から代替物を受け取ることによって成立する契約を「消費貸借契約」といい（民法587条以下）、代替物が金銭であるものを「金銭消費貸借契約」という。

◉**法 的 性 質**

　手形貸付の場合、銀行と融資先との法律関係は2種類あります。その一つは金銭消費貸借契約（貸付関係）であり、もう一つは手形関係です。つまり、銀行は貸付にもとづく債権と、手形上の債権との二つの債権をもちますが、そのどちらの債権を行使してもよいことになります（銀行取引約定書2条）。もちろ

ん、この二つの債権は銀行の貸付金を回収するという一つの目的のために存在するものですから、その一方が目的を達して消滅することになれば、他方も消滅することになります。

◉手形の書替え

　手形の書替えに関して、それが更改（契約の要素を変更すること）になるのかならないのかについて大審院判決は更改とはならないとしていますが〔 判例 参照〕、その後、債務者が新手形の差入れと引換えに旧手形の返還を受ける方法での書替えをした場合には、旧手形の効力は新手形による代物弁済〔155ページ 用語解説 参照〕によって消滅する、と主張する有力な学説が出てきて、最高裁判所もこれに同調するような表現をしました（最高裁昭和29年11月18日判決・金法60号4頁）。そして、この判決のため、たとえば、根抵当権が確定〔64参照〕した後で、その債権が確定前から存在する債権であるか、確定後に新規発生（あるいは更改）した債権であるかが争いとなるおそれがあるケースにおいては、手形書替えの際に旧手形を返還すべきではない、という取扱いを金融実務では長い間行ってきました。

> **判　例**
>
> **手形書替えは更改にならないとした大審院判決**──大審院大正4年10月26日判決（民録21輯1775頁）
> 　支払延期のために新手形に書き替えた場合には、当事者に債務変更の意思があるわけではないから、更改とはならないし、金額・債務者を変更しないかぎり、満期を後日とするほか、他の手形要件を変更した新手形に書き替えても更改とはならない、と判示した。さらに、同判決は、手形書替えにあたり、旧手形が債務者に返還されるかどうかは、手形書替えの法律上の性質になんらの影響も及ぼさない、と判示した。

　ところが、東京地裁平成8年9月24日判決（金法1474号37頁）は、「支払期日の到来した手形と新手形を交換する方式によって行われた手形書替えは、旧債務についての弁済期を単に延期する手段としてなされたものであって、両当事者とも旧債務を消滅させる意思はなかったと認めるのが相当であるから、

更改契約とは認められない」、「2本の手形貸付債権を1本化し、支払方法を分割払いとする旨の金銭消費貸借契約の締結も、旧債務についての弁済期を単に延期する手段としてなされたものであって、両当事者とも旧債務を消滅させる意思はなかったものと認めるのが相当であるから、更改契約とは認められない」と判示しました。

　手形貸付を債権者として扱う者とすれば、この判決はまさに実務感覚にピッタリ適合するものですが、はたしてこれが判例変更につながるのかどうか、また債務者が新規発生した債務であるとか更改された債務であるとか争ってきた場合に金融機関としてはどの程度まで旧債務と新債務の連続性を説明すれば足りるのか（つまり、元帳や異動明細といった金融機関側だけの証拠で足りるのか、あるいは旧手形のコピーぐらいは取っておくべきなのか）、実務的にクリアすべきことはそのほかにも残っています。いずれにしても、いまだ地方裁判所段階の判決であり、また、本事件は控訴されていますので、今後の成りゆきが注目されます。

〔吉　岡〕

55　手形割引の性格

Q 手形割引の法律的な性格はどのようなものですか。売買と消費貸借とではどのように違うのですか。

A

●手形割引とは

　手形割引とは、期日未到来の商業手形(商取引の裏付のある手形)を額面金額から期日までの金利相当分を差し引いた金額で銀行が買い取る取引です。この金利相当分を「割引料」といっています。

　企業が物を販売したり、工事をしたりすると代金債権(売掛金等)が発生しますが、これを手形で支払ってもらう場合、受け取った企業は手形の支払期日まで現金を受け取ることができません。しかし、手形の割引を受ければ手形の支払期日前に割引代金を入手(換金)することができます。

●法的性質

　手形割引の法的性質については、かつて①消費貸借説、②売買説、③混合契約説、④無名契約説があり、とくに消費貸借説と売買説が有力でおおいに議論されましたが、現在では、売買説が通説・判例になっています（大阪高裁昭和37年2月28日判決・高民集15巻5号309頁）。実務上でも、昭和37年8月に旧銀行取引約定書ひな型は、手形割引につき売買説を採用し、現行の銀行取引約定書ひな型もこれを踏襲しています。

●売買と消費貸借の違い

　手形割引を売買と解するのと消費貸借〔10ページ 用語解説 参照〕と解するのとではどのような違いが生ずるのでしょうか。

　純粋の売買とすれば、割引後は割引依頼人と銀行との取引関係は一応終了し、割引依頼人に契約上の担保責任(民法569条)と手形上の遡求義務(手形法43条)〔71ページ 用語解説 参照〕が残ることになります。

他方、消費貸借とすれば、割引依頼人は手形金額についての借入金債務を負担し、これを期日に返済する義務を負うことになります。

しかし、実際には、売買説をとる銀行取引約定書でも、手形割引について、手形の支払義務者や割引依頼人の信用状況が悪化した場合には、割引依頼人に対して直ちに手形買戻しの請求ができる旨の特約を定めています。手形割引を売買としているのは、とくに、債権証書のようなものをつくらないことや、割引依頼人からの返還は本来予定していないことなどによるものと思われます。

◉手形の買戻請求権

割引手形の買戻請求権の法的性質についても、かつて学説が分かれていましたが、上述のように銀行取引約定書は売買説を採用していますので、買戻請求権も再売買ということになります。

そして、買戻請求権が発生すると、割引銀行は、手形の裏書人である割引依頼人に対する遡求権もあわせて取得することになります。

> 判例
>
> **買戻請求権の発生根拠についての事例**——最高裁昭和46年6月29日判決（判時640号81頁、金法622号25頁）
>
> 「今日銀行の行っている手形割引は、通常、銀行が手形割引依頼人に対し、広い意味で信用を供与するための手段として行っているものにほかならず、割引手形をそれ自体独立の価値ある商品として買い受けることを目的とするものでないことは公知の事実であり、この事実を前提として本件取引約定書の前記規定を探究するならば、上告銀行が手形割引に関し、前記のような規定をおいているのも、結局は、割引手形上の債務者に信用悪化の事態が生じ、将来その手形の支払に不安がある場合には、それが手形の振出人に生じた事由であると、割引依頼人について生じた事由であるとを問わず、その危険を未然に防止し、早期かつ安全に資金の回収をはかろうとする意図に出たものであることが容易に推察されるのである。この場合、銀行が割引依頼人に対して有する手形の買戻請求権の存在自体は、右約定書の文言のみによって決せられるものとは言い難い」と判示し、買戻請求権の発生根拠が事実たる慣

習〔 用語解説 参照〕に由来するものであり、本約定書の特約によって発生したものではないことを明らかにしている。

> **用語解説**
> **事実たる慣習**　社会生活の中で反復して行われ、ある程度まで人の行動を拘束するようになった一種の社会規範のことを「慣習」という。慣習が法的効力を有するにいたったものを「慣習法」といい、そこまでにいたらないものを「事実たる慣習」という。

〔吉　岡〕

56 融通手形

Q 融通手形とはどのようなものですか。不渡りとなる危険性が高いといわれるのはなぜですか。

A

●融通手形とは

　商取引の裏付の存在する手形は、一般に「商業手形」とよばれていますが、これに対して融通手形とは、手形の振出に商取引の裏付がなく、金融目的、つまり資金繰りをつけるために割り引かれることを目的として振り出される手形のことです。このため、融通手形は、受取人が振出人に対して手形金の支払を請求することをはじめから考えておらず、振出人も受取人に対しては責任を負うつもりがないものです。

●融通手形の危険性

　法律的には、融通手形を割り引いても権利行使ができなくなるわけではありませんが、融通手形は、正常な手段を用いて資金調達ができなくなった企業が行う資金調達方法で、金融目的のために商取引の裏付がないまま手形の振出が行われます。つまり、融通手形によって資金繰りをつけているような取引先は営業状態がよくないと判断され、不渡りの危険性が非常に大きいものといえます。また、融通手形関係にある企業グループでは、営業状態がよくない企業同士が相互に資金繰りを綱渡り的に行っていますから、一つの企業がその資金繰りを間違えたり、失敗したりすると、連鎖的にグループ全体の資金繰りに支障をきたし、破綻するのが通常です。

　したがって、融通手形であると判断されるときは、金融機関としては絶対に割り引いてはなりません。

●融通手形の抗弁

　融通手形において、振出人(融通者)はその受取人(被融通者)からの手形金請

求に対して、融通手形であることをもって抗弁することができますが、この抗弁を一般に「融通手形の抗弁」といいます。

しかし、受取人から裏書譲渡を受けた者がある場合には、振出人はその被裏書人(割引人)に対しては、融通手形の抗弁を主張することができず、振出人は支払義務を免れることができないのが原則です(手形法17条但書・77条1項1号)。

判例も、融通手形の振出人は、第三者が融通手形であることを知って手形を取得したか否かを問わず、原則としてその支払の拒絶はできないとしています(最高裁昭和34年7月14日判決・民集13巻7号978頁)。

ただし、融通手形の振出人がいっさいの抗弁を主張できないというのではなく、受取人が満期日までに当該手形を受戻ししたうえ振出人に対してなんらの手形上の責任を負わせないなどのことを手形の取得者が融通手形を割り引く際に知っていたときは、振出人は融通手形の抗弁を主張することができます(最高裁昭和42年4月27日判決・民集21巻3号728頁)。

◉融通手形の見分け方

融通手形は、表面上商業手形と変わりはなく、一見して見分けることは困難です。これを見分けるには、常に手形の流れに注意し、手形を割り引くに際してその成因を十分に調査しなければなりませんが、一般的にはつぎのようなポイントがあります。

(1) 取得原因・手形振出人の調査　どんな取引によってその手形を受け取ったのかを調査します。経理担当者等から直接聴取したり、仕入れ販売先明細表等を提出してもらったりして、これと突き合わせします。売上げ実績のない販売先からの手形や、取引実態とかけ離れた多額の金額の手形はその疑いがあるといえます。

(2) 手形金額の特色　一般に融通手形の金額は、端数のつかないラウンドナンバーのものが多いといわれています。また、ラウンドナンバーのものに利息金額を加えたものもあるようです。もっとも、そのためにわざと端数をつけたりする例もあるので、これだけでは決め手にはなりません。

(3) 財務諸表の検討　貸借対照表・損益計算書を連続的に(最低限3期間

程度）検討したり、業況推移表・資金繰り表等を連続的に検討したりすることによって、受取手形と売上げとの関係を調べ、売上高に比較して不相応に受取手形が増えていないかどうか調べなければなりません。

(4) 当座勘定の動きの調査　取引先の当座勘定口座で決済されている手形・小切手・振込み等を調べ、割引手形と同金額ないし類似金額が、手形の支払期日あるいはそれと前後する日に、割引手形振出人との間でやり取りされていないかどうかを調べる必要があります。

〔吉　岡〕

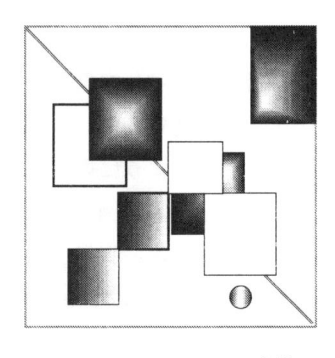

第6章 貸付取引

57 代理貸付の性格

Q1 代理貸付はどのようなときに利用されていますか。

Q2 回金義務あるいは按分充当義務とはどういうことですか。

A

◯**代理貸付制度**

　公庫や事業団（以下「公庫等」といいます）は、種々の政策的意図から、公的資金をもって必要な資金の供給を行うことを目的の一つとし、その目的を遂行するために、貸付業務を全国の各種金融機関に委託して行う代理貸付制度を採用しています。この制度は、受託金融機関となる代理店においても、委託手数料による収益があるほか、金融引締め時には自己の固有貸付に限度がありますので、公的資金による代理貸付をもって顧客の需要を満足させうると共に、代理貸付によって得た情報を自己の固有貸付にも利用しうる利点があります。また、公庫等にとっても、各種金融機関の窓口を利用することによって、全国的にその貸付を広め、利用者の便宜をはかることが可能となり、それによって政策目的を達成しうるという大きな利点があります。

　したがって、代理貸付制度においては、委託金融機関である公庫等と、受託金融機関である代理店とは、いわば持ちつ持たれつの関係にあるわけです。このような委託金融機関と代理店との前述の関係は、代理貸付業務のさまざまな場面において現われており、管理回収業務に関しても同様にあります。

◯**保証責任と按分充当義務**

　公庫等の代理貸付は、保証責任〔72参照〕や代位弁済〔74参照〕後の管理などに関し、つぎのように規定されています。

　まず、債務者が倒産等にいたったとき、代理店が公庫等に対し代位弁済しなければならない責任を負う金額は、貸付金債権の一定比率（この保証割合は委託金融機関や貸付金の種類によって異なります。たとえば、中小企業金融公庫や環境衛生金

57 代理貸付の性格

融公庫では主に80％、年金福祉事業団では主に20％）に相当する金額にとどめられています。これは、公庫等が代理店に貸付金の審査・決定の権限を与えている関係で一部保証責任を負担させることはあっても、代理店が全面的・一方的にその危険ないし責任を負担することにはしていないのです。

　つぎに、代理店は、未回収の代理貸付債権について、一定割合の金額を公庫等に対し振り込めば保証債務は消滅しますが、その不足分は依然として公庫等の貸付債権として残ることになります。そして、保証責任履行後もこの残額については、代理店は引き続き管理回収の義務を負い、当該貸付債権または求償権にもとづき回収があった場合には、回収金を代理店が全額を自己の債権に充当することができるというのではなく、公庫等と代理店とで一定割合（たとえば、中小企業金融公庫の主な種類のものでは、8対2。以下同様）で按分して、それぞれの債権の弁済に充当しなければならないこととなっています（按分充当義務）。こうすることによって、保証責任履行後においても、債権残高は常に公庫2、代理店8の割合が保たれるようになっているわけです。

　これは、代理店が公庫等の貸付金残高の回収を怠ることを防止する一方、回収不能による損失を公庫等と代理店とが一定割合ずつ負担することにして、代理貸付業務の円滑化をはかっているのです。

◉代理店の保証責任についての留意点

　しかし、上述のように代理店がその責任の範囲(80％)で保証債務を履行し、その全額の求償を得ても、その20％を公庫等に回金しなければならない（回金義務）ことになりますので、代理店がその回金した分について回収をはかろうとすると、さらに貸付残金を回収して充当する必要があり、そのためには回収・充当・回金の手続をいくどとなく繰り返さなければならないことになります（したがって、代理店が求償権につき完全に回収するには、公庫等の貸付金債権も全額を回収しなければならないことになります）。

　そして、もう一つさらにやっかいな困ったケースが出てきます。というのは、当事者が公庫等と代理店と債務者の三者だけであれば、先述の煩瑣な手続さえ繰り返せば回収することができますが、第三者（たとえば債務者の別の債権者）が加わった場合には、その第三者との優先劣後が問題となってきます。

151

国税債権の差押えがなされた事件で、最高裁昭和62年7月10日判決(金商776号3頁)は、代理店に保証責任分の預金相殺は認めましたが、それ以上の預金相殺については差押債権者に対抗(主張)できない旨言明しました。本判決は、学説上も争いのあった問題につき決着をつけたものであり、その後は実務の取扱いとしても、本判決を前提に対応を考えざるをえなくなっています。

◉実務上の対応策

しかし、判例の見解をとるとすれば、「保証責任」分以上の預金があったとしても、これを相殺することができないという金融機関としては受け入れ難い、かつ奇異な結果となります。また、代理店とすれば、目の前にぶら下がったものをトンビにさらわれたような感じがしないではありません。

さらに、この理論で考えると、代理店が自己の求償権確保のため根抵当権〔63参照〕を設定した場合においても、第三者に対しては競売手続で保証責任分以上の債権額の主張をすることができないこととなります。

したがって、たとえすでに代理店の連帯保証人となっているときであっても、公庫の連帯保証人としても徴求する必要があります。そして、責任追及する際には、公庫の代理貸付債権の保証債務にもとづいた履行請求をすべきことになります。同様に、物上保証人をとる場合は、担保不動産に余力が残っているかぎり、公庫を債権者とし、代理貸付債権を被担保債権とする抵当権〔63参照〕を設定すべきといえます。

また、信用保証協会〔75参照〕の保証を受けて代理貸付をする場合には、委託金融機関に対して保証協会が保証するように申込手続を行わなければなりません。というのは、代理店に対して保証するのでは代理店の保証責任部分に対してだけしか保証したことにならず、結果として一部保証にしかならないからです。いいかえると、保証されていない部分の債権が委託金融機関および代理店に残ることとなり、保証協会の保証を受けた意味がないことになります。したがって、代理店としては、委託金融機関の代理人として保証協会に全額の保証を受けるよう申し込み、万一の場合には全額の代位弁済を受けられるようにしなければなりません。

〔吉　岡〕

58 一括支払システム

Q 一括支払システムとはどのようなもので、どのようなときに利用されていますか。銀行にとって、債権の保全上問題はありませんか。

A

●一括支払システムのしくみ

　一括支払システムは、仕入先を多数抱える大手企業の手形振出事務の省力化を狙って開発されたものです。開発当初は一括手形方式でスタート（昭和59年11月）しましたが、その後、債権の譲渡担保方式〔後述〕が考案され（昭和61年10月）、現在は、後者のものが金融機関の統一商品として取り扱われています。

　従来は、支払企業が仕入先企業との商取引によって負担する代金債務の支払のために手形を振り出し、仕入先企業が手形期日前に資金を必要とするときは手形割引〔55参照〕の方法によって資金を調達していましたが、一括支払システムによれば、支払企業は手形期日と同一日を振込日とする振込依頼を銀行に委託し、銀行は支払期日に仕入先の指定口座に代金を入金するほか支払期日前に仕入先が資金を必要とするときは、振込予定の代金（売掛代金）債権を担保として、銀行が当座貸越による貸出を行うことにより資金を調達することができます〔図参照〕。

　この決済方式には関係者にとってそれぞれ以下のようなメリットがあります。

（1）　支払企業のメリット　　手形発行・交付事務の省力化がはかれ、手形用紙の購入・印紙税等の経費が節約できます。また、手形の紛失・盗難等の事故を回避することができます。

（2）　仕入先のメリット　　手形の集金、領収書の発行、期日管理および取立て等の事務の省力化がはかれ、領収書作成費用や印紙税が節約でき、手形の紛失・盗難等の事故を回避することができます。

（3）　銀行のメリット　　手形の保管・割引・取立て等の事務の省力化がはかれ、手形の紛失・盗難等の事故を回避することにもなります。

第6章 貸付取引

また、振込手数料の増加、支払企業との取引のメイン化、仕入先企業との取引開拓等にもつながります。

一括支払システムの取引図

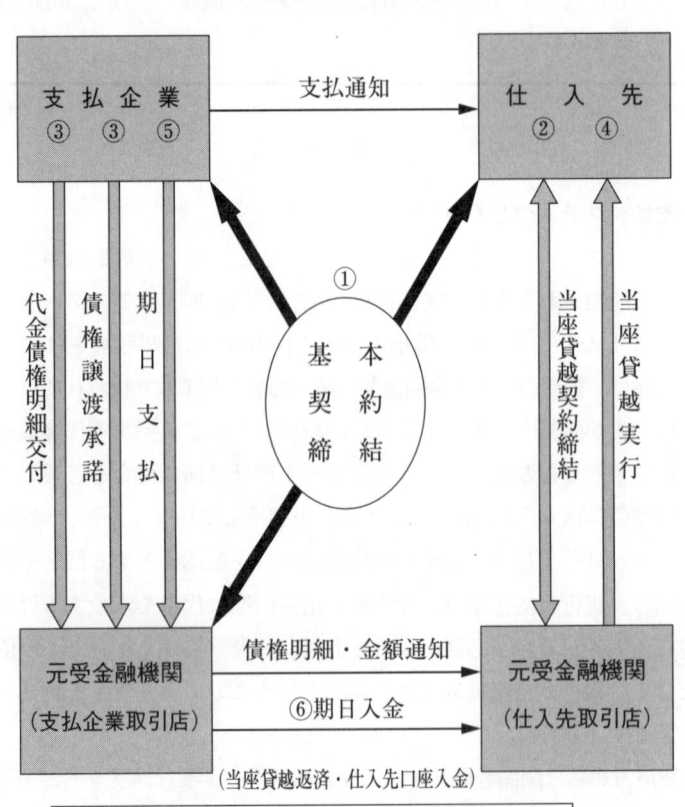

```
        支払企業 ─────支払通知─────▶ 仕入先
        ③ ③ ⑤                      ② ④
         │ │ │          ▲      ▲    ▲  ▲
         │ │ │         ╱        ╲   │  │
         ▼ ▼ ▼        ╱    ①     ╲  │  │
      代債期         ╱  本基       ╲ 当当
      金権日         ╲  契 本        ╱ 座座
      債譲支         ╲  締 約        ╱ 貸貸
      権渡払          ╲ 結           ╱ 越越
      明承                            契実
      細諾                            約行
      交                              締
      付                              結
         │ │ │         ▼              │  │
         ▼ ▼ ▼                        │  │
      元受金融機関 ──債権明細・金額通知──▶ 元受金融機関
      (支払企業取引店) ──⑥期日入金──▶ (仕入先取引店)
              (当座貸越返済・仕入先口座入金)
```

> ①…支払企業・仕入先・金融機関の間で支払企業と仕入先との間の継続的取引にもとづいて仕入先が支払企業に対して取得する代金債権を金融機関に包括的に担保として譲渡する契約をすると同時に、仕入先と金融機関との間で譲渡された代金債権を担保とする当座貸越契約を締結する。

(平戸邦俊「債権譲渡担保方式による『一括支払システム』の概要」金法1132号15頁参照)

◉当座貸越債権の保全（停止条件付代物弁済の特約）

　銀行は、一括支払システムのしくみにおける債権の保全を、仕入先の有する売掛金債権を譲渡担保〔60参照〕とすることによってはかっています。とくに、売掛金債権に対して国税等からの差押えがあった場合においても、銀行が優先的にその売掛金債権を確保することができることとするために、支払企業・仕入先・元受金融機関との間の基本契約において、「貴行に担保のために譲渡した代金債権に対して国税徴収法24条、地方税法14条の18およびこれと同旨の規定に基づく譲渡担保権者に対する告知が発せられたときは、これを担保とした貴行の当座貸越債権は何らの手続を要せず弁済期が到来するものとし、同時に担保のために譲渡した代金債権は当座貸越債権の代物弁済に充当されるものとします。貴行は代物弁済充当後の代金債権について取立てまたは譲渡その他の処分を自由になしうるものとし、甲（担保差入人）・乙（支払企業）は異議なくこれを承諾します。」との停止条件付代物弁済の特約〔 用語解説 参照〕（「一括支払システムに関する契約書」3条の2第1項）を定めています。

　というのは、国税徴収法では、譲渡担保権者は第二次納税責任者と定められているからです。すなわち、納税者の財産に滞納処分の執行をしてもなお徴収すべき国税に不足する場合は、譲渡担保財産から納税者の国税を徴収することができるとされており、滞納処分の執行のため、譲渡担保権者に対して税務署長から、その旨の告知書が発された後10日を経過した日までにその金額が完納されていないときは、徴税職員は譲渡担保財産に対して滞納処分を執行することができるとされている（国税徴収法24条1項～3項）ので、上記特約はこれに対処するための策です。

> **用語解説**
> **代物弁済**　弁済期に債務を履行しないときは、他の物で弁済する旨の契約のこと。
> **代物弁済の予約**　代物弁済契約の予約のこと。代物弁済の予約の場合は、債務不履行があった場合は債権者に予約完結権が与えられる。
> **停止条件付代物弁済契約**　債務の弁済期に弁済がないと、条件が成就して

第6章 貸付取引

当然に代物弁済契約が成立するもの。

◉**特約をもって国税に対抗することができるか**

ところで、上記特約が国税に対抗することができるか否かについては、現在、訴訟が係属(上告)中であり、その成りゆきに注目をする必要があります〔 判例 参照〕。

> 判 例
>
> **一括支払システムに関する判例**——東京地裁平成9年3月12日判決（金法1478号42頁）
>
> 　X銀行は訴外Aに対してAがBに対して有する代金債権を担保に一括支払システムにより当座貸越を実行していたが、Aは平成4年12月22日を法定納期限とする法人税を滞納していたことから、平成5年5月20日、Y国税局長はX銀行に対して国税徴収法24条2項にもとづく告知処分を発した。これに対してX銀行は、上記の特約（代物弁済条項）をもって、当該告知処分は違法であると主張し争った事案で、X銀行は、私人間で差押えのできない財産を作出する契約もそこに経済的合理性があるかぎりは許されるとするのが最高裁昭和45年6月24日大法廷判決（民集24巻6号587頁）および最高裁昭和51年11月25日判決（民集30巻10号939頁）の判断であり、本件代物弁済条項もその射程範囲内にあると主張したが、東京地方裁判所は、Xを敗訴させ、控訴審もXの控訴をつぎのように判示して棄却した（東京高裁平成10年2月19日判決・金法1512号22頁）。
>
> 　最高裁昭和45年6月24日判決は民法511条の解釈として、相殺に関する合意が契約自由の原則上有効であるとしたが、あらゆる場合について、私人間で差押えのできない財産を作出する契約を有効であるという趣旨であるとまで解することはできない。また、最高裁昭和51年11月25日判決も同様に民法511条に関するものであるが、本件とは事案を異にする。
>
> 　本件代物弁済条項は国税徴収法24条に違反するものであり、譲渡担保権者が国税債権者との間では、右合意の効力を主張できないため、国税債権者が24条にもとづいて譲渡担保債権者に対して物的納税責任を追及するとしても、租税法律主義に反するということはできない。

上記事案については、最高裁判所の判断を待つほかありませんが、実務上

は、一括支払システム自体が、新しい代金決済の方法として、手形割引に代えて当座貸越による貸付実行の手段を考案したもので、あくまでも、事務の省力化・合理化の観点から考え出されたものであり、それは関係者全員にとって有意義なものであるとの沿革的理解の普及に努めるとともにそのしくみの改善を要するべき点についての検討を加えることも必要となりましょう（たとえば、代金債権の買取り・ファクタリング〔金融仲介業〕方式の採用）。

　なお、東京高裁平成10年1月29日判決（金法1512号22頁）も一括支払システムにつき前掲東京高裁平成10年2月19日判決と同じ結論を導いています。

〔片　岡〕

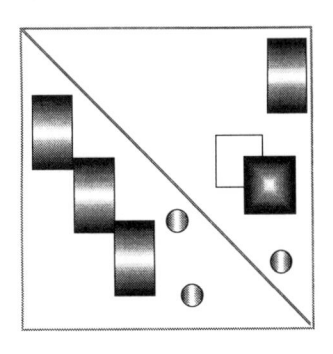

第7章
担保・保証

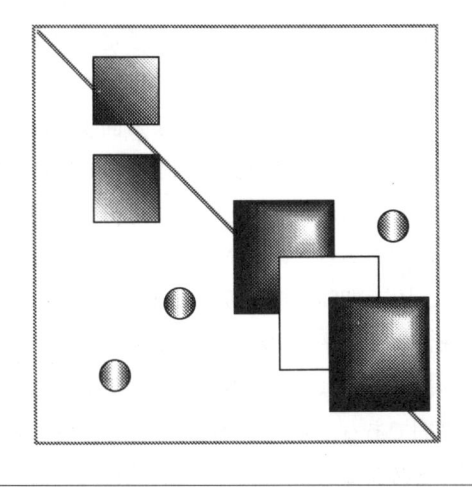

第7章　担保・保証

59　担保の目的と機能

Q 銀行の貸付は担保をとることを原則としているのですか。取引先の信用度との関係はどう審査されるのですか。

A

◉担保取得の原則

　銀行が貸付を行う場合には、担保をとって行うもの(担保貸付)ととらないで貸し付けるもの(信用貸付)とに分けることができますが、安全性等の観点から担保をとることを原則にしています。

　しかし、銀行の行う融資は、担保があるからといって貸し出す(担保主義)わけではなく、あくまでも必要な資金や返済能力等を審査したうえで融資を行い、万一のときの保全措置として担保を取得しておくというのが基本原則です。いいかえると、銀行の融資は、担保物を処分すれば回収できるから貸し出すというものではありません。

◉信用度等との関係

　銀行貸付では、資金使途が何であるか、返済資源が何であるかを審査して貸付を行い、その返済資源から予定どおりの返済を受けることが望ましいと考えているのですが、予定が予期せぬ事情などにより狂ってしまい返済ができなくなった場合に、担保による回収をはかることになります。

　したがって、返済資源に問題がある場合とか、設備資金融資のように返済期間が長期にわたる場合には、返済計画が狂いやすいので、担保を徴求しておく必要があるといえます。逆に、決算資金融資のように返済資源が確実であり、かつ期間の短い場合には、信用貸付を考えてもよいことになります。

　また、大企業と中小企業、あるいは財務内容の充実している企業とそうでない企業とでは、経済変動に対する抵抗力が違うと見られますから、同じ貸付期間であっても、信用貸付と担保貸付に分かれることになります。つまり、担保を必要とするかどうかは、貸付先の信用度と資金の性質によって決まる

といえます。

◉人的担保と物的担保

　人的担保には、保証〔72参照〕、損害担保契約〔用語解説参照〕、保険などがあり、その主なものは保証ですが、最近は経営指導念書〔用語解説参照〕や保証予約〔用語解説参照〕なども使われるようになってきています。

　物的担保は、目的物件によって債権担保、商品担保、有価証券担保、不動産担保、動産担保などに分けられますが、それぞれ担保取得の方法が異なります〔60参照〕。また、担保のとり方で、正式担保、見返り担保といった区別をしています。

用語解説

損害担保契約　一定の事項または事業についての危険を引き受け、将来生ずることがあるかもしれない損害を担保する契約のこと。
経営指導念書　親会社等が子会社等の債権者に対して、子会社等の経営につき指導する旨を約する念書のこと。一般的には法的責任はないとされる。
保証予約　条件付等により将来保証をすることを約すること。

◉担保・保証の心理的効果

　担保や保証をとることは、銀行の立場からいえば、単に万一の場合の回収方法というだけでなく、貸付先に返済の意欲をもたせるという心理的効果をも狙っています。融資を受けた者は、一般に、返済する場合自分に痛みの多いものから返済し、自分に有利な条件の借入れは後回しにするという傾向があります。したがって、重要な資産や保証人を押えておけば、少々無理をしてでも返済しようと努力するのではないかと期待できるわけです。

〔吉　岡〕

第7章 担保・保証

60　担保権の種類

Q 銀行がとる担保物にはどのようなものがあり、どのような担保権を設定しているのですか。

A

◉ 物的担保の種類

銀行が担保取得する対象物によりつぎのように種類分けされます。

（1）債権担保（預金〔13参照〕、代金債権、商業手形〔54参照〕、入居保証金〔71参照〕、ゴルフ会員権〔70参照〕など）　このうち、自行預金を担保とする扱いは、債権回収にほぼ問題がないため、広く利用されています。代金債権も、一括支払システム〔58参照〕等に利用され、商業手形も比較的多く利用されています。

しかし、債権担保は、原則として第三債務者の承諾がないと対抗力〔用語解説　参照〕がないこと、第三債務者に支払能力がないと返済が見込めないこと、第三債務者に反対債権と相殺〔84参照〕されるおそれがあることなどの欠陥があります。

（2）有価証券担保（株式、公社債など）　株式や公社債などの有価証券は、市場性が高く、証券取引所における処分が容易なため比較的多く利用されています。

（3）不動産担保（土地、建物、各種財団、船舶など）　土地や建物の不動産も比較的市場性が高く、また登記制度により権利設定等が容易・簡便であるので、担保として多く利用されています〔62参照〕。

（4）商品担保（倉荷証券、貨物引換証、船荷証券、在庫商品など）　商品担保は、外国為替取引では多く利用されていますが、銀行が商品自体を処分することを通常行っていないため、商品の種類によっては困難を伴うことがあるのであまり利用されていません。

（5）動産担保（営業用機械器具、自動車など）　動産担保は、不動産と違い、持ち運びが容易なため担保取得しても管理が困難であるという欠陥などによ

り、あまり利用されていないのが実情です。

◉担保の適格性

　個々の貸付において、何を担保として取得するかについては、債務者側の資産状態と資金の性質によって決まりますが、担保としては、なるべく管理が簡単であり、処分する際にも市場性が高く、かつ容易なものが望ましいといえます。

　また、一般に、設備資金など長期資金の貸付においては不動産のような固定資産を担保とし、運転資金など短期資金の貸付においては商業手形や有価証券などの流動資産を担保とするのが原則です。

　さらに、貸し付けた資金と関連のあるものを担保にとることも、重要なポイントといえます。たとえば、設備資金に対して建設した工場を、建設工事資金に対してその請負代金債権を、株式払込資金に対して購入株式を、というように担保にとるべきです。というのは、債務者側からすれば、借入資金によって取得した物は担保として提供しやすく、他方、銀行側からすれば、その価値が把握しやすいだけでなく、担保物が返済資源と結びついているので、資金トレースが容易であり、お互いに都合がよいといえるわけです。

◉担保権の種類

　物的担保をとる方法としては、担保物の種類によって抵当権、根抵当権のほか、質権、譲渡担保などの方法があります。抵当権と根抵当権については63で説明することとし、ここでは質権と譲渡担保について説明します。

　(1)　質権　　質権は、担保物を債権者に引き渡すことにより成立する担保権で、債権者は債務者または第三者(物上保証人)から受け取った物を債務の弁済があるまで留置してその弁済を間接的に強制すると共に、その弁済がないときはその物の換価金から他の債権者に優先して弁済を受けることのできる権利です（民法342条以下）。

　(2)　譲渡担保　　譲渡担保は、担保物の所有権を債権者に譲渡するという形で担保とすることです。債務が弁済されたときに返還するというものです。

　このうち、銀行としては根担保〔用語解説参照〕としてとるのが原則的方

針です。というのは、一つの貸付金のためだけの担保としている場合には、その担保物に余力があっても、他の貸付金のために使えないからです。

> **用語解説**
> **根担保** 一つの債務だけの担保ではなく、ある一定の範囲の債務あるいはすべての債務のための担保とすること。根質、根抵当、根保証等の総称。
> **対抗力** 当事者においてすでに効力が生じている権利関係を第三者に主張することができる法的効力のこと。

◉担保の評価

　銀行が担保取得するのは、債務者が約定どおりに返済ができなくなった場合に、最終的に担保を処分してその代金で回収をはかるためです。したがって、担保処分時に完全に回収できるだけの担保を取得しておかなければならず、一部担保の場合であっても、当該担保からどれだけ回収することができるかを正確に把握しておく必要があります。このため、担保評価がぜひとも必要となるわけです。担保掛け目は、担保を評価する場合に、時価の何割ぐらいに評価するかというもので、担保物の価格の変動性や流動性に対応しようとするものです。

〔吉　岡〕

61 保証・担保提供の意思確認と対応

Q1 銀行が保証や担保提供の意思確認を行う場合、どのような点に注意すべきですか。

Q2 意思を否認されたときはどう対応すべきですか。

A

◎**意思確認の重要性**

　保証〔72参照〕および担保提供の意思確認は、銀行の融資業務における最も重要な初期基本作業の一つであり、融資契約が成立するか否かの絶対要件です。しかし、これが形式的に流れてしまって意思確認が不十分にしか行われなかったために争いとなって銀行が敗訴するというケースがしばしば見受けられます。

　したがって、この意思確認については、厳重かつ慎重な事務手順に徹することがきわめて重要かつ不可欠といわなければなりません。

　それではまず意思確認の銀行実務上の留意点をあげます。

　(1) 面前自署の重要性　　最も重要なことは、保証人や担保提供者の面前で自署・捺印を受け、保証意思・担保提供意思を直接確認すること、これにつきるといえましょう。よくあるケースですが、面前自署・捺印だけにとどめて保証契約・担保契約の中味、金額、物件明細、その他条件等についての説明と意思確認をしないということがあります。しかし、形式的な手続だけではせっかく面前自署・捺印を受けていながら後日争いとなった場合に敗訴という最悪の結果を招くことにもなりかねません。まずはこの基本作業が最も肝要といえましょう。

　(2) 意思確認の際の留意点　　さらに意思確認をする際にはつぎのような点も十分留意することが大切です。

　　(a) 単に印鑑証明書があればそれだけをもって意思確認をした証拠にはならないし、また実印をもってきて押したというだけでも不十分だということです。

第7章 担保・保証

　(b)　また、保証人・担保提供者の署名・捺印ずみのものを債務者が持参しそのまま過信してしまうというのもよく見受けられるケースですが、これは避けるべきです。

　(c)　さらに、たとえ夫婦間での債務者・保証人ないし担保提供者の関係であるからといって、これを漫然と信用してしまう場合も見受けられますが、この場合もやはり後日争いとなったときに問題となるので十分留意する必要があります。

　(3)　意思確認の記録等　　このような重要な意思確認を徹底するには、金融機関としては事務ルールの確立が不可欠となります。すなわち、意思確認をする際に面前自署がなされたかどうか、またその場所、時間、保証人や担保提供者の様子、面談内容、同席者の動きなどの記録をしたうえで誰が意思確認をしたか、さらにこの意思確認を補充する手段として意思確認をしたことを再度郵便により照会しその回答書と照合のうえ保管するとか、場合によっては電話により直接確認しその記録も保管するとか、また写真入りの証明書（パスポートや運転免許証等）のコピーも保管する等してこれらの補充確認資料を添付のうえで決裁を受けるという厳格なルールづくりが重要といえましょう。

◉意思否認を受けたときの対応

　つぎに、保証人や担保提供者から、銀行に対して、保証人になったことがないとか、担保提供したことはないとかいわれた場合（意思否認を受けた場合）の対応についてですが、まずやらなければならないことは当該事件についての事実関係を徹底的に調査することです。何を調査するかはこれまで述べてきたことから察せられるように、①誰が意思確認をしたか、②どのような方法で意思を確認したか、③筆跡は本人のものか、④確認の資料はどのようなもの等につき時系列的に経過内容をまとめることです。

　以上の調査から、保証人自身や担保提供者がその意思を表明したとか、事後に追認したとかの事実がないかどうかを総合的に判断し、場合によっては顧問弁護士にも相談のうえ表見代理〔用語解説参照〕の成立の可否等も検討すべきでしょう。

61 保証・担保提供の意思確認と対応

　銀行の融資業務において債権保全上第三者の連帯保証〔72参照〕や第三者所有の担保を徴求するのが多いと思われますが、保証あるいは担保提供意思の確認を不明確なままにしておくべきではありません。意思確認を不明確なままにしておくと、後日紛議が生じた場合、保証人あるいは担保提供者本人の意思にもとづいてなされたということを立証することがきわめてむずかしくなり、結局、権限踰越による表見代理(民法110条)〔 用語解説 参照〕が成立するか否か等の争いとなることが多くなります。過去の事例で見られるように銀行が敗訴にいたるケースが多いようです〔 判例 参照〕。

判 例

債務者が保証人の実印を持参した事例——最高裁昭和45年12月15日判決（金法605号34頁）

　債務者本人が保証人の了解のもとに実印を持参して融資契約をしたが、後日この保証人死亡後、金融機関が保証人の相続人に対し保証債務の履行を求める事態となり、金融機関と相続人間で保証契約に関し争われた事案。

　最高裁判所は、本事案では、金融機関は保証限度等につき保証意思確認をしておらず、単に保証人の了解のもとに実印を所持したというだけでは、債務者に保証人の代理権〔 用語解説 参照〕ありと認められないものと判示した。

　金融機関は、保証人が債務者に実印を交付したことにより表見代理による保証契約の有効性を主張したが、認められず敗訴。保証人への意思確認をするという基本作業の欠落が致命的となった。

妻の実印を夫が冒用した事例——東京地裁平成6年11月28日判決（金法1441号38頁）

　夫と妻の共有物件である土地・建物の担保提供にからんで、夫が妻を騙して実印を持ち出し根抵当権設定契約書類〔63参照〕に妻の署名でなく第三者の署名をさせて妻の持分も担保設定したため後日妻側から無効であるとして争われた事案。

　これに対し金融機関は、上記と同じように表見代理が成立しているなど主張したが認められず、これも結局妻の意思確認を欠いていたことが敗訴の要因となっている。

第7章 担保・保証

用語解説

代理 A（代理人）がB（本人）に代わって意思表示をし、その効果が直接Bに帰属する関係をいう。

表見代理 代理人と称する者が実は代理権を有していない場合でも、相手方が代理権があると信じるのが当然だと思われる特別の事情があるとき、取引の安全等のために、本人に対して代理の効果を生じさせる制度。

表見代理には、①代理権を与えたと表示しながら実は代理権を授与していない場合（民法109条）、②代理権の範囲をこえて代理行為をした場合（同法110条）、③代理権の消滅後代理行為をした場合（同法112条）がある。

〔喜　多〕

62　不動産担保の方法

Q 不動産を担保にとる場合、どのような点に注意を払うべきでしょうか。

A

◉**不動産登記制度**

　不動産上の物権の変動があった場合、たとえば土地の所有権が売買でAからBに移転した場合には、Bはこの旨の登記(移転登記)をしないと、A以外の第三者に所有権の取得を対抗(主張)できません(民法177条)。これが不動産登記制度の基本です。

◉**担保設定者の意思確認**

　不動産を担保にとる際には、債務者自身が所有する不動産か、あるいは第三者(物上保証人)がその所有する不動産に担保設定をするわけですが、その場合、本人または第三者が担保権の内容を十分に理解して、担保設定を承諾することが必要となります。

　また、契約書の作成時においては、本人に自署・捺印してもらうと共に担保設定意思あるいは保証意思の確認をした旨の事跡を残すことが必要です。

　近時、金融機関では根抵当権設定契約書〔63参照〕等において、保証意思確認欄という欄を設け、その欄に担当者が債務者本人もしくは保証人であることを確認し、かつ契約の内容を説明した状況を日時および場所と共に記載することとするところが多くなっています。

　しかし、契約者本人の確認をする際身代わりがたてられることも考えられますので、金融機関の担当者が初対面である場合は、少なくとも健康保険証、運転免許証等の原本の提出を受け、そのコピーをとり、契約者本人であることを確認しておく必要があります。

◉**登記名義人が真実の権利者でない場合**

　契約者本人の確認をしても、登記名義自体が不実の場合の問題があります。

第7章 担保・保証

　この点、判例の立場は、①虚偽の表示をすることにつき所有者が承諾した場合やその意思にもとづく場合、②虚偽の表示がされていることを事前に知らず、後になって知ったがそのまま表示を継続させていた場合には、虚偽表示（民法94条2項）〔103ページ 用語解説 参照〕によって、所有者は不実の登記であることを善意の（その事実を知らない）第三者に対して主張できないこととされています。

　しかし、不実の登記に真実の権利者がまったく関与していない場合には、担保権設定は無効であるといわざるをえません。

　このように、不動産を担保にとる場合には、①契約者に担保設定の意思があるか否か、②契約者が本人であるか否か、③登記名義人が真実の権利者であるか否かがポイントとなります。

●仮登記

　仮登記は、それ自体では第三者に権利を主張する効力（対抗力）〔164ページ 用語解説 参照〕を有していませんが、後に仮登記にもとづく本登記の手続をとりますと、仮登記をした順位で第三者に対抗でき、第三者は仮登記をした者にその権利を主張できないというものです。たとえば、同一の不動産について、Cが抵当権の仮登記をし、その後にDが抵当権の本登記をしても、Cが仮登記にもとづく抵当権の本登記をしますと、CがDとの関係では先順位の抵当権者になります。

●仮登記担保とは

　たとえば、甲銀行がEさんに1億円の融資をし、その際、甲銀行がもしEさんが1億円の弁済をしないときは、Eさんが所有する土地・家屋の所有権の移転を受けるという契約をし、所有権移転請求権の仮登記をしたとします。甲銀行は、Eさんの弁済が得られないときは土地・家屋の所有権移転登記をすれば1億円の弁済に代えてEさんの土地・家屋を譲り受けることができます。

　甲銀行がこの土地・家屋に抵当権を設定する場合は、裁判所の競売による目的物の売却がなされ、甲銀行は売却金をもって返済を受けるのですが、仮登記をしておけばEさんから所有権移転を受けることによって貸付金の返済とすることができるわけです。このように、金銭債務の担保のため、債務者

の所有する不動産の所有権の移転を受けるという内容の契約をし、この契約上の権利を仮登記しておくものを「仮登記担保」といいます。

担保形式としてこのような仮登記担保がなされるようになったのは、裁判所の競売というわずらわしい手続によることなく、物件の所有権を譲り受けられ、債権者にすれば迅速かつ簡単に返済を受けられるためです。

そのため、以前は債権者の担保手段としてよく利用されましたが、債権者が物件を低く評価して実際上は貸付額以上のものを回収する弊害が生じました。そのため、現在は、「仮登記担保契約に関する法律」(仮登記担保法)という法律が制定され、仮登記担保の実行は抵当権実行に準じた手続でなされることになっています。

仮登記担保の契約は、代物弁済の予約〔155ページ 用語解説 参照〕、停止条件付代物弁済契約〔155ページ 用語解説 参照〕、あるいは売買の予約といった契約に仮登記をしておくことによって行われる場合がほとんどです。契約の名称は異なっても契約の法的性質として同一であることから、仮登記担保法はすべてに適用することとしています(仮登記担保法1条)。

〔辻　井〕

第7章　担保・保証

63　抵当権・根抵当権

Q1　抵当権とはどのような担保権ですか。

Q2　根抵当権は抵当権とくらべてどのような点が違うのですか。また、メリット・デメリットはどのようなことですか。

Q3　抵当権・根抵当権の設定契約はどのようにするのですか。

A

◉抵当権と登記

　抵当権は、たとえば住宅ローンのように、住宅を買うためにお金を借りた債務者が債務の担保（抵当権）に供した不動産について、債務者がローン債務を弁済しないときに、抵当権を有する債権者が、裁判所に競売を申し立てて不動産競売代金から優先的に弁済を受けることのできる権利です（民法369条）。抵当権も他の物権と同様に、登記をしておかないと抵当権者はその権利を第三者に対抗（主張）できません（対抗力）〔164ページ　用語解説　参照〕（同法177条）。

　登記されていない抵当権でも、まったく無効というのではなく、その存在を証明する確定判決や、公正証書〔97ページ　用語解説　参照〕の謄本などを裁判所に提出すれば競売を申し立てることができます（民事執行法181条1項1号・2号）。しかしながら、登記がないため、他の債権者に優先して弁済を受ける権利はありません。

　登記をした抵当権者は、登記簿謄本を提出することによって抵当権を実行することができます（同法181条1項3号）。

◉根抵当権

　根抵当権は、継続的な取引関係から生ずる多数の債権につき、あらかじめ一定の限度額（極度額）を定めておき、その範囲内において将来確定する債権額を担保する抵当権です。

根抵当権は、担保権を設定しても債務者等は担保物をそのまま使用できる点では抵当権と同じですが、抵当権は一つの特定の債務を担保するのに対し、根抵当権はある一定の範囲の不特定の債務を担保します。

◉根抵当権と抵当権との違い

　根抵当権は、附従性〔 用語解説 参照〕がない点で、普通の抵当権と大きな違いがあります。
具体的に、根抵当権と普通の抵当権の違いはつぎのとおりです。

1. 普通抵当権は、特定の債権を担保するために設定されるものであるが、根抵当権は設定の段階においては、債権が特定されていることを要しない。
2. 普通抵当権では、被担保債権が弁済その他の理由によって全部または一部消滅すると、その分抵当権が消滅する。しかし、根抵当権は被担保債権が一時的に減少したりゼロとなったりしても消滅せず、「被担保債権の範囲」内の別の債権が発生すれば、その債権も根抵当権で担保される。取引先が融資取引を行う場合、通常、継続して融資取引が行われ債権・債務の金額が常に変化する。

　したがって、根抵当権は、このような当事者の継続的な取引に適合して担保権の設定ができるという点で大きなメリットがあります。
　抵当権の場合には、登記された元本債権のほかに2年間分の利息・損害金が担保されますが、根抵当権は極度額をこえる分についてはいっさい担保されません。これがデメリットといえます。
　これらを十分理解したうえで運用することが必要です。

用語解説

附従性　担保権は、債権を担保するための手段的存在で、被担保債権に附従する（その成立・存続・消滅等において主たる権利と運命を共にする）という性質をもつ。すなわち、債権が成立しなければ担保権も成立せず、債権が消滅すれば担保権も消滅し、さらに担保権を実行するには、被担保債権の存在が不可欠であるという性質のこと。
随伴性　担保権は、債権に従たるもので、債権が譲渡あるいは質入れされ

第7章　担保・保証

> れば、これに従って譲渡され、または質権に服するという性質のこと。

◉**抵当権・根抵当権の設定契約**

　抵当権・根抵当権の設定契約は、いずれも契約内容を定型化した設定契約証書に必要な事項を記入すればよいようになっています。

　設定契約をするにあたっては、担保不動産の所有者や他の担保権者の確認、担保に取得する不動産の現地調査などが必要です。

〔辻　井〕

64 根抵当権の確定

Q1 根抵当権はどんな場合に確定するのですか。

Q2 根抵当権は確定前と確定後ではどのように性格が変わりますか。

A

◎**根抵当権の確定**

　根抵当権によって担保される元本債権が具体的に特定することを「根抵当権の確定」といいます。

　根抵当権はつぎの場合に確定しますが、大きく分けて、個別的事由による場合と一般的事由による場合とに分かれます。

　(1) 個別的事由による場合

　　(a) 確定期日の到来（民法398条ノ6）　根抵当権者と設定者の合意で確定期日を定めた場合にその確定期日が到来した時に確定します。

　　(b) 確定請求による場合（同法398条ノ19）　確定期日を定めていないときは、根抵当権設定者はその設定後3年以上を経過すればいつでも確定を請求でき、根抵当権はその請求があった時から2週間を経過した時点で確定します。

　　(c) 相続による場合（同法398条ノ9）　根抵当権者または債務者が死亡して相続が開始したときは、相続開始後6カ月以内に根抵当権取引を承継する相続人を定める合意(根抵当権者死亡の場合は相続人と根抵当権設定者の合意、債務者死亡の場合は根抵当権者と根抵当権設定者の合意)の登記をしないと、相続開始の時に根抵当権は確定したものとみなされます。

　　(d) 合併の場合（同法398条ノ10）　根抵当権について合併があったときは、根抵当権設定者(ただし、債務者合併の場合に債務者と根抵当権設定者が同一人であるときは除く)は、合併の日から1カ月以内、または合併があったことを知った日から2週間以内に根抵当権の確定を請求でき、その請求があると根抵当

175

権は合併の時に確定したものとみなされます。

　　(e)　特定の債権のみとする被担保債権の範囲の変更がなされたとき、または根抵当権と根抵当権設定者との間で確定の合意が成立したとき(いずれも同法398条ノ20第1項1号)。

　　(f)　根抵当権者により競売または物上代位にもとづく差押え〔93参照〕の申立てがなされたとき(同条1項2号)。

　　(g)　根抵当権者(徴税官庁)が抵当不動産に対し滞納処分による差押えをしたとき(同条同項3号)。

　　(h)　根抵当権者が第三者の申立てにより抵当不動産に対する競売手続の開始、または滞納処分による差押えがあったことを知った時から2週間を経過した時(同条同項4号)　ただし、この場合は競売手続開始または差押えの効力が消滅したときは、原則として確定しなかったものとみなされます(同条2項)。

　なお、平成10年12月16日に施行された「競売手続の円滑化等を図るための関係法律の整備に関する法律」では、このような場合に、根抵当権者は債権届出の催告等を添付することにより、確定登記を単独で申請することができるようになりました。

　　(i)　債務者または根抵当権設定者が破産の宣告を受けたとき(同条同項5号)　ただし、破産宣告の効力が消滅すれば確定しなかったものとみなされることは(h)と同様です。

　(2)　一般的事由による場合　取引終了その他の事由により、担保すべき元本が将来発生しないこととなったとき(同条同項1号後段)　前記の個別的・具体的事由に該当しない場合でも、根抵当権が確定します。

●確定後の根抵当権

　根抵当権が確定することによって、債権に附従するもの〔173ページ　用語解説　参照〕となります。すなわち、確定前の根抵当権には認められる被担保債権の範囲および債務者の変更、根抵当権の譲渡、一部譲渡等ができなくなる一方、確定後は譲渡、転付命令〔36参照〕、代位弁済〔74参照〕等による個々の被担保債権の移転に伴う根抵当権の全部または一部の移転あるいは民

法375条1項による各種の処分等（転抵当や順位の譲渡等）ができるようになります。

さらに、極度額の減額請求や根抵当権自体の消滅請求等も認められることになります。

〔辻　井〕

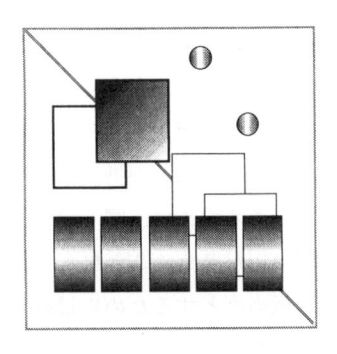

第7章 担保・保証

65 累積式根抵当権と共同根抵当権

Q1 累積式根抵当権とはどのような根抵当権ですか。

Q2 共同根抵当権とはどう違いますか。

A

◉累積式根抵当権

　累積式根抵当権とは、被担保債権を共通にする複数の不動産に設定された根抵当権のうち共同抵当の規定〔後述〕の適用のないそれぞれ独立した根抵当権をいいます。すなわち、累積式根抵当権の根抵当権者は、各不動産の代価につき各極度額にいたるまで優先権を行使できることになります（民法398条ノ18）。

　たとえば、1,000万円の極度額で甲（価額1,000万円）・乙（価額1,000万円）両不動産に根抵当権を設定すると、共同根抵当権の場合は、甲乙両不動産から1,000万円を限度として優先権を行使できますが、累積式根抵当権の場合は、甲不動産から1,000万円、乙不動産から1,000万円合計2,000万円の限度で優先権を行使できることになります。

◉共同根抵当権

　根抵当権は、数個の不動産の上に設定しても普通抵当権のように当然に共同根抵当権となるものではありません。共同根抵当権とするためには同一の債権を担保するものであること、すなわち被担保債権の範囲、債務者、極度額がすべての不動産について同一でなければならない等の条件をみたしたうえで共同担保である旨の登記を根抵当権の設定登記の際にしなければなりません。これは、根抵当権が不特定多数の債権を担保するために設定されるものであるために、同一の債権を担保するものでないと現実の被担保債権が無限に広がりうることになり、きわめて複雑な関係を生ずるために民法は共同根抵当権とするためには厳しい条件を付すると共に、共同根抵当権とするか

否かを当事者の意思にまかせたものであるためです。

　共同根抵当権は、すべての不動産がすべての債権を担保するものとされているため、その変更・処分・確定などの関係においても各不動産はすべて運命を共にするといえます。すなわち、共同根抵当権は、同一の債権を担保するものであるため、設定の際には限度額、被担保債権の範囲、債務者が同一でなければならないわけです。

　また、この事項の変更および根抵当権の譲渡、一部譲渡は、共同担保の目的たるすべての不動産につき登記をしなければその変更の効力は生じないものとされています。

　さらには、一つの不動産につき根抵当権の被担保債権の元本確定事由が生じたときは、同時に他の不動産上の根抵当権も被担保債権の元本が確定し、極度額の減額請求または消滅請求がなされた場合もすべての不動産につき効力が生ずるとされています（民法398条ノ17）。

◉累積式根抵当権の特徴

　累積式根抵当権は、数個の不動産上に設定されたそれぞれ独立した根抵当権ですから、共同根抵当権と異なり、同一の債権を担保するものでなくても設定でき、同一の債権を担保するものであっても各不動産について変更・処分・確定などの関係が個別にできます。具体的には、極度額、被担保債権の変更、根抵当権の譲渡、一部譲渡は、目的不動産ごとに個別に可能であり、一つの不動産につき他の担保権者による競売が開始されても他の目的不動産上の根抵当権は確定しません。

　累積式根抵当権には、共同抵当にかかわる代価の配当、次順位者の代位の規定（民法392条・393条）の適用がありませんから、根抵当権を実行する際にも後順位担保権者による代位の問題（割付〔 用語解説 参照〕は生じません。しかし、同時配当の場合には担保権者間の公平をはかるため民法392条（共同抵当）の類推適用をすべきとする見解が有力です。

◉累積式根抵当権と共同根抵当権の長所・短所

　累積式根抵当権は、それぞれが独立して債権を担保するものであるという

性質から上記のような共同根抵当権との違いがありますが、複数の不動産に根抵当権を設定する場合には、累積式根抵当権、共同根抵当権共にそれぞれ長所、短所があり、具体的な状況により使い分ける必要があります。累積式根抵当権は、個々の根抵当権が独立しているために、個々の目的不動産の担保価値の変動に大きく影響されるということや登録免許税が個別にいるので費用が高くなるという短所がありますが、融資枠の拡大や、根抵当権の変更が個別にできるという長所もあります。

それに対して、共同根抵当権は、目的不動産が共同して債権を担保しているので個々の目的不動産の担保価値の変動の影響が少なくてすむということや登録免許税が個別にはいらず費用が安くすむという長所がありますが、融資枠の拡大や、根抵当権の変更がなしにくいという短所があります。

複数の不動産に根抵当権を設定する場合には、以上の累積式根抵当権と共同根抵当権の違いを踏まえて、目的不動産の価値（個々の不動産で評価可能か否か。たとえば、建物と敷地では独立して評価するのは困難です）、被担保債権の種類、今後の融資枠の拡大の可能性等を考慮したうえで、どちらを設定すべきか決めるとよいでしょう。

> **用語解説**
>
> **後順位担保権者による代位**　たとえば、Aが甲不動産と乙不動産に共同根抵当権を極度額2,000万円で設定した後に、Bが甲不動産に極度額500万円で根抵当権を設定したケースで、甲不動産が1,500万円、乙不動産が1,000万円で同時に競売で売れたとすれば、Aは2,000万円、Bは500万円の配当を受けることができる。しかし、甲不動産が先に1,500万円で売れたとすると、Aは1,500万円で配当を受領できるが、Bは根抵当権を抹消されたうえ、配当は0である。このようなケースでは、Aの乙不動産の根抵当権にBが代位できることとし、乙不動産が売却されたときに(1,000万円で売れたとして)、A500万円、B500万円の配当を受けさせようとする制度のこと。

〔岡　田〕

66 滌除と代価弁済

Q1 滌除とはどんな制度でどのような場合に利用されていますか。

Q2 担保不動産の第三取得者から滌除の通知がありました。どのように対応したらよいでしょうか。

Q3 滌除と代価弁済とはどう違いますか。

A

◯抵当権のついたままでの売買

　抵当不動産を売買する場合、売買代金を被担保債権の弁済にあてるなどの方法により、抵当権者の同意を得て抵当権の抹消登記手続を経た後、あるいは同時に、売買の決済を行うのが通常です。

　しかし、種々の事情により、抵当権の負担付のままで、抵当不動産の売買が行われることもあり、この場合、買主は、抵当権が実行されれば所有権を失うことになって、きわめて不安定な立場に置かれることになります。

　もちろん、買主は、抵当権の実行を免れるために売主の債務を弁済して抵当権を消滅させることは可能ですが（第三者弁済）（民法474条）〔88参照〕、この場合、買主は被担保債権全額を弁済しなければなりません。そこで、このような抵当不動産の買主などのために設けられた制度が、滌除と代価弁済です。

◯滌　　除

　(1) 滌除とは　　滌除は、抵当不動産につき所有権、地上権または永小作権を取得した者（以下「第三取得者」といいます）が、自ら抵当不動産を適宜評価し、その評価額を抵当権者に提供する旨を申し出て、抵当権者がこれを承諾した場合には、申出額を払い渡しまたは供託することにより抵当権を消滅させる制度です（民法378条）。

　(2) 滌除の手続　　第三取得者は、抵当権の実行通知を受けるまでは、い

つでも滌除をすることができますが、この通知を受けたときは、1カ月以内に後記の書面を送達をしなければ滌除をすることはできません（同法381条・382条）。

滌除をしようとする第三取得者は、（抵当権〔63参照〕、不動産質権〔60参照〕、先取特権〔 用語解説 参照〕の）登記をしたすべての債権者に対し、①取得の原因・年月日、譲渡人および取得者の氏名・住所・抵当不動産の性質・所在・代価、その他取得者の負担を記載した書面、②抵当不動産に関する登記簿の謄本、③債権者が1カ月以内に増価競売を請求（同法384条）しないときは、第三取得者は、①の書面に記載した代価またはとくに指定した金額を債権の順位に従って弁済または供託すべき旨を記載した書面を送達しなければなりません（同法383条）。

登記をした債権者のうち一部の債権者について、上記の書面の送達が欠けた場合には、送達を受けた債権者に対する関係でもなんらの効果も生じませんので注意が必要です。

（3）増価競売　抵当権者が、第三取得者の申し出た金額に不満で、滌除を阻止するためには、増価競売の手続をとらなければなりません。この場合、抵当権者は、上記の書面到達から1カ月以内に、第三取得者に対し、申出金額の1割増で競売できないときは自ら1割増で買い取ることを付言して増価競売の請求を行うことになります（同法384条）。抵当権者は、上記請求を発した日から1週間以内に競売の申立てをすることを要し、この申立てをしないときは、増価競売の請求は効力を失い、第三取得者が上記金額を債権の順位に従って弁済または供託すると、抵当権は消滅することとなります（民事執行法185条・187条）。

●代価弁済

代価弁済とは、抵当不動産につき、所有権または地上権を買い受けた第三者（以下「第三者」といいます）が、抵当権者の請求に応じて代価を弁済したときは、抵当権はその第三者のために消滅するという制度です（民法377条）。

抵当権者の提示した代価が被担保債権額を上回るときは、第三者は被担保債権を第三者弁済することにより抵当権を消滅させることができますから、

第三者にとって代価弁済は実益がなく、逆に下回るときは抵当権者からの請求は通常なされないでしょうから、代価弁済はあまり存在意義のない制度であるといわれています。

◉滌除と代価弁済の違い

　以上のように、滌除も代価弁済も、抵当不動産の第三取得者が、抵当権を消滅させて抵当権実行による不安定な立場から免れるための制度ですが、滌除の場合は、手続開始および抵当権消滅に要する費用決定のイニシアティブが第三取得者にあるのに対し、代価弁済の場合には、それが抵当権者にある点において大きく異なるものです。

> **用語解説**
>
> **先取特権**　債権者平等の原則に対する例外で、公益、公平または当事者の意思の推測など、社会政策的見地から認められた制度であり、法律の定める特定の債権を有する者が、他の債権者に優先して自己の債権の弁済を受けることができる法定担保権のこと。
> 　目的財産の種類により、①一般の先取特権(民法306条～310条)、②動産の先取特権(同法311条～324条)、③不動産の先取特権(同法325条～328条)に分かれる。

〔西　島〕

第7章 担保・保証

67 濫用的短期賃貸借への対応

Q 濫用的短期賃貸借に対して銀行がとりうる対応策としてはどのようなものが考えられますか。また、事後対応としてはどのように対処すればよいですか。

A

◯**短期賃貸借とは**

　抵当権設定登記後に用益権(賃借権・地上権等の使用収益権)の設定があっても、その用益権は抵当権(具体的には抵当権実行後の買受人)に対抗(主張)しえないのが原則です。

　これを貫くと、抵当権設定後は事実上抵当権設定者は抵当不動産を賃貸することはできなくなります。しかし、これでは抵当不動産の利用はおおいに制限されてしまいます。そこで、民法は、価値権たる抵当権と使用収益権たる用益権とを調和させるため、土地につき5年、建物につき3年以内の賃貸借は、短期賃貸借として抵当権に対抗できることとしました(602条)。これが短期賃貸借の制度です。

◯**濫用的短期賃貸借の実態**

　しかし、短期賃貸借の制度は、純粋な用益目的でなく、高利貸しなどにより、濫用的に利用されることが多いのが現状です。短期賃貸借の登記をし、そのなかで、きわめて安い賃料を定めたり、高額の敷金を定めたりして、買受人が現われるのを妨害し(そのような登記がある物件を買おうとする人は通常いません)、自ら安い値段で競落したり、あるいは抵当権者や買受人から立退料をせしめようとするような場合です。

◯**併用賃借権**

　そこで、従来、このような濫用的賃借権を排除するため、抵当権者が、抵当権設定と同時に抵当物件に賃借権を設定することが行われてきました(こ

れを「併用賃貸借」といいます)。

　しかし、判例は、まずこの併用賃借権は、抵当不動産の買受人には対抗できないとし(最高裁昭和52年2月17日判決・金法819号28頁)、つぎに併用賃借権設定後に出現した後順位の賃借権に対しても、併用賃借権は「賃借権としての実体を有するものではない以上、対抗要件を具備した後順位の短期賃借権を排除する効力は認める余地はない」として明渡請求を否定しています(最高裁平成元年6月5日判決・民集43巻6号355頁、金法1236号11頁)。

　したがって、現状では、併用賃借権によって、濫用的短期賃借権の出現を防止したり、これを排除することはできません。

◎濫用的短期賃借権に対する事後の対応

　そこで、濫用的短期賃貸借が設定された場合に、事後的にこれを排除する方法を検討しなければなりません。

　(1)　事実関係の調査　　まず、当該短期賃借権が、用益目的のものか、それとも濫用的なものかを調査する必要があります。そのためには、占有開始時期(債務者の財産状況悪化後か)、占有者と抵当権設定者との人的関係(親戚等の関係にあるか)、占有者が何者か(占有屋や暴力団員か)、占有の態様(実質的な用益がなされていないか)、短期賃貸借の内容(高額な敷金、低廉な賃料、賃料前払い特約、譲渡・転貸事由特約等があるか)等を調査します。

　(2)　明渡訴訟・引渡命令　　濫用的短期賃借権であると認定されれば、買受人の引受とならず、競売により失効するというのが執行実務です。したがって、買受人は占有者に対して明渡請求をすることができます。また、引渡命令(民事執行法83条)〔用語解説　参照〕を申し立てることもできます。

　(3)　短期賃貸借の解除　　抵当権設定後の短期賃貸借の存在が抵当権者に損害を及ぼす場合には、抵当権者は、裁判所に解除を請求できます(民法395条但書)。解除が認められれば、占有者は、抵当権者との関係だけでなく、賃貸人との関係でも占有権原を失います。

　(4)　明渡請求　　最高裁判所は、従来(3)により短期賃貸借を解除した後、抵当権者から抵当権にもとづいて、あるいは抵当権設定者の権利を代位して、占有者に対して明渡請求をすることはできないとしていましたが(最高裁平成

3年3月22日判決・民集45巻3号268頁、金法1287号4頁)、最高裁平成11年11月24日大法廷判決（金法1564号60頁）で「抵当権者は、右請求権を保全する必要があるときは、民法423条の法意に従い、所有者の不法占有者に対する妨害排除請求権を代位行使することができると解するのが相当である。」と判示し、債権者代位による妨害排除請求を認めました。

　(5)　売却のための保全処分　　このほかに、民事執行法上の売却のための保全処分(188条・55条)〔 用語解説 参照〕が活用されています。濫用的短期賃借権の存在によりその不動産の価額が著しく減少するような場合（占有屋や暴力団員等が占有しているような場合）には、保全処分により退去命令の発令を求めたり、さらには執行官保管命令を求めることができます。

> **用語解説**
> **引渡命令**　　民事執行において、競売手続により売却された不動産が買受人に任意に引き渡されない場合に、執行裁判所が債務者あるいは不法占拠者等に対して発する当該不動産を引き渡すべき旨の命令のこと。
> **売却のための保全処分**　　民事執行において、債務者または不動産の占有者が不動産の価格を著しく減少する行為、またはそのおそれがある行為をするときは、買受人が代金を納付するまでの間、差押債権者の申立てにより当該価格減少行為等を禁止し、または一定の行為を命ずる保全処分のこと。

〔堀　内〕

68 法定地上権

Q 法定地上権はどのようなときに成立しますか。銀行としてはどのような場合に問題となりますか。

A

●法定地上権とは

同一所有者に属する土地とその土地上の建物の一方に抵当権〔63参照〕が設定された後、抵当権が実行され、土地と地上建物の所有者が別々の人となった場合、建物の買受人は土地の利用権がないため、土地所有者から建物の収去を求められることになります。しかし、これは明らかに社会的な損失です。

また、抵当権設定者も抵当権者も共に、むしろ抵当権実行後も建物は存続すると予測して、抵当目的物の担保価値を評価しています。

そこで、建物の保護をはかり、また当事者の予測を実現するために、民法は、建物の取得者(所有者)に法定地上権という土地利用権を与え、逆に土地の取得者(所有者)には法定地上権の負担を課しています（388条）。

●法定地上権の成立要件

法定地上権の成立要件はつぎのとおりとなります。
1. 抵当権設定当時、土地の上に建物が存在すること。
2. 抵当権設定当時、土地と建物が同一の所有者に属すること。
3. 土地と建物のいずれか一方に抵当権が設定されること。
4. 土地と建物の所有者が競売により別々の人に帰属すること。

(1) 1.の要件について　更地に抵当権設定後、抵当土地上に建物が築造され、土地抵当権が実行により土地と建物が分離した場合には、建物について法定地上権は成立しません。土地の抵当権者は、法定地上権が成立しないことを前提に担保評価をしているからです。

では、抵当権者が、抵当権設定時に、建物の築造に同意を与えていた場合はどうでしょうか。この場合は、土地の抵当権者が抵当権設定時に、将来法

定地上権が成立することを前提として担保評価していたという例外的な場合を除いて、法定地上権は成立しないと考えられます。

(2) 2.の要件について　抵当権設定時は土地と建物の所有権が別人に帰属していたが、抵当権実行時には同一人に帰属するにいたっても、法定地上権は成立しません。この場合には、約定利用権が存続します。逆に、抵当権設定時は同一人に帰属していたが、実行時には別人に帰属するにいたった場合には、法定地上権が成立します。

「同一人の所有であったか」は登記上の名義ではなく、実体的権利関係により決定されます。つまり、抵当権設定時、土地と建物が登記簿上は別人に帰属していても、実体的には同一人所有である場合（たとえば、土地の所有者が建物を買い受けたが、自己に登記を移転していなかった場合）であってもいいとされています。また、建物について未登記であってもかまいません。

(3) 3.の要件について　土地と建物の双方に抵当権が設定され、その一方が実行された場合、また双方が実行されたが、別々の人が競落した場合でも法定地上権が成立するとされています。

◉共同抵当の場合

同一所有者に属する土地と建物の双方に抵当権が設定された後、建物が取り壊されて新建物が建築された場合には、新建物の所有者が土地の所有者と同一であり、かつ新建物が築造された時点での土地の抵当権者が新建物について土地の抵当権と同順位の共同抵当権の設定を受けた場合など特段の事情のないかぎり、新建物のために法定地上権は成立しません（最高裁平成9年2月14日判決・民集51巻2号375頁、判時1597号3頁）。共同抵当においては、抵当権者は土地と建物の全体の価値を把握しており、その利益が、建物の滅失・再築という執行妨害的行為によって害されるべきではないからです（全体価値考慮説）。

> **判　例**
> 旧建物取壊し前に土地と共同で抵当権を設定し、その後新建物に土地と同順位で抵当権の設定をした場合であっても法定地上権が成立しないとされた

> **事例**——最高裁平成9年6月5日判決（民集51巻5号2116頁、金法1491号25頁）。新建物につき土地と同順位の共同抵当の設定を受けていたとしても、新建物に設定された抵当権の被担保債権に法律上優先する債権がある場合（建物抵当権設定の日以前に法定納期限の到来する租税債権があり、執行裁判所に交付要求があった場合）には、上記特段の事情がある場合には該当せず、新建物のために法定地上権は成立しないとした。

◉実務上の注意点

　抵当権を設定する場合は、土地と建物の共同抵当を設定するのが原則です。また、土地に抵当権を設定する場合でも、登記簿の記載だけに頼らず、現地調査をし、未登記建物の有無、土地所有者以外の者の所有建物の有無等を調査することが大切です。さらに、土地と共同抵当となっている建物が再築された場合には、新建物について土地と同順位の抵当権の設定を受ける必要があります。

〔堀　内〕

第7章　担保・保証

69　借地上建物の担保取得（借地権の場合と定期借地権の場合）

Q1　借地上建物を担保取得する際にはどのようなことに注意したらよいでしょうか。

Q2　普通の借地権と定期借地権とはどのように違いますか。

A

◯借地上建物を担保取得する場合の手続

　借地上の建物を担保取得する場合、この借地権が賃借権か地上権か、登記されているかいないか、借地契約の内容がどうかによって手続が異なります。

　通常、借地権は、登記されていない賃借権ですが、その権利の性質が債権ですので抵当権設定の対象にはならず、担保取得は、質権〔60参照〕を設定する方法によります。この質権は、借地についての物権取得者には対抗（主張）できませんが、登記されている賃借権の場合は、対抗力〔164ページ　用語解説　参照〕があります（民法605条）ので、質権の設定登記をすれば、これにおくれる物権取得者に対抗することができます。

　もっとも、借地上の建物に抵当権の設定を受けた場合、その抵当権の効力は、特別の事情がないかぎり建物のみではなく賃借権にも及ぶと解釈されています（最高裁昭和40年5月4日判決・民集19巻4号811頁）ので、建物が存在する場合は、建物に抵当権の設定登記をすることにより解決されることになります（最高裁昭和52年3月11日判決・民集31巻2号171頁）。

　借地権が地上権の場合は、抵当権設定の対象となりますが、土地上の建物についても、建物が第三者に譲渡された場合等の法律関係の煩雑さを避けるため、賃借権の場合と同様に、同時に建物に抵当権の設定を受けておくべきです。

　借地契約については、借地人が借地上の建物を担保提供したときは、地主は借地契約を解除することができるとの特約がある場合もありますので、借地契約の内容を借地契約書等でよく調査する必要があります。借地上の建物

の競売において地主が買受人の賃借権取得を承諾しない場合は、借地借家法20条1項による裁判所の地主の承諾に代わる許可を求める途はありますが、担保取得にあたってできるだけ地主の賃借権譲渡に関する承諾書を徴求しておくべきです。

> **判　例**
> 抵当権設定を禁止する特約のある借地契約を無効とした事例──浦和地裁昭和60年9月30日判決（判時1179号103頁）
> 　建物所有を目的とする借地契約において、建物への抵当権設定を禁止する特約は、借地人が所有建物に抵当権を設定して金員を借り入れようとすることを妨げる点において借地人に不利であるから無効であるとした。

◉定期借地権とは

　平成3年10月1日に公布された借地借家法により、通常の借地権のほかに、期間が満了したときに借地契約の更新が予定されていない新しいタイプの借地権が創設され、「定期借地権」（広義）とよばれています。

　この借地権には、①存続期間を50年以上とし、特約で契約更新がないこと、建物を再築しても存続期間の延長がないこと、および満了時に建物買取りをしないことを取り決める一般定期借地権（借地借家法22条）、②30年以上の存続期間を定め期間満了後に土地上の建物に相当な対価で譲渡する建物譲渡特約付借地権（同法23条）、③もっぱら事業の目的に供する建物の所有を目的とし、存続期間を10年以上30年以下として借地借家法の法定更新、建物再築に伴う存続期間の延長および建物買取請求権の規定の適用がなく、公正証書〔97ページ 用語解説 参照〕によって設定される事業用借地権（同法24条）の3種類があります。

◉定期借地権を担保取得する場合の手続

　定期借地権は、借地期間の更新が予定されていませんが、借地権が消滅すると借地権や土地上の建物に設定を受けた抵当権も消滅してしまいます。一

般定期借地権、事業用借地権においては、借地人には建物買取請求権がなく、期間が満了したときは建物を取り壊して土地を返還しなければなりませんので、担保取得をするについては借地権の残存期間が重要となります。残存期間が少なくなれば、借地権の経済的価値は減少し、したがって担保価値も減少することになります。

　建物譲渡特約付借地権では、借地人に建物の取壊し義務はありませんが、期間が満了したときは、地主が譲渡を受けて建物の所有権が地主に移転し、それによって借地権が消滅してしまいますので、この場合にも、残存期間が重要なことは同様です。いずれの場合にも、借地契約書等は必ず調査し、残存期間を確認しておくことが必要です。

　建物譲渡特約付借地権では、建物について所有権移転の仮登記〔**62**参照〕が付されていることが通常ですので、その後に建物に抵当権の設定を受けても、その抵当権は、地主への建物の譲渡により消滅してしまいます。この場合には、建物の担保取得とあわせて買取代金に質権の設定を受けておくべきです。

〔高　橋〕

70 ゴルフ会員権の担保取得

Q ゴルフ会員権を担保にとる場合にはどのような点に注意を払うべきでしょうか。

A

◉ゴルフ会員権の譲渡性の有無

　まず、担保にとろうとするゴルフ会員権が譲渡性を有するか否かに注意する必要があります。なぜなら、もしその会員権が第三者に譲渡できなければ、結局換価することができず、担保として不適格だからです。

　したがって、社団法人制ゴルフクラブの会員権については、原則として譲渡性は認められないので、法的に担保として取得することはできないことになります。

◉経営母体の信用力

　つぎに原則として譲渡性が認められている預託金(会員)制や株主会員制のゴルフ会員権については、なんといっても、そのゴルフ会員権に関する経営母体の信用力がなにより大切になります。

　いずれにしても、現実に担保にとるゴルフ会員権の大部分が預託金(会員)制のものである以上、預託金(会員)制のゴルフ会員権は、経営母体に対する関係では単なる債権関係(ゴルフ場施設の利用権と預託金返還請求権)にとどまるきわめて弱い権利ですから、担保価値が低いものであることを十二分に認識することが大切です。

◉担保にとる場合の法的形式

　(1)　質権〔60参照〕を設定する方法　　まず、ゴルフ会員権に質権を設定する方法があります。ゴルフ会員権が預託金(会員)制の場合は、「権利質」(民法362条)に、株主会員制の場合は、「記名株式の質入れ」(商法207条)に該当します。

　(2)　譲渡担保〔60参照〕を設定する方法　　ゴルフ会員権の担保取得は、実際

にはほとんどすべて譲渡担保を設定する方法で行われているようです。

◉譲渡担保を設定する方法

まず、債権者(譲受人)と債務者(譲渡人)との間で「ゴルフ会員権譲渡担保設定契約」を締結します。

つぎに、債務者から預託金証書(または株券)や、通常の譲渡の際の必要書類(たとえば、名義書換申請書や退会届申込書等)も受領することが必要です。

ただし、あくまで担保として上記書類を預かるのですから、不払い等の問題が発生するまでは、わざわざ高い名義書替料を払って、名義書替手続をすることはありません。

さらに、債権者がゴルフ会員権の譲渡担保権をゴルフ場経営会社や他の第三者に対抗(主張)するためには、ゴルフクラブ(理事会)の承認やゴルフ場経営会社へ確定日付〔31ページ 用語解説 参照〕ある証書による譲渡通知が必要ですので、あらかじめ債務者から譲渡通知書を受領しておくことも必要です〔第三者対抗要件〕。

ただし、何か問題が発生するまではゴルフクラブ(理事会)の承認を得る等の手続をとらないことが実務上は多いようですが、第三者対抗要件が備わっていないとのリスクを負っているということに注意して下さい。

◉担保の実行

債権者は、債務者が借金の支払を怠る等の問題が発生した場合等には、すでに受領している書類を使って、第三者にゴルフ会員権を売却して債権を回収することになります。

このとき、担保実行の時点まで前述のように対抗要件を具備していないことが多いので、問題が発生すればすみやかに対抗要件を具備するよう心がけることが大切です。

しかし、債務者が破産を申し立てる場合には、対抗要件の具備が「破産管財人に対抗できなくなってからしか行えない」というのが実際には多く、担保による回収が結局できなかったというのが少なくありません。

したがって、実務上の留意点からいえば、ゴルフ会員権に担保設定するの

であれば、会員権をすみやかに売却させて回収をはかるほうが得策といえます。
　ただし、債権者は譲渡担保権者として清算義務を負いますので、仮にもし、ゴルフ会員権の売却価格が債権額をこえた場合には超過分を債務者に返還することになります。

〔迎〕

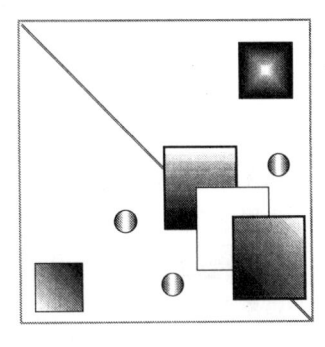

第7章 担保・保証

71 入居保証金の担保取得

Q 入居保証金を担保取得する際、どのような点に注意しなければなりませんか。

A

◉入居保証金の担保取得の問題点

　入居保証金は、賃借人が退去する際に賃貸人から返還を受けることができるものですが、たとえ担保権が適法に設定されていても、退去するにあたって賃借人が賃料を延滞していたり、賃貸前の状態に復旧する工事代金を負担していたりする場合には、賃貸人が入居保証金と相殺〔84参照〕することまで制限できません。

　また、中途解約や契約解除の場合の違約金にも充当される特約が多いので、入居保証金が全額返還されるというケースはほとんどなく、かえって賃貸人の反対債権の方が多く担保権者への回収がまったくできないというケースが多々見受けられます。

　さらに、賃貸人の返済能力にもかかわってきますので、場合によっては無価値となる危険性も含んでいます。

　実例としても、入居保証金によって回収することができた例はきわめて少なく、担保としての実効性はあまり期待できず、せいぜい添え担保にとどめておくべきものといえます。

　ただし、他に担保がない場合や、債権の保全を強化する意味からは担保として徴求しなければならないこともありますので、つぎにその担保取得手続と取得上の留意点について述べることにします。

◉担保取得手続

　入居保証金を担保に取得する方法には、譲渡担保〔60参照〕、代理受領〔用語解説参照〕などの方法もありますが、債権質設定の方法が最も一般的といえます。

質権設定〔60参照〕の手続としては、①債権証書（入居保証金預り証、賃貸借契約書等）を徴求のうえ、質権者(銀行)と質権設定者(賃借人)との間の質権設定契約を締結し、②第三債務者(賃貸人)の承諾印をとり、③その承諾印のある契約書に確定日付〔31ページ 用語解説 参照〕を取れば第三者にも対抗(主張)できることになります。

◉担保取得上の留意点

入居保証金の担保取得にあたっては、①関係当事者の調査、②賃貸人の資力・信用力の調査、③入居保証金等の金額の確認、④返還される金額、時期、条件、方法等の確認、⑤譲渡・質入れ禁止条項の有無などについて、十分把握したうえで行わなければなりません。

用語解説

代理受領　融資先が取引先に対して有する代金債権について、銀行が、融資先からその受領についての委任を受け、融資先の代理人として当該取引先からその支払を受け、貸付金の回収をはかる方法。

〔吉　岡〕

72　包括根保証の効力

Q1　連帯保証は、普通の保証とどう違うのですか。

Q2　包括根保証とはどのような保証ですか。

Q3　その効力にはどのような制限がありますか。また、どのようなときに利用されるのですか。

A

●保証と連帯保証

　保証とは、主たる債務者がその履行をしない場合に、これに代わってその債務を履行することを約束することです。

　金融機関は、保証人が主たる債務者と連帯して債務を負担する「連帯保証」を利用しています。普通の保証と異なる点は、連帯保証人は、催告の抗弁権(民法452条)〔用語解説参照〕、検索の抗弁権(同法453条)〔用語解説参照〕を有せず、数人いても分別の利益(同法456条)〔用語解説参照〕を有しない点にあります。

　また、金融機関は「根保証」をとるのが原則です。

●限定根保証と包括根保証

　根保証とは、債務者が債権者との間の一定の継続的取引関係から生ずる現在および将来負担するいっさいの債務について、保証人が保証する契約をいいます。それは、特定債務の保証と異なり一定の継続的取引から生ずる不特定の債務を主債務としている点に特色があります。

　根保証は、限定根保証と包括根保証に区分され、前者は、①一定の金額限度、②保証期間、③取引の種類(範囲)のうちいずれか一つ以上が定まっているものであるのに対して、後者は、これらのいずれをも限定しないものです。しかし、銀行実務上は、上記のうち①の金額限度および②の保証期間の定め

のない根保証をさして「包括根保証」と一般に理解されています。

> **用語解説**
> **催告の抗弁権** 債務の履行を求める債権者に対して、保証人が、まず主たる債務者に請求するように主張することができる権利のこと。
> **検索の抗弁権** 債務の履行を求める債権者に対して、保証人が、まず主たる債務者の財産について執行するようにと主張することができる権利のこと。
> **分別の利益** 数人が保証人になった場合に、各保証人は、主たる債務を平等に分割した額についてのみ保証債務を負担すること。

◉包括根保証の有効性

　包括根保証の典型的な例として、銀行取引約定書に署名・捺印した保証人が負う保証債務をあげることができますが、そのような包括根保証は有効なのでしょうか。この問題について、判例は、古くからその有効性を肯定しており（大審院大正14年10月28日判決・民集4巻656頁、最高裁昭和33年6月19日判決・民集12巻10号1562頁）、通説もこれを有効としています。しかし、判例は、保証人保護の観点から、個々の事件ごとに被保証債務ないし保証人の責任を一定の合理的な範囲に制限してきています〔**判例**参照〕。

> **判　例**
> **包括根保証を制限する判例**——判例は、保証期間を限定する意味で、根保証人からの解約告知権〔①任意解約権——相当期間経過後の解約権（大審院昭和7年12月17日判決・民集11巻2334頁、前掲大審院大正14年10月28日判決）や②特別解約権——特別の事情もしくは著しい事情の変化が生じた場合の解約権（最高裁昭和39年12月18日判決・民集18巻10号2179頁）〕を認めたり、根保証人の地位の相続性を否定したり（最高裁昭和37年11月9日判決・民集16巻11号2270頁）、あるいは保証金額を制限（大審院大正15年12月2日判決・民集5巻769頁、最高裁昭和48年3月1日判決・金法679号34頁、最高裁平成6年12月6日判決・金法1414号28頁など）したりしてきている。

第7章 担保・保証

　これらの責任制限の根拠は、①信義誠実の原則（信義則）によるもの、②身元保証法の類推適用によるもの、③当事者の意思解釈によるもの、④主債務者と保証人との関係によるものなどがあります。近時の判例(前掲最高裁平成6年12月6日判決など)の特徴は、責任の減額の根拠の一つとして、当事者の意思の合理的解釈に求め、これを分析しています。これは、保証契約の締結の事情、取引態様、取引経過、債権者の地位等諸般の事情から、保証限度額についての当事者の合理的意思を推認できる場合は、保証契約における合意の内容として、限度額の定めのあるものとなるというものです。したがって、その場合は、保証責任の減額ではなく、もともとその金額の範囲内でしか契約をしていないという解釈であり、法律行為の解釈として注目されます。

◉包括根保証の利用
　上記のとおり、包括根保証は保証契約の成立後においても、その責任が一定の限度内に制限されるものであるという認識に立って、その利用を考える必要があります。
　したがって、中小企業のオーナー社長であるとか、同族会社等で会社と個人とが一心同体の関係にあるとかのように、主債務者の信用状態を知りうる立場の者を保証人とする場合にのみ利用するなど、その利用は例外的にするほうが無難でしょう。

〔片　岡〕

73 保証人の交替と死亡

Q 保証人が交替したり死亡したりしたときには、どのように対応したらよいでしょうか。

A

◉**保証人の交替**

　会社の代表取締役・取締役が保証人であるときに、保証人がその役職を辞任・退任して債務会社の経営に関与しなくなったり、妻が保証人であるときに、債務者である夫と離婚したり、夫婦間の仲違いが生じたりして債務者と保証人との間に信頼関係がなくなった場合には、保証人より銀行に対し保証の解除の申出を受けることがあります。

　このような場合には、銀行は、その保証人との間で保証契約を合意解除し、主債務者に対し新たな保証人を立ててもらい、その新保証人との間で保証契約を締結する必要が生じます。また、保証人が死亡したときには、その相続人から保証債務の相続を否定する申出を受けることがあります。その場合には、後述のとおり、確定・特定債務の保証か、根保証〔72参照〕かによってその対応を検討する必要があります。

◉**保証の合意解除と既存債務の関係**

　保証人の交替は、旧保証人との保証契約の解除と新保証人との保証契約とが一体となった契約です。この場合、銀行として注意すべきは、債権者の担保保存義務(民法504条)〔76参照〕の責めを問われないようにするために、保証契約の解除について他の保証人や物上保証人の承諾をとっておくこと、および既存債務の保証について明確にしておくことが肝要です。

　保証債務が特定ないし確定した債務の保証であれば、保証人が交替すれば旧保証人は全面的に保証債務の責めを免れることになりますので、通常は解除に合意すべきではなく、やむをえず合意する場合にも新保証人に保証能力が認められるケースにかぎるべきです。

第7章 担保・保証

　根保証の場合、新保証人が、自分は保証人に就任後に生じた債務についてだけ保証する意図で保証人になると申し出るケースもありますが、そのような場合には、その旨を根保証書等の上に明確にしておく必要があります。そして、銀行としては、既存の(交替時に存する)債務ついては引き続き旧保証人に保証をしてもらうとか、あるいはその分だけ別途の保証人を立ててもらうとかの措置を講ずる必要があります。もっとも、銀行取引における根保証書には「債務者が……貴行に対して現在および将来負担するいっさいの債務について」保証債務を負う旨の約定となっていますので、一般に、新保証人は爾後発生する債務のほかすでに発生している債務についても保証債務を負うことになるものと解されます。

◉保証人の死亡と相続

　保証人が死亡した場合、それが確定・特定債務の保証であれば、原則として相続人がその死亡時点に存する保証債務を法定相続分に応じて分割して承継することになります（大審院昭和5年12月4日決定・民集9巻1118頁）。もっとも、実務上は特定の相続人に債務引受してもらうこともあります。なお、相続人が相続放棄(民法915条)〔92ページ 用語解説 参照〕をすれば、相続人に対して保証債務を請求することができず、限定承認(同法922条以下)〔92ページ 用語解説 参照〕をした場合には、相続人に保証債務を請求することが制限されます。

　一方、根保証の場合には、保証人と主債務者との個人的な信頼関係が強く、一身専属的と考えられていますので、保証人が死亡すれば根保証もその時点で終了し、死亡時点に現存する保証債務だけが相続されると解されています。したがって、死亡後に発生する債務についても相続人に保証してもらおうとすれば、相続人の全部あるいはそのうちの特定の者、または第三者と改めて根保証契約を締結すべきです。

　判例も、期間と極度額の定めのないいわゆる包括根保証人〔72参照〕の死亡の場合について、特段の事由のないかぎり、根保証人の地位は相続されない（最高裁昭和37年11月9日判決・民集16巻11号2270頁）、としています。もっとも、特段の事由があったり、責任の限度額または期間について限定がある根保証の場合については、相続性が認められると解する余地もありますが、実務上は、

上述のとおり厳しく考えて対応するのがよいでしょう。

◉**根保証人の解約権**
　上記の合意による解除のほかに、根保証の場合には、将来に向かって保証人から一方的に解除(解約)の申出がされることがありますから注意を要します。とくに包括根保証に関しては、判例も、主債務者の一定の職務や地位を前提として保証がなされた場合等について、根保証人による(特別)解約権の行使を認めています（大審院昭和16年5月23日判決・民集20巻637頁・大阪高裁昭和38年4月30日判決・金法345号30頁）。

〔片　岡〕

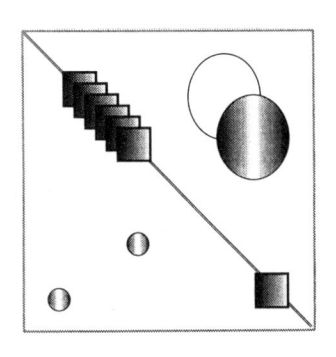

74 保証人の弁済の効力

Q 保証人が債務者に代わって弁済した場合は、どのような権利を取得しますか。

A

◉保証人による弁済

保証人は、主たる債務にかかる保証債務を負担する者ですから、債務の「弁済ヲ為スニ付キ正当ノ利益ヲ有スル者」(民法500条)にあたることは明白です。このように、弁済をなすにつき法律上の利害関係(正当の利益)を有する者(保証人のほか物上保証人、担保物件の第三取得者、後順位担保権者等)が行う弁済を「法定代位弁済」といい、弁済者である保証人は法律上当然に債権者(銀行)に代位することになります。

◉代位の効果

保証人が弁済をすると、保証人は、主たる債務者に対して求償権を取得し、その求償をなすことができる範囲において、債権の効力および担保として債権者が有していたいっさいの権利(債権・担保権)を行使することができます(民法501条本文)。すなわち、保証人は、弁済による代位(法定代位)により、債権者に代位し、その結果、保証人は、主債務者に対する固有の求償権のほかに代位の客体となる権利(債権者が有していた債権、これを「原債権」といいます)を併有することになり、両者は請求権が競合する関係になります。そして、弁済した保証人(代位者)は、その有する求償権の範囲内で原債権およびその担保権を行使することができます。したがって、弁済した保証人が代位によって取得した担保権を実行する場合において、その被担保債権として扱うべきものは、原債権であって、保証人の債務者に対する求償権ではありません(最高裁昭和59年5月29日判決・金法1062号6頁)。

74 保証人の弁済の効力

●担保の移転と債権者の協力

　保証人から債権の全額の弁済を受けた場合、債権者は、弁済金の受領書の交付のほか保証人の代位権行使を容易にするために、債権証書・手形の交付、担保物の引渡や権利移転の手続に協力する義務が生じます（同法503条1項）ので、担保が抵当権または確定後の根抵当権であれば、その移転登記(附記登記)手続に必要な書類を保証人に交付する必要があります。この場合、保証人の弁済後に目的不動産を取得しようとする第三取得者に対しては、あらかじめ代位の附記登記(同法501条1号)をしておかないと、保証人(弁済者)は、その第三取得者に対しては債権者に代位しないことになりますので注意を要します(最高裁昭和41年11月18日判決・金法465号26頁)。

　なお、元本確定前の根抵当権については、随伴性〔173ページ 用語解説 参照〕が否定されているため、保証人(弁済者)は根抵当権を取得できません(同法398条ノ7第1項後段)〔64参照〕。そこで、その根抵当権を利用して代位した場合と同様の効果を得るには、根抵当権の全部譲渡、分割譲渡（同法398条ノ12第1・2項)、一部譲渡(同法398条ノ13)等を受けることになりましょう。

●債権の一部弁済を受けたとき

　保証人が債権の一部を弁済したにすぎないときは、保証人(弁済者)は弁済額に応じて債権者(銀行)に代位し、債権者と共にその権利を行うことになっております（民法502条1項）。

　しかし、債権者も残りの債権を回収するために債権証書・担保物が必要ですので、債権者は、受領書（一部代位弁済証書）のみの交付を行い、債権証書には一部代位弁済の金額・弁済日・弁済者名等を記入し(同法503条2項)、手元に残しておくことが必要です。

　また、担保権については、債権者と保証人とが準共有(数人で所有権以外の財産権をもつこと)することになりますが、銀行の場合、銀行取引約定書・保証書等において、銀行と債務者との取引継続中は、保証人の代位権行使について銀行の同意を必要とし、あるいは、銀行の請求があればその権利または順位を銀行に無償で譲渡する旨の特約をしているのが通常です〔判例参照〕。

第7章　担保・保証

> **判　例**
>
> **一部代位弁済者への配当に関する事例**──最高裁昭和60年5月23日判決（金法1099号12頁）
>   競売代金の配当については、一部代位弁済者は債権者に劣後して受領することになるとしている。

◉保証人のための担保保存義務

　上記のように、保証人は債権者に弁済することによって代位できる立場にありますから、債権者としては保証人のために担保を保存する義務〔**76**参照〕があります。もし、債権者が故意または過失によって担保を喪失または減少したときは、保証人はその喪失・減少により求償ができなくなった限度で免責されることになっています(民法504条)。

　なお、銀行の場合は、この担保保存義務を問われないように、銀行取引約定書や保証書等において、その免除の特約を置いているのが通常です。この担保保存義務免除特約の有効性は認められているものの、合理的限界があると解されていますので（最高裁平成2年4月12日判決・金法1255号6頁）〔**77**参照〕、実務上は担保保存義務の責めを問われないように、個別に他の保証人や物上保証人の同意を得ておくことが肝要です。

〔片　岡〕

75 信用保証協会の保証の留意点

Q 信用保証協会の保証を利用する場合には、どのような点に注意をすべきでしょうか。

A

◯信用保証協会保証の特質

　信用保証協会（以下「協会」といいます）は、中小企業者が銀行等の金融機関から融資を受けるに際して、当該金融機関に対して負担する債務の保証をすることを主たる業務とするもので、中小企業者に対する金融の円滑化をはかること、すなわち中小企業金融を助成する目的で設けられた特殊法人です（信用保証協会法1条）。一般の個人保証が、債務者と保証人との個人的信頼関係にもとづくもので、しかもその保証引受は対価を伴わない無償を前提としているのに対して、この協会保証は、資金調達を必要としている中小企業者の委託にもとづき、信用保証料を徴して、協会の計算と責任において保証引受を行うもので、有償保証であることにその特質があります。

◯信用保証協会保証の法的性質

　保証の法的性質についての学説としては、①信用委任説、②機関保証説、③民事保証説があります。[1)]

　民事保証説が今日の通説・判例です（東京高裁昭和35年10月26日判決・下民集11巻10号2292頁、札幌高裁函館支部昭和37年6月12日判決・高民集15巻4号289頁）。

◯管理上の留意点

　上記のとおり、協会保証の法的性質は、通常の民法上の保証〔72参照〕と同じですが、実務上は、協会と金融機関との間で個々の保証取引に共通した基本的な事項を保証契約の内容として定めた「約定書」を締結しており、個々の保証債務は協会が交付する信用保証書で特定することになっています。金融機関としては、その「約定書」の各規定を遵守しなければなりませんが、とく

に、保証免責規定は、金融機関にとっては保証債務の履行の拒絶を伴う重要な規定ですので、留意する必要があります。すなわち、約定書例につぎのように規定されています。

信用保証協会の約定書の免責規定

> 甲（○○信用保証協会）は、次の各号に該当するときは、乙（○○銀行）に対し保証債務の履行につき、その全部または一部の責を免れるものとする。
> (1) 乙が第3条の本文に違反したとき。
> (2) 乙が保証契約に違反したとき。
> (3) 乙が故意若しくは重大な過失により被保証債権の全部または一部の履行を受けることができなかったとき。

　上記の(1)は、「旧債振替違反」といわれるもので、金融機関が協会保証付融資をもって既存のプロパー債権を消滅させるようなこと（例：不渡り手形の買戻資金に充当）をした場合（ただし、協会が特別の事情があると認め、金融機関に対し承諾書を交付したときは、このかぎりではありません）のことです。

　(2)は、信用保証書や約定書の保証契約内容どおりの処理がなされていないとき、とくに保証条件となっている担保や保証人がある場合に、担保設定・登記が完了していないとか保証人を徴求できていないとき等をいいます。

　(3)は、金融機関は協会保証付債権についても、善良な管理者として、プロパー債権と同等の注意をもって保全・取立ての責めに任じなければならないところ、これを怠ったこと（例：土地と共同担保であった建物を取り壊し、再築建物を追加担保に取得しなかったとか、回収金を協会保証付債権とプロパー債権とに按分充当すべきところをプロパー債権のみに優先充当したとか、仮差押え等必要な保全措置を講じるべきなのにこれをしなかったとか）により協会の求償権に実損が生じた場合をいいます。

1）1　信用委任説　協会が委任者となり、金融機関が受任者となって、委任者が受任者に対して、自己の名において、かつ自己の計算によって中小企業者等に信用を供与すべきこと(融資)を委託することを内容とした契約であるとする説。
　　2　機関保証説　協会はその第一義的目的として中小企業者等の信用を補完し中小企業金融の円滑化をはかることにあり、借入金債務の保証はこの目的を達成するための第二義的意味であるという協会保証のもつ特殊性に照らし、それは民法上の保証

が意図している個人保証の概念と異なるとする説。
3）民事保証説　協会保証も、要件および効力について特約のないかぎり当然に民法上の保証によるべく、それが制度上の信用の保証であって債務の保証ではないから民法上の保証とは異なるという法律上の根拠はないとする説。

〔片　岡〕

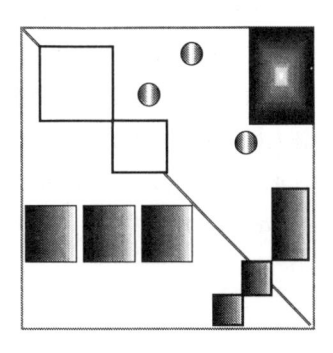

第7章 担保・保証

76 担保保存義務

Q1 銀行には担保保存義務があるということですが、担保保存義務とはどういうことですか。

Q2 どんな場合に保存義務があるのですか。また、どんな点に注意すべきでしょうか。

A

◯担保保存義務とは

　債務者の借入金について他に担保がある場合は、その債務の保証人あるいは物上保証人(以下「保証人等」といいます)となろうとする人は、将来たとえ自分が保証債務を履行しなければならなくなったとしても、後日債務者に対して債権者が有する担保権を代位行使(「弁済による代位」といいます)することにより、債務者から確実に求償することができるから、最終的な負担はその求償権で回収できる分だけ少なくなる、と期待しています。いわば、その期待があるからこそ安心して保証人等となるわけです。

　ところが、債権者がこの担保を任意に解除できるものとすると、この正当な期待が裏切られることになり、保証人等となった人が不測の損害を被ることになります。そこで、債権者に担保保存の義務を課し、債権者がこれに違反して担保を喪失または減少させたことにより保証人等が求償しえなくなったときは、その限度で責任を免れるものとしています(民法504条)。

　この規定により、代位弁済を行う保証人等はその代位権行使を保護される一方、債権者側から見れば、保証人等から債務の返済を受ける場合は、当該代位権者のために責任を負わされることになり、いったん徴求した担保や保証人は他の保証人等全員の同意をとらないと変更、解除ができないことになります(したがって、債権者にとっては、やっかいかつ余計な義務を負わされたということになります)。

76　担保保存義務

◉担保保存義務の対象

　担保保存義務の対象となるのは、保証人にかぎらず、弁済をなすについて正当の利益を有する者(法定代位権者)であり、連帯債務者、物上保証人、担保物件の第三取得者、後順位担保権者なども含まれます。

◉故意・懈怠の意味

　故意・懈怠(けたい)とは、故意・過失と同義です。法定代位の対象となる担保の喪失・減少に対する故意・過失があればよく、免責を生じる関係の存在についての故意・過失までは必要でないとされています。いかなる場合に故意・過失(とくに過失)があると認めるべきかは、結局、当該債権に伴うすべての担保について、債権者として一般取引上要求される適当な処置を欠いていたか否かによって決することになります。

　なお、債権者の負う注意義務の程度は、保証人や物上保証人との関係では高く、債権者と契約関係にない抵当不動産の第三取得者などとの関係では低いとされています。

◉担保の喪失・減少

　判例によれば、「担保」には、物的担保のみならず、保証等の人的担保を含みます。しかし、特定担保を意味し、一般担保は含みません。たとえば、債務者の一般財産に対していったん差押えをしたものの、後に強制競売を取り下げても、保証人等の免責を生ずることはないとされています。

　問題は、確定前の根抵当権〔63参照〕が「担保」にあたるかです。確定前の根抵当権は随伴性〔173ページ　用語解説　参照〕が否定されており、保証人の弁済による代位が認められていないからです(民法398条の7)。これについて否定説もありますが、根抵当権が確定すれば代位できるという保証人の期待を保護すべきですから、実務上は、担保保存義務を負うとして処理するのが妥当でしょう。

　担保の喪失・減少とは、債権者の有する抵当権や質権の放棄、保証債務の免除、抵当権等の順位の変更等、債権者の積極的行為によるものにかぎられません。たとえば、抵当権の設定を受けたが、その登記を怠っているうちに

211

抵当不動産が第三取得者に譲渡されてしまったような場合もこれに該当します。

とりわけ問題となるのは、つぎのような場合です。

(1) 債務の弁済期が到来したのに債権者が担保権の実行を躊躇している間に担保物の価値が下落した場合　判例・学説共に、債権者の態度が取引界の一般常識から見て著しく当を失し、法定代位権者の財産だけを目当てとする信義に反したものと見られる特段の事情のないかぎり、故意・過失による担保の喪失・減少とはならないとされています。

(2) 債権者が複数の担保を有する場合に債権の一部の満足を受けて担保の一部を放棄したところ残りの担保の価値が下落し債権者の予想に反して残る担保物の価額で債務の完済を得られなくなった場合　判例は、故意・過失による担保の減少にあたるとしています。これに対し学説は、一部弁済の額が債務全額に対して占める割合と開放された担保物の価額が担保物全体の価額に対して占める割合とが調和し、かつ債権者の予想が経済界の一般常識に反しない場合には、否定すべきとする説が有力です。

●担保減少後に現われた法定代位権者

債権者が、債務者A所有の甲・乙不動産につき共同抵当の設定を受けた後、乙不動産がBに譲渡され、債権者が甲不動産の抵当権を放棄した後、乙不動産をBから譲り受けたCについて、判例は担保保存義務違反の免責の主張を認めています（最高裁平成3年9月3日判決・金法1306号4頁）。その理由は、債権者の担保の放棄によって償還を受けられなくなった金額の限度において抵当不動産によって負担すべき責任は当然に消滅するから、その後抵当不動産の第三取得者は、責任消滅の効果を引き継ぐというものです。

●免責の効果

法定代位権者は、担保の喪失または減少により償還を受けることができなくなった限度で免責されます。保証人のように自ら債務を負う者は、その額だけ債務を免れます。物上保証人や担保不動産の第三取得者のように自ら債務を負わない者は、その額だけ、担保不動産の負担する責任が消滅すること

になります。

◉**実務上の注意点**
　法定代位権者から免責の主張をされないためには、担保の放棄・担保の差替え等をする場合には、法定代位権者から個別に担保解除の同意をとっておくことが望ましいといえますが、同意がとれない場合でも、担保の放棄、あるいは差替えに合理的理由が認められれば責任は追及されないと考えられますから、放棄あるいは差替えにいたった経緯やその時点での担保評価の記録を残しておけば、事後の対応もできるものと思われます。

〔堀　内〕

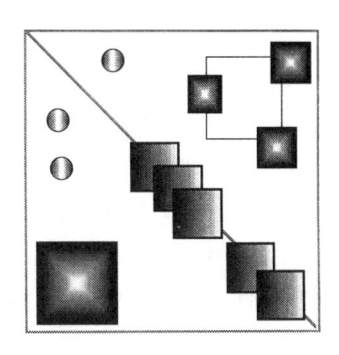

第7章 担保・保証

77　担保保存義務免除特約の有効性

Q　銀行では担保保存義務免除特約をつけているということですが、このような特約は有効でしょうか。

A

◯担保保存義務免除特約

　債権者としては、民法の定める担保保存義務〔76参照〕の規定が強行規定〔用語解説参照〕ではないことから、これを免れるために、当初の契約の時に保証人等との間で、担保保存義務免除の特約をとりかわしていることが多く、金融機関である銀行も、銀行取引約定書や根抵当権設定契約証書のなかで「保証人は、……貴行がその都合によって担保もしくは他の保証を変更、解除しても免責を主張しません。」というように担保保存義務免除の特約を規定しています。もし、この特約が全面的に認められるというのであれば、担保保存義務の問題は契約当事者である保証人等との間で起こりうる問題ではなくなります。

> **用語解説**
> **強行規定**　公の秩序維持等の理由により当事者の意思いかんにかかわらず適用され、これに違反する法律行為は無効とされる規定のこと。

◯担保保存義務免除特約の必要性

　銀行の貸出取引における保証や担保は、継続的取引であっても特定の貸付契約であっても長期間にわたるのが普通であって、その間に保証や担保の変更・解除という事態を回避することはまず不可能です。たとえば、貸付取引開始後相当期間経過したとか、会社の借入金を保証していた重役が辞任したとか、保証人と貸付先との信頼関係がなくなったとか、保証人の資産・信用に異常が生じたとか、保証人が高齢に達したとか死亡したとかの理由で保証を解除し、保証人を変更しなければならなくなることはよくあることです。

また、資金繰りの都合で担保定期預金を一時使用させるとか、売買するために担保有価証券を差し換えるとか、抵当建物を改築するとか、抵当土地を売買するとか、他からの借入れのために抵当権〔63参照〕や根抵当権〔63参照〕の順位の変更をするとかの理由で担保を解除し、変更しなければならないこともしばしばあります。

このような理由で貸付先から保証や担保の変更・解除の申出があった場合には、銀行は、貸出取引の円滑を維持するために、貸付債権の保全に支障のないかぎり(貸付残高、その増減見込み、他の担保ポジション、貸付先の取引振り、業績・信用状況等を総合的に判断し、保証や担保の変更・解除を必要とする事情を確かめるなどして) その変更・解除に応じているのが実情です。

ところが、後日貸付先が債務不履行に陥り保証人等の責任を追及する段階になって、先の保証・担保の変更・解除が銀行の担保保存義務違反に該当するとして、保証人・物上保証人が免責されることになるのではたまりません。また、そのつど、保証人等から個別の承諾書をとったうえでなければ、安心して保証や担保の変更・解除ができないというのでは、貸出取引の円滑・安定を保証人等が握ってしまうことになり妥当ではありません。

そこで、債権者たる銀行にとって、債権者の担保保存義務を免れるために、保証人・物上保証人をして民法504条によって享受すべき利益(求償権確保のために債権者に代位する権利)をあらかじめ放棄させることは、合理的かつ現実的な取引上の要請であると思われます。

◉担保保存義務免除特約の有効性

しかし、判例や学説は、この特約を一応有効と見ていますが、全面的にその有効性を認めているわけではなく、一定の客観的な限度の枠をはめ、法的構成としては信義誠実の原則(信義則)や権利濫用といった一般条項による制限を加え、限界のあるものとしてこれを見ています〔判例参照〕。

したがって、経済的に優位に立つ(といわれる)金融機関が定めたこの免除特約の効力がどこまで認められるのか、どういう場合に認められないのかをよく知っておく必要があります。

免除特約の有効性のポイントは、担保変更時に故意または重大な過失がな

いかどうか、その取引が信義則に違反したり権利の濫用となっていないか、金融取引の通念から合理性が見られるかを総合的に判断してはじめて免除特約の有効性を主張することが可能となるのだといえましょう。

> **判　例**
>
> **担保保存義務に関する主要判例**
>
> 1――最高裁昭和48年3月1日判決（金法679号34頁）
> 本判決は信用金庫取引約定書面での免除特約の有効性を認めた。
>
> 2――最高裁平成2年4月12日判決（金法1255号6頁）
> 本件は担保不動産の差し換えの事例で、担保差し換え時に債権者が相当な注意をつくせば、後で代替担保の価値が下落しても、そこに故意または重大な過失がなく、そして信義則違反や権利の濫用に該当する特段の事情がなければ、債権者は免除特約の有効性を主張することが許されることを認めた。個々のケースでの重要な判断ポイントの一つは、差し換え時点で十分な注意をして物件の調査・評価がなされたのかどうかということである。この判決によって免除特約の有効性ははっきりと制限的であることを明確にされた。担保差し換え時は金融機関が担保物件の価値が差し換え前に比し減価しないかどうか十分の配慮をもって調査・評価しなければならないのは当然のことといえる。
>
> 3――最高裁平成7年6月23日判決（判タ880号140頁）
> 本件では債権者が担保を喪失しまたは減少したときの状況等を総合し金融取引上の通念からみて合理性を有し、保証人等が代弁すべき期待を奪うものといえないときは、他に特段の事情がないかぎり債権者が特約の効力を主張することは信義則違反・権利の濫用とならないと免除特約を認めている。
>
> 4――最高裁平成8年12月19日判決（金法1482号77頁）
> 本件では債権者が債権の一部弁済を受けた際には共同担保となっている不動産の一部に対する根抵当権を放棄したとしても、残存担保不動産の価格等に照らし残債権の担保として十分であると判断した事情のもとにおいては、債権者が免除特約の効力を主張することについて信義則に反するとは認められないとしている。ここでも残存担保に対する十分な評価があると判断しているか否かがポイントとなっているといえる。

〔喜　多〕

第 8 章
管理・回収

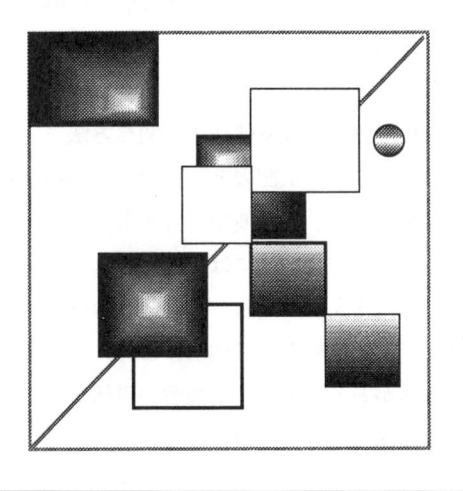

―78 貸付先の合併

Q 貸付先の法人が合併したときは、どのような手続をとるべきですか。合併により債権の保全に不安を感じた場合には、なんらかの措置がとれるのですか。

A

◯合併とは

　会社の合併とは、2個以上の会社が契約によって一つの会社に合同することをいいます。会社の合併には、合併当事会社のうち、一方の会社が存続して他方の会社はその会社に吸収されて解散する吸収合併と、合併当事会社全部が解散し、新会社を設立する新設合併とがあります。

◯合併の効果

　会社が合併すると、吸収合併の場合は存続会社を除くすべての会社が、新設合併の場合はすべての会社が解散し、解散会社の清算は行われず、合併の登記によって解散会社は消滅します（商法404条・417条・414条・416条・102条）。

　そして、存続会社または新設会社は解散会社の権利・義務を包括承継します（同法416条・103条）。

◯合併手続における債権者の関与方法

　会社合併は、上記のとおり会社の内容が合併前とくらべて大幅に変動する可能性があり、会社債権者も多大な影響を受ける可能性があります。法は、会社の合併を原則的には自由としたうえで、会社債権者を保護する手続を用意しています。すなわち、会社は合併決議をした場合はその旨を、公告または知れたる債権者には個別に合併に異議ある場合は異議を述べる旨を催告する義務があると定め、債権者が異議を述べた場合には、会社に債権の弁済または担保の供与、弁済のための信託会社に対する財産の信託を義務づけています。

また、合併が違法な場合には、会社債権者にも合併無効の訴訟を提起できる旨も定めています。

◉実務上の留意点

貸付先が合併する場合には、以上のように会社の方から合併につき異議があるかの催告書が送られてくるのが通常ですが、その場合には、合併当事会社の資産状況を十分調査し、合併することによって資力が低下し、債権保全に不安が生じる可能性がある場合には、合併に異議を申し立て、会社に弁済を請求するなどして、合併手続中で債権保全をはかる必要があります。

しかし、そのような不安がない場合には、会社債権者はとくに合併手続に関与する必要はありません（債権者から異議の申出がない場合には、会社の合併を承認したものとみなされます）。

また、なんらかの事情で合併手続が終了した後、貸付先の合併を知り、債権保全に不安を感じた場合には、一定の期間（6ヵ月）内であれば、一定の法定手続の欠如や債務超過の会社合併などの違法を理由として合併無効の訴訟を提起することができます。

〔岡　田〕

79 法人成り

Q 個人の貸付先が法人組織になる場合、すべての貸付金が法人に承継されるのですか。債権保全上なんらかの措置が必要なことがありますか。

A

◉法人成り

　法人成りとは、個人で営業している企業が、税金面でメリットがあることや、社会的に信用が増すことなどの理由から、株式会社や有限会社などの法人組織に切り替えることをいいます。法人成りは、個人事業主が会社を設立し、個人事業主がその代表者となり、会社設立と同時に会社が個人事業の営業譲渡を受け、営業を継続する形式で行われるのが通常です。

　しかし、会社の合併のように法律上当然に権利・義務の移転があるケースと異なり、法人成りの場合には、個人が有していた債権・債務が当然に法人に引き継がれるわけではありません。というのは、個人事業主の債権・債務といっても、個人用資産や住宅を購入するためのローンなどの個人的借入金については、法人に引き継がせず個人に残しておかなければなりません。他方、営業用資産や事業のための借入金は、法人成りにより法人に引き継がせることが望ましいので、個人から法人への承継には個別に移転行為が必要となってきます。

◉個人事業主から法人への貸出金の移転

　個人事業主が法人組織になるといっても、営業用資産や事業のための借入金は、法人成りにより法人に引き継がせるべきですが、事業経営そのものとは関係ない個人的借入金については、法人に引き継がせず個人に残しておくほうが望ましいので、当該個人の資産・負債を区分けして事業用のものを個別に個人から法人へ承継するための移転行為(手続)が必要となってきます。

　個人事業主から法人へ貸出金を移転させる方法としては、①重畳的債務引

受、②免責的債務引受、③法人への新規貸出の三つの方法が考えられます。

◉重畳的債務引受による方法（法人が個人と共に債務を引き受ける方法）
　一般的には、法人と共に個人も債務者として残しておくほうが望ましいので、この方法が妥当であると思われます。この場合においても、法人へ新規に貸し出す融資に関しては個人（代表者）に保証させる必要がありますから、法人から徴求する銀行取引約定書、あるいは保証約定書において代表者を保証人にしておくべきでしょう〔72参照〕。
　この方法は、担保も保証も既存のものがそのまま残りますが、根抵当権〔63参照〕については、債務者を今までの個人から個人・法人の両者に追加的変更するほうがよいでしょう。とくに、新規に法人に貸し出す際には、実態に合致させる意味からも、法人を債務者に追加しておくべきです。

◉免責的債務引受による方法（個人が債務を免れ法人が単独で債務を引き受ける方法）
　この方法をとる場合には、従前の個人は債務関係から脱退することになるため、個人に法人の債務を保証させることが必要となります。実務的には、この方法も多く用いられていると思われます。
　免責的債務引受では、旧の債務（個人時代の債務）に対しての保証や担保は、主債務が免責されたことにより消滅することになるので、保証や担保が必要な場合には（ほとんどのケースにおいて必要であると思われますが）、改めて徴求し直さなければならないことに注意を要します。
　根抵当権については、債務者を個人から法人に交替的に変更し、かつ被担保債権の範囲に引受債務を追加することが必要です。

◉法人への新規貸出による方法
　この方法は一見簡明に思われますが、貸出金はもちろん、担保や保証もすべて新たにとることとなるので、手形割引以外にはあまり利用されていないようです。根抵当権については、債務者を個人から法人に交替的に変更することが必要です。

第8章　管理・回収

◉取締役会の承認

　重畳的にしろ免責的にしろ債務引受の方法で貸出金の移転を行う場合は、個人事業主が法人の(代表)取締役になっていることが通常であり、取締役と会社間の自己取引(商法265条)の問題が生ずるため、取締役会の承認が必要となることに注意しなければなりません。債権者としては、取締役会議事録の写しを徴求する等して、これを確認しなければなりません。

　また、法人に貸出を行う場合には、自己取引にならないとも考えられないわけではありませんが、その資金で個人の借入金を決済することになり、この条項に抵触すると考えられますので、取締役会の承認が必要となります。

◉会社との与信取引開始

　これまで述べてきたことは、個人事業の権利・義務の承継でしたが、法人成り後の会社との間で新たに与信取引を行う場合は、通常の新規取引先との与信取引開始の場合と同様に、新たに会社から銀行取引約定書の差し入れを受けて行うことになります。

◉信用保証協会保証融資の場合の注意

　信用保証協会〔75参照〕の保証を受けた融資について法人成りで承継がなされる場合には、信用保証協会の規定上、重畳的債務引受の方法によることが多くなります(信用保証協会所定の用紙に債務引受をし、これを信用保証協会が承認する形式で行います)。

　というのは、新規に「法人」の保証を受けるケースでないかぎり、信用保証協会としては、保証したのはあくまでも「個人」であって、債務引受した「法人」は単なる引受人であり、「法人」の借入金に対して代位弁済をするわけにはいかないからです。そうすると、重畳的債務引受の方法によるにもかかわらず法人に変更した場合には、これに違反することになり、代位弁済を受けられないということになりますから、十分注意をしなければなりません。

　なお、この場合であっても、債務引受をした法人の預金口座から約定弁済金を引き落とすことは差し支えありません。

〔吉　岡〕

80 貸付先が倒産した直後の対応

Q 貸付先が倒産したときに直ちにとるべき措置にはどんなことがありますか。また、どのようなことに注意を払うべきでしょうか。

A

◉**貸付先が倒産した場合の対応**

　金融機関にとって貸付先から倒産が発生するのは宿命的なものといえますが、たとえ倒産の事態に陥ったとしても、適切な処置、対応を行い、回収不能額を最小限にとどめる努力をすることはきわめて重要です。この倒産直後の対応を逸したり、誤ったりした場合には、後日の貸出金回収に大きな禍根を残すことになりますから、十分注意しなければなりません。

　貸付先の倒産直後の具体的な対応は、以下のようなものがあげられますが、これらを迅速に手際よく処理することが大切です。

1．本部担当部へ報告すること。本部担当部とその処置、対応について協議、相談する。
2．貸出関係契約書を確認すること。
3．不動産、有価証券等の担保物件の見直しをすること。
4．割引手形、担保手形等の決済見込みを確認すること。
5．信用保証協会、保証会社の保証状況、関連書類を確認すること。
6．債務者等の実態を把握すること。債務者の倒産原因を把握することが、その後の回収計画を立てる意味からも重要となるから、債務者の倒産の実態を最もよく知っている代表者または経理担当者等と面談、聴取すること。面談の際には、①倒産にいたった事情、②粉飾や融手（融通手形）操作の有無、手形の決済見込み、資産の内容、③今後の整理方針（再建か清算か、法的手続をとるのかどうか）、④自行の債権回収にあてられるものはないかどうかなどを聴取する必要がある。
7．債務者、保証人、債務者関連の所有資産を調査、検索すること。

8. 預金債務と貸付等の債権を相殺すること。
9. 債権の保全バランスを組み、回収計画、対応方針を立てること。債権の保全が固まっていない場合には、たとえば、根抵当権〔63参照〕の追加設定、保証人の追加取入れをしたり、仮差押え〔36参照〕等の法的手続をとったりしなければならない。
10. 関連取引のチェックをすること。債務者が倒産した場合には、債務者の代表者、家族、従業員との取引にも少なからず影響があるし、債務者との間で関係会社、僚店（自行の別の店）あるいは僚店取引先でも取引があるといった場合には、関係会社、僚店にも連絡し、銀行全体での被害を最少限度に抑えることに努めなければならない。

〔吉　岡〕

81 貸付先が法的整理手続に入ったときの措置

Q 貸付先が法的整理手続に入ったときは、どのような措置をとるべきですか。

A

●法的整理手続

　法的整理手続には、いわゆる清算型の手続として破産、特別清算があり、再建型の手続として会社整理、和議、会社更生があります。このうち実務上重要な破産、和議、会社更生の場合の措置を述べます。

　破産は、債務者の資産等のいっさいの管理処分権を破産管財人に移し、破産管財人において財産を換価処分して徹底的な平等の理念のもとに分配をするという手続です。

　和議は、債務者側が提示した和議条件につき裁判所関与のもとで債権者側と話し合い、債権者集会においてその和議条件が認められれば裁判所が他の事情も考慮して認可か不認可かを決めるという手続です。

　会社更生は、負債をいっさい棚上げしたうえで、更生管財人に経営をゆだねると共に会社の問題点を除去して会社を存続・再生させようという手続です。

　いずれの手続についても、この手続がとられた以上は、約定どおりの支払を貸付先から受けることはできなくなりますので、法律の許容する範囲内での優先的な回収をはかることになります。

●期限の利益の喪失

　まず貸付先の期限の利益の喪失〔53参照〕をさせる必要があります。銀行取引約定書上、破産、和議、会社更生の申立てがあったときは、当然に期限の利益は喪失するとされていますので、この時点で期限の利益が喪失するのは明らかですが、それ以前に期限の利益を喪失させたい場合には、その手続を

第8章 管理・回収

とっておく必要があります。いずれにしても、いつ、いかなる事由で期限の利益が喪失したかを明確にしておく必要があります。

◉相　殺

　期限の利益の喪失を前提とした回収方法として、預金債権等との相殺（そうさい）〔84参照〕が考えられます。破産、和議、会社更生のいずれの手続においても、相殺禁止の規定に該当しないかぎり相殺は可能ですが、会社更生の場合には、裁判所の定めた債権届出の期日までに相殺をしなければならず、それ以後の相殺は認められなくなりますので注意が必要です。

◉保証人からの回収

　連帯保証人〔72参照〕からの弁済を受けることを考慮することになります。とくに保証機関の保証を受けている場合〔75参照〕には、遅滞なく代位弁済〔74参照〕の手続をとる必要があります。
　物上保証人がいる場合には、ここからの回収を考える必要があります。

◉債務者から担保権を取得している場合

　問題は、債務者自身から（根）抵当権等の担保権〔60参照〕を取得している場合にどのような対応をすべきかです（もちろんこれは保証機関等からの代位弁済を受けないことを前提とした問題です）。これは手続ごとに対応が異なりますので個別に述べます。

　(1)　破産の場合　　破産の場合には、担保権は別除権〔用語解説参照〕となり、破産手続とは別個に担保権を実行して優先的な回収をはかることができます。ただ通常は破産管財人において担保不動産の任意売却をはかり、任意売却が可能な場合には売却代金の一部の破産財団への組入れを求めてくることがあります。この場合には、担保権実行にもとづく競売における価格下落の可能性、競売にかかる期間等を考慮して破産管財人の要求に応ずるか否かを決めることとなります。いずれにしても担保権実行にふみきる場合には破産管財人の意向を打診したほうがよいでしょう。

> **用語解説**
>
> **別除権** 破産財団に属する特定の財産について破産債権者に先んじて債権の満足を受けることができる権利のこと。破産手続によらないでその権利行使ができる。

(2) 和議の場合　和議の場合も、担保権は別除権となり、担保権を実行して優先的な回収をはかることができます。ただ(根)抵当権の実行は、債務者の重要な事業財産の喪失を生じ、和議そのものを困難にさせることもありえます。

したがって、和議に同意するか否かを決めたうえで、和議に対する影響も考慮して担保権実行にふみ切るか否かを決する必要があります。

(3) 会社更生の場合　会社更生の場合には、更生手続開始後は担保権のみならず税金も優先的な権利行使ができなくなります。

したがって、担保権といえども決められた期限内に更生手続に参加するという形でしか権利行使ができないことになります。

なお、平成11年12月17日民事再生法が成立し、平成12年4月1日より施行されます。同法の基本的なねらいは、現行の和議手続に代えて、株式会社以外の法人や中小企業等が利用しやすく、かつ再建のための諸方策のより充実した制度を創設することにあります。

〔永井（真）〕

第8章 管理・回収

82 救済融資と否認

Q 銀行が救済融資を行った場合、否認されることがありますか。

A

◉救済融資とは

　倒産者の財産状態が悪化し、事業の継続が困難となってきたとき、取引銀行が倒産者を救済するために倒産者の営業の継続や生活の維持に欠くべからざる費用等を緊急に融資する場合があります。これを「救済融資」といっています。

　このような救済融資だけがなされ、担保の設定がなされなかったときは（通常考えられませんが）、その救済融資そのものが否認されることはありえないといってよいと思います。

　問題は、救済融資に伴って担保の供与がなされた場合です。これに関しては、一般的に金銭の借入れとその際の担保権設定とは債務者の財産としては均衡がとれているから否認の対象にならないとする見解もありますが[1]、この場合は、相当代価による売買に類似し、金銭は消費隠匿しやすく、担保力が十分でないとして、原則的には否認を認めるのが現在の多数説です。

　ただ、借入金の使途が営業の継続や生活の維持に欠くべからざるものであるような救済融資の場合は、「相当性がある」、あるいは「不当性を欠く」ものとして、否認の対象にならないとする考え方が有力に主張されています[2]〔 判例 参照〕。

> **判　例**
>
> **救済融資の否認に関する判例**
> 1──大阪高裁昭和40年4月6日判決（下民集16巻4号35頁）
> 　従業員の給与支払資金の借入れのための譲渡担保設定〔60参照〕につき「従業員の延滞給料の支払は会社の運営上欠くべからざる人的資源を確保するため最も緊要な支出である」として否認を認めなかったもの。

2――最高裁昭和43年2月2日判決（民集22巻2号85頁）、仙台高裁昭和52年8月8日判決（下民集29巻5号～8号516頁）
　従業員への支払にあてるための新規借入金債務のため担保権を設定するに際し、譲渡担保や代物弁済の予約〔155ページ 用語解説 参照〕などの非典型担保を設定した場合に、目的物の価額と被担保債権との間に合理的均衡がある場合には否認されないとしたもの。

3――最高裁昭和42年11月9日判決（民集21巻9号2323頁）
　詐害行為取消権〔 用語解説 参照〕に関するものとしては、債務者が生計費および子女の大学進学に必要な費用を借用するため唯一の動産を譲渡担保に供した場合に「……供与した担保物の価格が借入額を超過したり、または担保供与による借財が生活を営む以外の不必要な目的のためにする等特別の事情のないかぎり、詐害行為は成立しない」と判示したもの。

4――大審院昭和5年3月3日判決（新聞3123号9頁）
　漁船を譲渡担保に供して出漁資金を借用したもの。

5――大審院昭和5年10月4日判決（新聞3196号9頁）
　弁済資金を調達して営業を継続するために不動産を売渡担保〔 用語解説 参照〕にしたもの。

6――最高裁昭和42年12月14日判決（裁判例89号371頁）
　営業を復興させるため将来の借財について根抵当権を設定したもの。

7――最高裁昭和44年12月19日判決（民集23巻2号18頁）
　営業を継続させるため現在および将来の債務に譲渡担保を設定したもの。

　上掲 判例 は、「相当性」あるいは「不当性」の要件を否認権もしくは詐害行為取消権の成立を阻却する要件として認めたものと紹介されているのが一般です。

　もっとも、これらの裁判例に関しては、否認権や詐害行為取消権が実際に否定されているのは、目的物の価額と被担保債権との間に合理的均衡がある、いわゆる「有害性」を欠いている場合であり、「不当性」や「相当性」だけでそれらを否定しているのではないとし、そのような「有害性」を備えた行為がなお「不当性」を欠くとして否認を免れるのは、単に行為の目的が生活費や事業資金の捻出にあったというだけでは足らず、その行為をすることが真にやむをえなかったと評価される必要があるとする見解もあります。

第8章 管理・回収

確かに、上掲 判例 で実際に否認権や詐害行為取消権が否定されているのは、むしろ、目的物の価額と被担保債権の均衡がとれている事例であり、その合理的均衡が欠けている場合は、結論において否認権の行使が肯定されています（2の最高裁昭和43年2月2日判決、仙台高裁昭和52年8月8日判決参照。なお、1の大阪高裁昭和40年4月6日判決は、最高裁昭和43年2月2日判決で破棄されている原審判決です）。

結局、救済融資についても、「相当性がある」、「不当性を欠く」とされる前提として、担保目的物と被担保債権の合理的均衡が必要であり、その合理的均衡を欠いているときは、よほどの必要性が具体的に立証されないかぎり、否認される可能性があると考えておいたほうがよいと思います。

用語解説

詐害行為取消権　債権者が自己の債権の弁済を確保するため、債務者が故意にした財産減少行為（詐害行為）を取り消す権利のこと（民法424条〜426条）。「債権者取消権」ともいう。その行使は、債務者の総財産が総債権額に満たない場合にかぎられ、裁判所への訴えによる。

売渡担保　債権担保の目的のために、財産権を債権者に移転し、一定期間内にその弁済をすれば目的物を買い戻せる契約の担保のこと。

1）中田淳一『破産法・和議法』（有斐閣）156頁
2）斎藤秀人＝麻上正信編『注解破産法』〔改訂版〕（青林書院）355頁、山木戸克己『破産法』（青林書院）210頁、谷口安平『倒産処理法』（筑摩書房）253頁
3）伊藤眞『破産法』〔新版〕（有斐閣）290頁

〔門　間〕

83 債務者の破産と手形の商事留置権

Q1 代金取立手形を預っている融資者が倒産した場合、銀行は商事留置権を主張することができますか。

Q2 融資先が破産した場合はどうでしょうか。

A

◉**手形の商事留置権**

　銀行が手形に対して、商事留置権をもつのは、商人間の商事留置権（商法521条）にもとづいています。

　商事留置権の成立要件として、①被担保債権が商人間の双方的商行為〔3ページ 用語解説 参照〕によって生じた債権で弁済期にあること、②目的物が債務者の所有する物または有価証券であること、③その目的物が債務者との間の商行為〔3ページ 用語解説 参照〕によって債権者の占有（現実的支配）に帰したものであることの三つの要件を定めています。

　融資者が商人である場合、代金取立てという取立委任行為は附属的商行為〔3ページ 用語解説 参照〕にあたるため、代金取立手形に商事留置権が成立することについては問題はないといってよいと思います。

　手形に対する銀行の商事留置権が成立する場合、留置権者たる銀行による手形の呈示や取立権能、さらには白地補充権〔21参照〕が認められるかが議論されています。

　手形の呈示については、留置権は手形という紙を単に留置するにすぎないとする見解や、呈示は民法298条の留置物の使用にあたり許されないとする否定説も主張されています。これに対して手形は、有価証券であって単なる紙ではなく、留置権者は留置物に対して保存行為をなす権限を有し、また善良なる管理者の注意義務（善管注意義務）を負っていること（民法298条1項・2項）からすれば、適法に呈示しうる手形を所持しながらそれをしないのは、むしろ善管注意義務に違反するとして肯定する説が有力です。

　また、取立てについても、留置権者は手形の支払を受けることはできず、

手形債務者に手形金額の供託を求めうるにすぎないとか、留置権者には物上代位〔93参照〕が認められていないので、支払われた手形金はそのまま債務者に返さなければならないとする否定的な見解も主張されています。

しかし、債権者代位権〔255ページ 用語解説 参照〕により債権者が取り立てた金員の返還義務と債務者に対する債権が相殺〔84参照〕できるのと同様に、留置権者は債務者に対する返還債務と被担保債権を相殺することができるとする説がここでも有力です。

その反面、白地補充権については、白地補充権に関する客観説によっても補充権は手形の正当な所持人のみが有しているものであって、手形を単に留置しうるにすぎない留置権者は補充権を有しないとする否定説がむしろ有力です。もっとも、この白地補充権についても、留置権発生の基礎となる実体関係が、たとえば取立委任や手形割引〔55参照〕等、手形上の権利行使権限やその移転を伴うものであるときは、その実体的な関係にもとづく白地補充権が認められるとされています。

● **債務者が破産した場合の手形の商事留置権**

商事留置権の成立した手形を銀行が破産宣告後においても留置し、自ら取り立てて貸付金などに充当することができるかが問題となります〔 判例 参照〕。

> **判　例**
>
> **手形の商事留置権に関する判例——最高裁平成10年7月14日判決（金法1521号57頁）**
>
> 　これについては、肯定説と否定説の両説があり、下級審段階では意見が分かれていた（肯定説に立つものとして大阪地裁平成6年2月24日判決・金商947号42頁、大阪高裁平成9年3月25日判決・金商1020号36頁など、否定説に立つものとして大阪高裁平成6年9月16日判決・判時1521号148頁など）。
>
> 　しかし、最高裁判所は「銀行が手形の占有を適法に開始した場合には、商事留置権を取得したものということができ、債務者の破産宣告後は、破産法93条1項によって、上記商事留置権が破産財団に対して特別の先取特権〔183ページ 用語解説 参照〕とみなされることになる。また、破産財団に属する手

形の上に存在する商事留置権を有する者は、破産宣告後においても、上記手形を留置する権能を有し、破産管財人からの手形の返還請求を拒むことができるものと解するのが相当である。さらに、銀行が上記のような手形について、適法な占有権限を有し、かつ特別の先取特権に基づく優先弁済権を有する場合には、銀行が自ら取り立てて弁済に充当し得るとの趣旨の約定をすることには合理性があり、本件約定書4条4項を上記趣旨の約定と解するとしても必ずしも約定当事者の意思に反するものとはいえないし、当該手形について、破産法93条1項後段に定める他の特別の先取特権のない限り、銀行が上記のような処分等をしても特段の弊害があるとも考え難い。……以上にかんがみれば、本件事実関係の下においては、銀行は、本件約定書4条4項による合意に基づき、本件手形を手形交換制度によって取り立てて破産会社に対する債権の弁済に充当することができるのであり、銀行の行為は破産管財人に対する不法行為となるものではない」と述べて肯定説をとることを明らかにした。

以上のように、銀行は破産宣告後も、適法に占有する手形につき商事留置権を主張することができ、その取立代わり金を貸付金等に充当することができます。

〔門 間〕

第8章 管理・回収

84 相殺の要件と機能

Q1 預金と貸出金を相殺する場合の要件は何ですか。

Q2 銀行にとって相殺はどのような機能を果たしますか。

A

◯相殺の要件
　相殺の要件は、大きく分けて①双方の債権が相殺適状にあること、②相殺の禁止がないことの二つです。

◯相殺適状にあること
　この要件を細分化しますとつぎのとおりです。
1．同一当事者間に債権の対立があること(ただし、連帯債務や保証債務については例外がある)。
2．対立する両債権が同種の目的をもつこと。
3．両債権が共に弁済期にあること。
4．債権の性質が相殺を許すものであること。

◯預金と貸出金を相殺する場合に問題となる要件
　(1)　両債権が共に弁済期にあるという要件　　相殺しようとする銀行にとって貸出金は自働債権となりますが、その弁済期日が到来していなければ相殺はできません。ただし、債務者が期限の利益を失うとき〔53参照〕は、相殺することができます。
　他方、銀行にとって預金は受働債権となります。普通預金のように期限の定めがないときは直ちに相殺することができますが、定期預金のように期限の定めがあるときは問題です。その期限がもっぱら債務者だけのためにあるときは期限の利益を放棄して相殺することができますが、定期預金のような場合はその期限は預金者のためにも存在していると考えられます。そして、

そのような預金者のためにもある期限については、銀行側で放棄することが全然許されないとする考え方に立つと、期限が来るまでは相殺することができないことになります。しかし、現在の判例・通説は、期限が相手方のためにも存する場合には、相手方の損失を賠償して放棄することができるとしていますので、この考えに従うと定期預金のような場合でも、期限までの利息をつけて直ちに相殺することができることになります。

(2) 相殺の禁止がないことという要件　この要件は、大きく分けて①当事者の意思表示による禁止がないこと、②法律による禁止がないことの二つがあります。

法律による禁止の例としては、不法行為による損害賠償債権を受働債権とする場合(民法509条)、差押えを禁止された債権を受働債権とする場合(同法510条)、株式払込請求権を受働債権とする場合(商法200条2項)のほか、受働債権が差し押えられた場合（民法511条）等がその代表例です。

このうち本問に関連してよく問題となるのは、受働債権である預金が第三者によって差し押えられた場合です〔85参照〕。

◉相殺の機能

銀行にとっての相殺の機能は、貸出金の実質的な担保という役割を果たすことです。本来、相殺は、それぞれの債権を別々に請求履行することの不便と不公平を除くために認められた制度であるといわれています。

しかし、相殺が認められている結果、銀行は、融資者が自らに対して十分に預金している場合は、相殺によって債権回収をはかりうること、すなわち相殺が貸出金に対する担保の機能をもっていることを意味するようになっているのです。[1]

そして現在では、むしろ、銀行にとっては、この相殺の担保としての機能のほうが重要であるといってよいと思います。

1) 我妻栄『新訂債権総論』(岩波書店) 317頁以下

〔門間〕

第8章 管理・回収

85 差し押えられた預金との相殺

Q 取引先の預金が差し押えられた場合、取引先への貸付金と相殺することができますか。

A

●差押えと相殺

　民法511条は、差押えと相殺につき、差押え後に取得した反対債権によって相殺することができないと規定するのみで、差押え前に取得した反対債権であれば、相殺することができるかは解釈にゆだねられています。そこで、どのような場合であれば、差押命令前に取得した反対債権によって相殺することができるのでしょうか。

　この点、学説は相殺適状説、制限説、無制限説の3説に分かれています。[1)]

　判例は、当初、相殺適状説を採用していましたが、最高裁昭和39年12月23日大法廷判決（民集18巻10号2217頁）によって制限説に変更し、さらに最高裁昭和45年6月24日大法廷判決（民集24巻6号587頁）で無制限説に変更しました。

　無制限説は、相殺の担保的機能を重視するもので、預金債権を有する取引先に融資を実行する場合、取引先が仮に倒産等の危機状態に陥っても、少なくとも預金の範囲内では貸付金を相殺によって回収できることを認めるもので、金融機関を保護する考え方といえます。

　ただし、無制限説の考え方があらゆる場合に適用されるとは必ずしもいいきれない側面があります。すなわち、前掲最高裁昭和45年6月24日判決は、銀行預金に対する国税滞納処分にもとづく取立訴訟に関するものであり、差し押えられた預金については、銀行取引約定書によって相殺予約の合意がされていました。昭和45年の最高裁判決は、このような事案において銀行側の相殺を優先させたのであり、相殺予約が合意されていない単なる債権についても妥当するか疑問だからです。

　もっとも、昭和45年判決は、相殺予約を含む銀行取引約定書（債務者の信用を悪化させる一定の客観的事情が発生した場合、貸付金の期限の利益を喪失させ〔53参照〕、直

85 差し押えられた預金との相殺

ちに相殺することができるという規定)の対外的効力を肯定し、銀行が銀行取引約定書を取り交わしている場合には、約定書によっても差押債権者に相殺をもって対抗(主張)できるようになりました。そのため、預金について差押え(仮差押えを含みます)がなされても、取引先に対する貸付が差押え前に実行されていれば、銀行は、預金を貸付金によって相殺することができるのです。

1)　1　相殺適状説　　差押え当時に被差押債権(受動債権)と反対債権(自動債権)の双方の弁済期が到来していて相殺適状にある場合(受動債権について期限の利益を放棄できる場合も含む)にかぎって、相殺することができるとする考え方。
　　2　制限説　　差押え当時両債権が相殺適状にあることを要しないが、自動債権の弁済期が受動債権の弁済期よりも先に到来する関係にある場合のみ相殺することができるが、両債権の弁済期が上記と逆である場合には相殺できないとする考え方。
　　3　無制限説　　民法511条の反対解釈から、差押え当時両債権の弁済期が到来していなくとも、自動債権を取得していれば相殺することができるとする考え方。

〔竹　森〕

第 8 章 管理・回収

86 相殺権の濫用

Q 相殺権の濫用とはどのようなことをいうのですか。銀行としてどのようなことに注意すべきですか。

A

◉相殺権の濫用

　85で述べましたように、前掲最高裁昭和45年6月24日大法廷判決は、差押債権（預金）および貸金債権の弁済期の先後を問わず、銀行が相殺することができると判断し、「無制限説」を採用しました。その結果、銀行は、預金等の差押え前に預金者に対する債権を取得しているかぎり、預金の差押えによって相殺権の行使を妨げられなくなりました。

　しかし、上記最高裁判決がこのような解釈をして銀行を保護するのは、相対立する債権を有する当事者は、互いに相手に対し相殺によって自己の債権を回収しようとする合理的期待を有しているからです（相殺の担保的機能）。

　したがって、銀行の相殺権の行使は、債権回収という合理的必要性の範囲内で行使されるべきであって、それをこえて債務者や第三者の正当な利益を害することは許されず、関係者に不当な不利益を及ぼす場合には、相殺権の濫用として制限すべきであると考えられます。これが「相殺権の濫用」といわれるもので、信義誠実の原則（信義則）（民法1条2項）や権利濫用の法理（同法1条3項）にもとづくものです。

　相殺権の濫用は、同行相殺に対処するために議論されてきましたので、以下同行相殺について検討します。

◉同 行 相 殺

　同行相殺が問題となるケースは、、銀行の融資先が倒産し、銀行において貸付債権を預金と相殺することとなった際、融資先が振り出した約束手形を他の取引先の依頼により手形割引〔**55**参照〕を受けた場合に、割引依頼人に十分な資力があるにもかかわらず、手形債権を自働債権として相殺するケースで

す。というのは、手形債権を自働債権として相殺するということは、倒産した取引先の一般財産がそれだけ減少し、かつ結果として割引依頼人も支払義務を免れることになりますが、割引依頼人に十分な資力がある場合には、他の債権者との不平等が如実に現われるからです。手形債権者は、振出人、裏書人等の手形債務者のいずれに対しても手形債権を自由に行使できる立場にあり、複数の手形債務者に同時に手形債権を行使することもできます（手形法47条1項・77条1項2号）。

　したがって、最高裁判所は、同行相殺そのものは認めています（最高裁昭和53年5月2日判決・金法861号31頁）が、割引依頼人に十分な資力がないケースであれば銀行自身の債権保全上必要ということで許容されても、割引依頼人に買戻し能力があるケースにおいては、同行相殺の濫用として認められないことになります。

　もっとも、手形の割引が取引先の危機的状態時になされれば、破産法104条4号の「破産者の債務者が支払の停止又は破産の申立ありたることを知りて破産債権を取得したとき。」に抵触することになります。したがって、手形の割引をする場合には、振出人について取引停止処分〔22参照〕や破産申立てがなされていないか十分に調査する必要があります。

1）窪田正彦「銀行による相殺権の行使とその制限」小野寺規夫編『現代民事裁判の課題3　担保』（新日本法規出版）759頁所収

〔竹　森〕

第8章 管理・回収

87 法的整理手続と相殺権の制限

> **Q** 取引先が法的整理手続をとったときは、どのような場合に相殺が制限されますか。

A

◯法的整理手続における相殺権

相対立する債権を有する当事者は、互いに相手方に対し相殺によって自己の債権を回収できるという期待を有していますが（相殺の担保的機能）〔84参照〕、もし相手方当事者に法的整理手続〔81参照〕が開始され相殺権の行使がいっさい許されないとしますと、このような債権者の期待を著しく裏切ってしまいます。また、破産財団等に債務を全額弁済する一方、債権についてはわずかばかりの配当しか得られないというのでは、あまりに不均衡です。このようなことから、破産手続をはじめとする法的整理手続では、原則として相殺権を認めています（破産法98条〜104条、和議法5条、会社更生法162条）。

◯相殺権の制限

しかし、相殺権の行使を無制限に許してしまうと、一部の債権者のみが有利な取扱いを受けることになりますし、財団の減少をきたすことになってしまいます。そこで、一定の場合には、相殺権の制限をしています（破産法104条、和議法5条、会社更生法163条）。具体的には、法的手続開始後に債権が相対立する状態が生じた場合（各条項1号・3号）、悪意により危殆時期において債権の対立を生じさせた場合（各条項2号・4号）には、相殺を許さないものとしました。

それでは、銀行実務において、具体的にどのような場合に、相殺権の制限が問題となるのでしょうか。以下、口座振込み、振込指定といった代表的な場合を検討していきます。

(1) 口座振込みの場合　口座振込みとは、振込人が仕向銀行に対し、被仕向銀行における受取人の預金口座に入金することを委託して一定の金銭を

振り込み、かつ仕向銀行が被仕向銀行に対し同様の委託をして送金することにより、受取人が被仕向銀行に預金債権を取得する方法をいいます。

それでは、支払停止処分等があったことを被仕向銀行が知る前に破産者が被仕向銀行に当座勘定口座を有していて、支払停止等を被仕向銀行が知った後に第三者から右口座に振込みがなされた場合、被仕向銀行が破産者に対して有していた貸金債権等と当座振込みによって負担した預金債務とを相殺することは破産法104条2号の「破産債権者が支払の停止又は破産の申立ありたることを知りて破産者に対して債務を負担したるとき。」に該当し許されないのでしょうか。判例は原則として相殺できないとしています〔 判例 参照〕。

> **判 例**
> **支払停止前後の相殺を禁止した事例**——最高裁昭和52年12月6日判決(民集31巻7号961頁、金法848号34頁)
> 銀行が支払停止等を知った後に第三者から振込入金があった場合、破産法104条2号により、当該預金を受働債権とする相殺は、たとえ破産管財人と合意したとしても、禁止されるとした。

(2) 振込指定の場合　振込指定とは、銀行が債務者の取引先から支払を受けるべき代金を自行にある債務者の預金口座に振り込んでもらい、この振込金を債務者の預金として受け入れることをいいます。この場合も、支払停止処分以前の振込指定にもとづいて、支払停止以後に振り込まれた預金債務と貸金債権とを相殺することができるかが問題になります。

この問題も、破産法104条2号但書の「破産債権者が支払の停止若は破産の申立ありたることを知りたる時より前に生じたる原因に基づくとき又は破産宣告の時より1年前に生じたる原因に基づくとき」の解釈が問題となりますが、銀行・債務者間の代金の支払は銀行の債務者名義の預金口座への振込みのみの方法により行われたい旨の合意、これに対する取引先の承諾、合意の解約・変更が銀行と債務者の双方の了承が必要なことが定められていれば、相殺することができると考えられています（名古屋高裁昭和58年3月31日判決・判時1077号79頁。ただし反対説もあります）。

なお、平成11年12月17日に民事再生法が成立し、平成12年4月1日より施行されますが、同法は和議に代わる再建手続を定めたものです。同法においても相殺権の制限についての上記の考え方は基本的に変わらないものといえます。

〔竹　森〕

88 第三者弁済を受けるときの対応

Q 債務者でない者(保証人や物上保証人)から弁済を受けるとき、どのような点に注意をすればよいですか。

A

◉第三者弁済

　第三者弁済とは、債務者以外の第三者が他人の債務として弁済し、それによって、債権の消滅が認められる場合をいいます（民法474条）。

　弁済とは、債務の内容である債権者の利益の実現をいいますが、そうであれば、弁済が債務者の給付行為による場合のみならず、第三者の行為によっても可能であるといえます。また、債権者としても関心があるのは、債務の内容である自己の利益の実現だけであり、それが誰によってなされるかは通常重要視していません。民法は、この余地を認め、第三者弁済を原則的に有効であるとしています（同条1項本文）。

◉第三者弁済ができない場合

　しかし、民法は例外的に第三者弁済ができない場合を三つ定めています。

　(1) 債務の性質が第三者弁済を許さない場合　これは、債務の内容である給付行為が、債務者の一身専属的給付である場合をいいます。一身専属的とは、給付行為が債務者でなければ実現できないものをいい、これには、債務者でなければ給付できない絶対的一身専属的給付（たとえば、学者の講演等）と債権者の同意があれば第三者でも給付できる相対的一身専属的給付（たとえば、労務者〔民法625条2項〕の給付等）があります。これらは、債務の性質上債権者が債務者の行為による弁済に関心がある場合であり、第三者の行為によっては、債権者の利益が実現できないものです。

　(2) 当事者が反対の意思を表示した場合　契約によって生じる債権の場合は契約によって、単独行為によって生じる債権はその者の単独行為によって、第三者の弁済を禁じることができます。

この意思表示は、債権の発生と同時にする必要はありませんが、第三者が弁済する前には、なさなければその効果は認められません。この意思表示があれば利害関係のある第三者も弁済できませんが、このような例外を認めたのは、民法の原則である私的自治によるものであると思われますが、学説上反対の批判があります。

(3) 利害関係のない者が債務者の意思に反して弁済する場合　利害関係のある者は債務者の意思に反しても弁済できますが、この場合の利害関係のある者とは、弁済について自ら法律上正当な利害関係を有する者をいい、たとえば物上保証人、担保不動産の第三取得者、同一不動産の後順位抵当権者、賃借人、留置権者などをいいます。したがって、単に親族関係にあるだけでは、利害関係があることにはなりません。

また、債務者の意思に反するとは、第三者の弁済時に債務者の意思に反することを意味し、この意思はあらかじめ、また必ずしも表示されることは必要でなく、さらに弁済をする第三者にも、受領する債権者にも知られていなくともかまわず、この意思は諸般の事情から認定できれば認められます。ただ、債務者の意思に反するのは例外的事情なので、その意思の挙証責任は債務者の意思に反したことを主張する者が負担します。

◉第三者弁済の方法

第三者による弁済において注意する点は、以上に述べたとおり第三者による弁済が許されない場合に当該弁済が該当しないか否かという点が中心となりますが、その他には実際の方法と第三者による弁済の効果がどのようなものかを確認しておく必要があります。

第三者弁済の方法としては、第三者は、「自己の名において、第三者の債務として弁済する」ことが必要です。自己の債務として弁済した場合は非債弁済(民法707条)〔用語解説 参照〕となります。他人の債務として弁済されたのかどうかは、第三者の意思だけでなく、諸般の事情により客観的に決定されます。第三者がどのような理由にもとづいて弁済するのかは、第三者の弁済が弁済として効力を生じる点には影響しません。

第三者の弁済が許される場合には、その提供は、債務者が弁済する場合と

同様の効果を生じます。すなわち、債権者がこれを受領することを拒絶する場合は受領遅滞となりえますし、弁済者は、受取証書の交付、債権証書の返還等も請求できます。また、弁済は本来の弁済にかぎらず代物弁済〔155ページ　用語解説　参照〕や供託もできますが、更改や相殺はできません。

　第三者弁済が弁済の効果を生じるときは、債権は消滅します。しかし、第三者が債務者に対して求償権を有する場合には、この求償権を確実にするために、弁済によって消滅すべきであった債権およびこれに伴う担保権などは、すべて弁済者に移転します（弁済による代位）〔74参照〕。

> **用語解説**
> **非債弁済**　債務が存在しないのに弁済することをいうが、弁済者が債務が存在しないことを知りながら給付したときには、その給付した物の返還を請求することはできない。

〔岡　田〕

第8章 管理・回収

89　差押えによる回収

Q　倒産先の債権が十分に回収されないときは、どのようなものが差押えの対象として考えられますか。

A

◉差押えとは

　差押えとは、たとえば債務者が借入れの弁済期日が経過したのに返済しない場合、債権者のもっている金銭債権を満足させるために、債務者（保証債務者を含みます）のもっている財産のうち特定の財産を選んで、これを処分（壊したり、売却したり、貸し与えたり）することを禁止するよう裁判所に申し立て、国の力で債務者の処分権を奪う手続をいいます。そして、裁判所は差し押えた特定の財産を強制的に換価し、それによって得られた金銭を債権者に交付し債権者の権利の実現と債務者の義務の履行をはかることになります（この手続を「強制執行」といいます）。

◉差押えの対象となる財産

　差押えの対象となる債務者の財産は、法律で禁止されている以外の財産すべてで、たとえばつぎのようなものがあります。

1.　不動産として、土地、建物など。
2.　債権として、銀行預金、不渡り異議申立預託金返還請求権〔**90**参照〕、売掛金、工事代金、貸付金、入居保証金〔**71**参照〕、ゴルフ会員預託金〔**70**参照〕、給料・報酬など。
3.　その他の財産権として、特許権、著作権、建設機械、自動車、船舶、立木など。
4.　動産として、現金、有価証券、商品、原材料、什器備品、絵画、家財道具など。

◉差押えの方法

　債権者は、自己の有する金銭債権の支払を求めるため差押え・強制執行を申し立てるのですから、当然ながら、できるだけ多く確実に回収できる方法を選ばなければなりません。同じ金額を回収するのであれば、なるべく早く、少ない費用での方法を考えます。

　差押えにあたっては、それぞれの財産の短所・長所と、それぞれの差押手続の難易、とくに独占性の有無を考慮したうえ差押えの順序を決めることになります。一般的には、まず不動産、次いで債権、三番目にその他の財産権、最後に動産となります。動産執行を最後にするのは、実務上では最も回収率が低いからです。

　それぞれの財産に対する差押えについての短所・長所はつぎのとおりです。

　(1)　不動産の差押え　　これには強制競売と強制管理の方法があります。

　強制競売は、換価手続が最も長期になりますが、価格が高いので実効性も高く、第一の差押えの候補です。ただし、当該不動産に抵当権等の担保権や滞納の公租公課がある場合は、それらが一般の差押えに優先しますので、事前に十分調査する必要があります。

　強制管理は、不動産の収益力に着目した執行ですから、賃貸不動産の賃料を所有者に代わって管理することになりますので、資金化の実効性は高いものがあります。

　(2)　銀行預金その他の債権の差押え　　第三債務者（差押えされた債務者が有している債権の債務者）がしっかりしていれば、回収が確実であり、手続も資金化も比較的早く、費用も少なく、転付命令〔36参照〕をとれば独占的に回収をはかることができます。

　債権差押えで注意することは、第三債務者が債務者に対して反対債権を有していますと相殺により債権がなくなる場合があることです。

　(3)　現金の差押え　　現金の差押えも可能です。しかも完全に独占できますので、債務者の金庫内現金も動産として対象とすべきです。絵画、貴金属、有価証券等も比較的高額で差押えの効果も大きいものがあります。給料・報酬の差押えも効果的です。

　(4)　その他の動産や財産権　　これについては、金額的に期待できず、換

第8章 管理・回収

価にも時間を要する場合があります。

　先に述べましたが、法律で差押えを禁止している財産があります。動産については、債務者等の最低限の生活保障、債務者等の生業の維持、宗教・教育・精神的活動の保護などの文化政策的配慮、防災上の配慮などから民事執行法131条に強行規定〔214ページ 用語解説 参照〕としています。また、債権については、同法152条において債務者の最低生活ないしは職業の遂行を保障するという社会政策的見地から定められたものがあります。具体的には生活維持のために支給される慈恵的な継続給付にかかる債権の一部、あるいは給料・賃金の一部については、給付の4分の3に相当する部分（その額が標準的な世帯の必要生計費を勘案して政令で定める額をこえるときは、政令で定める額に相当する部分）は差押えが禁止されています。また、退職金等の一部については、給付の4分の3に相当する部分が禁止されています。

〔田　中〕

90 不渡り異議申立預託金への差押え

Q 不渡り異議申立預託金を差し押えて回収するときは、どのようにすればよいですか。また、どのような点に注意をすればよいですか。

A

◎**不渡り異議申立預託金とは**

　不渡り異議申立預託金とは、手形の支払人が「契約不履行」等を理由に当該手形を不渡り返却する際、不渡り処分を免れるために、支払銀行に対して手形交換所へ提供させる目的で、支払銀行に預託する金員のことで、当該手形金額と同額を預託する必要があります。この場合に、支払銀行から手形交換所へ供される金員を「不渡り異議申立提供金」（以下「異議申立提供金」といいます）といい、支払人から支払銀行へ供される金員を「不渡り異議申立預託金」（以下「異議申立預託金」といいます）といい、両者を区分しています。

　しかし、善意の（その事実を知らない）手形取得者である手形所持人からすれば、（たとえ支払人と手形の受取人との間で契約不履行の事実があったにせよ）支払人と所持人との間で契約不履行の事実はないのが通常であり、上記抗弁は人的抗弁（債務者が特定の権利者との人的関係にもとづいて主張できる抗弁）にとどまり（物的抗弁〔債務者がすべての債権者に対して主張できる抗弁〕とはなりえず）、所持人には対抗（主張）できないものです。

　したがって、所持人は支払人に対して訴訟（手形訴訟を含みます）を起こせば勝訴することができますが、勝訴したとしても支払人側から任意に支払を受けられるケースは少なく、強制的に取り立てる等の措置が必要となってきます。

◎**手形交換所の規定**

　債権者が、異議申立預託金から強制的に回収する前提として、異議申立預託金が返還される状況でないと、第三債務者である支払銀行から取り立てることはできません。

第8章 管理・回収

ところで、手形交換所の規則は、各手形交換所ごとに規定していますが、不渡り処分制度に関してはおおむね共通しており、つぎの場合において、支払銀行から請求があったときに不渡り異議申立提供金の返還ができるものとしています。

1. 不渡り事故が解消し、持出し銀行から手形交換所に不渡り事故解消届が提出された場合。
2. 別口の不渡りにより取引停止処分〔22参照〕が行われた場合。
3. 支払銀行から不渡り報告への掲載または取引停止処分を受けることもやむをえないものとして、異議申立ての取下げの請求があった場合。
4. 異議申立てをした日から起算して2年を経過した場合。
5. 当該振出人等が死亡した場合。
6. 当該手形の支払義務のないことが裁判などにより確定した場合。
7. 持出し銀行から手形交換所に支払義務確定届（異議申立てにかかる不渡り手形について振出人等に当該不渡り手形金額全額の支払義務のあることが裁判により確定した場合）、または差押命令送達届（異議申立てにかかる不渡り手形について当該手形債権を請求債権とし、異議申立提供金のための預託金の返還請求権を差押債権とする差押命令等が支払銀行に送達された場合）が提出された場合。

上記のうち、3.の事由により異議申立預託金を返還した場合には、その返還した日を交換日とする不渡り届が提出されたものとみなして不渡り報告への掲載または取引停止処分に付されます。しかし、1.、2.および4.ないし6.の事由により異議申立預託金を返還した場合には、不渡り報告への掲載または取引停止処分に付されません。

上記のうち、7.の事由により異議申立預託金を返還した場合には、支払義務確定届または差押命令送達届が手形交換所に受理された日から起算して2カ月の応答日以降においても、不渡り手形の支払が所持人に対してなされていないとき、所持人は持出し銀行を通じて手形交換所に対して、当該不渡り手形の振出人等を不渡り報告への掲載または取引停止処分に付すことの審査を請求することができます〔事務フロー1・2参照〕（これを「不渡り処分審査請求」とよぶこともあります）。ただし、この不渡り処分審査請求は、受理日から起算して3カ月後の応答日以降または当該不渡り手形の異議申立日から起算して2年

90 不渡り異議申立預託金への差押え

事務フロー1
（支払義務確定届または差押命令送達届の受理通知まで）

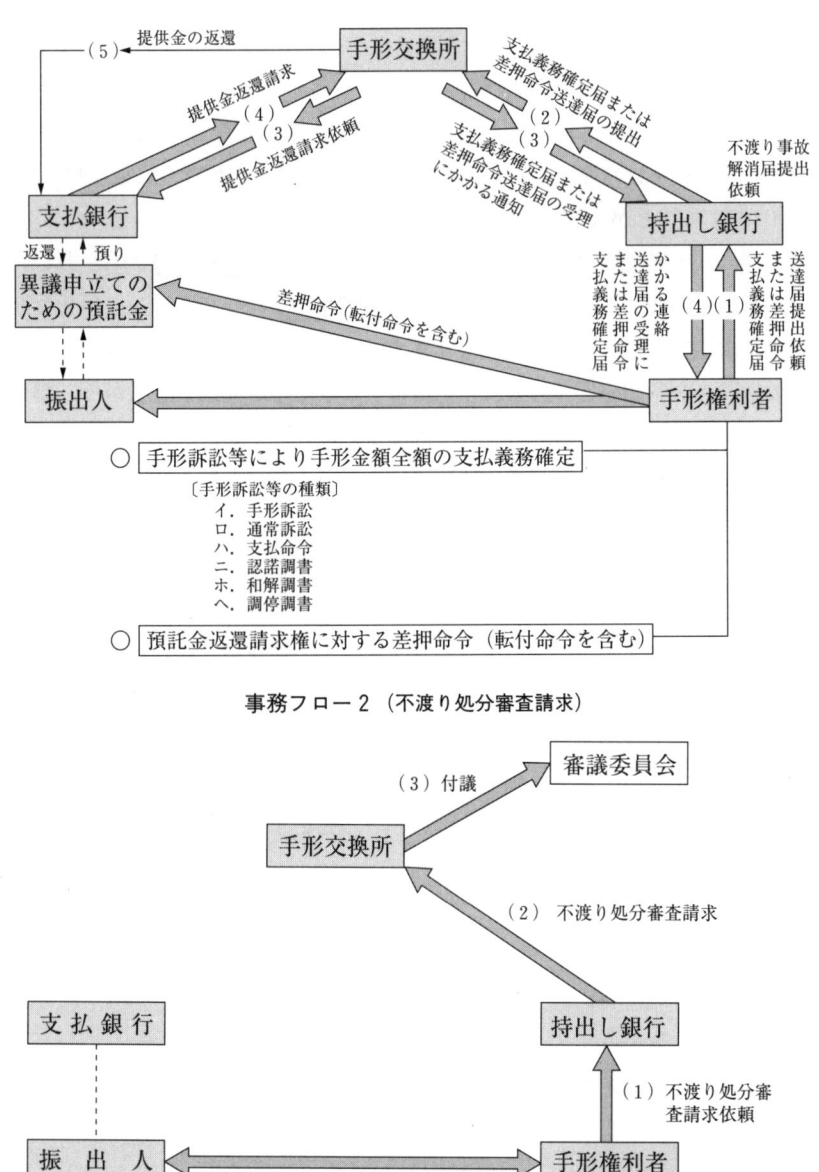

- 手形交換所
- 支払銀行
  - (5) 提供金の返還
  - (4) 提供金返還請求
  - (3) 提供金返還請求依頼
- 持出し銀行
  - (2) 支払義務確定届または差押命令送達届の提出
  - (3) 支払義務確定届または差押命令送達届の受理にかかる通知
  - 不渡り事故解消届提出依頼
- 手形権利者
  - (1) 送達届提出依頼／支払義務確定届
  - (4) かかる連絡／送達届の受理または差押命令／支払義務確定届
- 異議申立てのための預託金
  - 返還／預り
- 振出人
  - 差押命令(転付命令を含む)

○ 手形訴訟等により手形金額全額の支払義務確定
　〔手形訴訟等の種類〕
　　イ．手形訴訟
　　ロ．通常訴訟
　　ハ．支払命令
　　ニ．認諾調書
　　ホ．和解調書
　　ヘ．調停調書

○ 預託金返還請求権に対する差押命令（転付命令を含む）

事務フロー2（不渡り処分審査請求）

- 審議委員会
  - (3) 付議
- 手形交換所
  - (2) 不渡り処分審査請求
- 持出し銀行
  - (1) 不渡り処分審査請求依頼
- 手形権利者
- 支払銀行
- 振出人
  - 支払義務確定届の受理日等から2カ月以内においても不払いの事実

251

第8章 管理・回収

後の応答日以降にはできないこととされていますから、注意しなければなりません。

◉異議申立預託金からの回収

　異議申立預託金から回収する場合には、振出人等が上記3．の事由により異議申立ての取下げを請求しないように、まず、異議申立預託金に仮差押え〔36参照〕をすることが大切です。

　つぎに、手形債権について支払督促手続〔90ページ 用語解説 参照〕、あるいは手形訴訟手続により債務名義〔97ページ 用語解説 参照〕を取得し、預託金の返還請求権に対して差押手続をとります。差押命令を得た場合には、債務者への送達後2週間経過すれば、差押債権者に取立権が発生しますから、取立権発生後に第三債務者から取り立てればよいわけですが、差押命令手続と並行して、持出し銀行を通じて支払義務確定届あるいは差押命令送達届を交換所に対して提出しておかなければなりません。

　もし、債務名義取得までに振出人等が和解を申し入れてきた場合には、手形金相当額を受けるのと引換えに、持出し銀行を通じて「不渡り事故解消届」を交換所に提出するという方法もあります。この際注意しなければならないのは、「不渡り事故解消届」はいったん提出してしまうと撤回できず、かつ支払義務確定届や差押命令送達届を提出したときのような不渡り処分審査請求ができませんので、手形金相当額の受領を先行させるか、確実に受領できる裏付がなければ和解すべきではないということです。

〔吉　岡〕

91 生命保険金解約返戻金への差押え

Q 生命保険金解約返戻金を差し押えて回収するときは、どのようにすればよいですか。また、どのような点に注意をすればよいですか。

A

◉**生命保険契約のしくみ**

　生命保険契約は、数種の保険契約の組合せから成り立っており、被保険者について約定された保険事故のいずれかが発生した時点で、指定された保険金受取人が保険者に対し保険金請求権を取得し、同時に他の生命保険契約関係が消滅します。

　保険事故と保険金の関係はつぎのとおりです。

1．被保険者の死亡――死亡保険金
2．保険期間満了時の生存――満期保険金
3．保険期間中の高度障害――高度障害保険金

　また、生命保険契約は、通常長期契約である場合が多く、その場合には平準保険料の徴収により後年の保険事故発生の増加に備える積立と、将来の満期保険金支払準備のための資金として責任準備金が保険者によって積み立てられています。

◉**生命保険契約上の権利の性質**

　保険契約は、保険事故発生の前後で権利の性格が大きく変容します。

　保険事故発生前の各保険金請求権は成就未定の条件付債権ですが、保険事故発生後の保険金請求権は、通常の金銭債権であり、被保険者または死亡保険金受取人の債権者は未払いの保険金請求権を差し押えることができます。

◉**保険契約者の債権者による生命保険契約上の権利の差押え**

　保険金請求権は、保険事故が発生しなければ具体化しないきわめて不確実

253

な権利であるのに比較して、保険契約者に帰属する責任準備金は、もし保険事故が発生すれば直ちに消滅するものの、保険事故未発生の段階では、生命保険の財産性は責任準備金を約款の規定を通じて支配する保険契約者に帰属します。

生命保険契約について、保険金請求権および解約返戻金(へんれいきん)請求権の処分や差押えの目的となりうることは、一般に肯定されています。

◉**保険解約権の一身専属性について**

保険契約者の債権者が、保険契約者に属する生命保険契約上の権利を差し押え、換価して弁済に充当して満足を得るには、その権利が財産権に属し、かつ債務者の一身専属権に属していないことが必要ですが、おおむねつぎの3説に見解が分かれています。

1. 一身専属権に該当するとする説　生命保険契約が保険契約者あるいは保険金受取人の生活保障を目的とすることを根拠に、解約返戻金の差押えや代位による解約権の行使を否定する見解。
2. 一身専属権に該当しないとする説　生活保障の保護ということだけから代位請求が排除されることはないとする見解。
3. 保険の目的等によって分かれるとする説　保険契約の種類、内容およびその締結の経緯等の諸事情を考慮して検討すべきであるとする見解。

判例は、現在のところ地方裁判所段階のものしか見あたりませんが、2.(大阪地裁昭和59年5月18日判決・判時1136号146頁)、あるいは3．(東京地裁昭和59年9月17日判決・判時1161号142頁、大阪地裁平成5年7月16日判決・判時1506号126頁、東京地裁平成6年2月28日判決・判時1521号82頁)をとっています。

◉**差し押えた保険金の解約権**

差し押えた保険金の解約権については、つぎの4説に分かれていますが、判例は、1．(前掲大阪地裁昭和59年5月18日判決)あるいは2．(前掲東京地裁昭和59年9月17日判決、前掲大阪地裁平成5年7月16日判決、前掲東京地裁平成6年2月28日判決)をとっています。

1. 差押債権者の取立権により解約できるとする説。

2．債権者代位権〔 用語解説 参照〕により解約できるとする説。
3．差押命令にもとづいて取立権を取得した債権者が、債権者代位の方法によって解約権を行使し返戻金の支払を受けるとする説。
4．差押債権者は譲渡命令を得たうえで自らの権利として解約権を行使できるとする説。

なお、本件に関し、最高裁平成11年9月9日判決（金商1075号17頁）は、上記1．の説をとることを明らかにしました。

用語解説

債権者代位権 債務者がその財産権を行使しない場合に、債権者が自己の債権を保全するために、債務者に代わってその権利を行使して、債務者の責任財産を維持する制度。

〔吉　岡〕

第8章 管理・回収

92 貸金庫の内容物への差押え

Q 貸金庫の中の物を差押えすることはできますか。

A

●貸金庫契約の法的性質

　通説は、貸金庫契約は、場所ないし設備の賃貸借契約であると解しています。通説によりますと、銀行は保護函そのものの安全を保持する責任を負うものの、内容物(格納品)に対して占有(現実の支配)を有するものではなく、銀行は内容物の存否につき関知しないため、貸金庫利用者は銀行に対して内容物の引渡請求権を有しないことになり、したがって内容物への差押えは認められないことになります。

　これに対して、賃貸借であるとしながらも寄託に準ずる側面がある無名契約であると見る学説は、銀行は内容物については直接保管義務を負わないが、金庫については安全保持義務があり、いわば間接的には内容物の安全保持義務を負っていることとなりそのかぎりでは寄託に準ずる面があると主張しています〔判例参照〕。

> **判例**
>
> 内容物への差押えを否定した事例——札幌高裁昭和63年3月4日決定（金商799号8頁）
> 　本事件は、内容物への差押えを否定した決定例であるが、他方、この決定例は、利用者が貸金庫から株券を取り出すことを禁止し、銀行(第三債務者)は開庫に協力してはならない(執行官の立会いのもとではこのかぎりではない)とし、現状維持だけを認めている。

　さらに、貸金庫契約を賃貸借契約と解しつつ、なお利用者の銀行に対する引渡請求権を肯定する見解は、銀行はその建物の中の金庫室内備え付のキャビネットに内容物を包んで実際に所持しているのであり、もし銀行がキャビ

ネットを引き渡さないときは、利用者としても内容物を取り出すことが事実上できないという実態に鑑み、銀行は利用者と共同して占有を有していると考え、貸金庫利用者の債権者から銀行に対する内容物の引渡請求権の差押えを肯定しています。

◉内容物の特定

　引渡請求権とその差押えを肯定する場合、差押債権者はさらに取立訴訟を提起することができますが（民事執行法157条）、それに関連して、「内容物の特定」が問題となります。これにつき、キャビネットを特定し、差押禁止財産が除かれていることが表示されていれば、個々の内容物を具体的に特定し存在を立証する必要はないとする説があります。他方、取立訴訟の対象となる動産引渡請求権は、引き渡すべき動産の存在が当然必要となるべきものであり、内容物の存在の主張・立証がなければ、その給付判決を下すことができないとみる考え方もあります。

　なお、執行官は債務者の占有する金庫を開扉できる（民事執行法123条2項）以上、貸金庫を債務者の占有する金庫に該当すると考えて、銀行に対しても強制的に貸金庫を開扉させる権限があるという見解がありますが、民事執行法123条の規定を第三者である銀行に直接適用することは疑問であり、この点は否定すべきものと思われます〔 判例 参照〕。

> **判　例**
> **貸金庫内の動産が特定されなければならないとした事例──大阪高裁平成7年11月22日判決**（金商995号33頁、金法1446号38頁）
> 　貸金庫利用者の債権者が貸金庫の内容物の引渡請求権を差し押え、引渡しを請求したが（差押目録には①現金、②株券などの有価証券、③貴金属と記載）、銀行が引渡を拒否した事案につき、大阪高等裁判所は「銀行は貸金庫を自己が管理する貸金庫室内に留置することにより、貸金庫のほか、その内容物についても（利用者と重畳的に）包括的な占有を保有しているので、利用者の債権者は銀行に対し民事執行法163条に基づき、動産差押命令の申立、ひいては取立訴訟を提起することができるが、取立訴訟等の対象となる動産の引渡請求権は、実体法上の個別的な物に対する請求権であるから、民事執行規則99条にかか

> わらず、民事執行法124条及び163条の規定の趣旨に照らし、当該動産が特定され、かつ、その現実的な存在が立証されなければならない。」と判示している。

上記の判決に対して、これまでの実務は内容物への差押えはできないものとして扱って対応してきました。上記事例は上告され、最近、最高裁判所は、強制執行を認める判決を言い渡しました〔 判例 参照〕。今後の実務はこれにならうものと思われます。

> **判 例**
> **貸金庫内の動産の引き渡しを認めた事例**──最高裁平成11年11月29日判決
> （判例集未登載）
> 　最高裁判所は、「銀行は貸金庫の内容物について利用者と共同して占有を有し、この占有は内容物全体につき一個の包括的な占有として成立するので、民事執行法143条により貸金庫契約上の引渡請求権を差し押える方法により強制執行をすることができる。具体的な引き渡し方法としては、執行官をして貸金庫の内容物全体の一括引き渡しを受けさせた上で売却可能性のある動産の選別をさせるのが相当である。」と判示した。

1) 宮下文秀「保護預り・貸金庫」鈴木禄弥＝竹内昭夫編・金融取引法大系第3巻（有斐閣）305頁、薄井良憲「貸金庫契約」遠藤浩＝林良平＝水本浩監修・現代契約法大系Ⅴ（有斐閣）320頁。

〔宮　川〕

93 物上代位による賃料差押え

Q 物上代位により賃料を差し押えることができますか。

A

◉抵当権の物上代位

　抵当権〔63参照〕の物上代位については、先取特権(さきどりとっけん)〔183ページ 用語解説 参照〕の物上代位の規定を準用していることから、明文上認められています(民法372条による304条の準用)。ここにいう物上代位とは、抵当権が抵当目的物の交換価値の把握という内実をもつものであることから、抵当目的物に代わる価値の上にも(ただし、同一性が認められる範囲にかぎり)その効力が認められるというもので、条文上は、「目的物の売却、賃貸、滅失又は毀損により債務者が受けるべき金銭その他の物」に対して執行が可能ということになっています。ただし、物上代位は、上記の金銭その他の物が「払渡又ハ引渡」される前に差押えをかけておかなければ、その効力は認められないことになっています。

　この物上代位の対象物として、抵当権の目的となっている物件(以下「抵当物件」といいます)から生じる賃料債権が含まれるか否かについては、学説上は異論もありますが、条文上明記されていることもあり、判例・実務上は肯定説で固まっているといえます(最高裁平成元年10月27日判決・民集43巻9号1070頁)。

　肯定説の主な理由としては、抵当物件が生み出す法定果実たる賃料債権は、抵当物件の交換価値のいわば「なし崩し的現実化」と評すべきものであり、抵当権の本質が抵当物件の交換価値の把握という点にあることから、当然に物上代位が認められるべきものであるというところにあります。

◉賃料債権の差押え

　以前は、銀行などの金融機関が物上代位により賃料債権まで差し押えるというケースはそう多くはなかったようですが、近年ことにバブル崩壊以降は、金融機関はこの賃料債権の物上代位による差押えをおおいに活用しているよ

うです。

　しかし、こうした状況のもと、最近では、抵当物件の所有者(抵当権設定者)あるいはこれと通謀した者が、物上代位による賃料差押えを免れようとさまざまな執行妨害を行っているという現状があります。

　その典型例の一つが、「賃料債権の包括譲渡」というケースですが、これについては95に譲ることとして、ここでは、もう一つの典型的執行妨害事例である「転貸借関係」が介在するケースについて述べます。

　上記ケースにおける法的問題としては、「抵当権者は物上代位により転貸料債権を差し押えることができるか」という点があげられています。

　この点については、東京と大阪の扱いが異なっており、東京では、一般的に転貸料債権に対する物上代位を認めつつ、ただ原賃貸借(転貸借の基になっている賃貸借)関係が抵当権設定以前より存在している場合についてはこれを認めないという解釈です。これに対し、大阪では、原則として転貸料債権に対する物上代位は認めないが、抵当権者において、債務者(所有者・原賃貸人)と原賃借人(転貸人)との実質的同一性(以下「同一性」といいます)もしくは原賃貸借関係の設定が債権者による賃料差押えを免れる目的で行われていること（以下「詐害性」といいます）についての疎明(裁判官が確からしいとの心証を得る程度の立証)に成功すれば、転貸料債権についての物上代位を認めるという運用がなされています。

　上記大阪方式における同一性もしくは詐害性の判断基準として、具体的事案において実務上考慮される要素として重要なものは、①賃借権を主張するものと債務者(所有者・原賃貸人)との関係、②原賃借人(転貸人)と転借人の関係、③契約のしかた、④契約時期、⑤契約内容、⑥敷金、保証金、前払い賃料の支払状況、⑦占有始期、⑧占有状況などがあげられます。

　したがって、申立債権者としては、法人登記簿謄本や戸籍謄本、不動産競売事件における現況調査報告書、他の債権差押命令申立事件における第三債務者の陳述書(執行妨害目的を窺わせる事情が記載されているもの)、債権者作成の報告書(原則として記載内容を裏付ける資料を伴うもの)などを疎明資料として提出する必要があります。

〔三　木〕

94 物上代位による賃料差押えと一般債権者による差押えとの優劣

Q 物上代位による賃料差押えと一般債権者による差押えとが競合した場合、どちらが優先しますか。

A

◉物上代位による賃料差押えと一般債権者による差押えとの優劣

　物上代位による賃料差押え〔93参照〕と一般債権者による差押えとが競合した場合の優劣、あるいは物上代位による賃料差押えが複数競合した場合（一番抵当権者による差押えと後順位抵当権者による差押えが競合した場合）の優劣については、下記のような事例を想定して考えてみましょう。

　債務者Dが抵当目的物たる建物を所有していたが、Dが、建物をE（第三債務者）に賃貸していたところ、建物の二番抵当権者B、一般債権者C、建物の一番抵当権者Aが、この順番で順次DのEに対する賃料債権を差し押え、差押えの競合が生じた場合、A、B、Cの優劣関係はどうなるでしょうか。

　ところで、ここでは、何が法的な論点として取り上げられるべきかといいますと、**93**のところで説明しました民法372条・304条1項但書の「差押え」が「払渡又ハ引渡」前のものであるだけでなく、他の差押えに先んじてなされる必要があるのかということなのですが、これを論じるに際しては、上記法条が、物上代位の要件としてなぜ「差押え」を要求しているのかという立法趣旨にまで遡って考えなければなりません〔この点については 判例 参照〕。

判　例

動産売買先取特権における差押え相互間の優劣──最高裁昭和59年2月2日判決（民集38巻3号431頁）

　「民法304条1項但書において、……物上代位権を行使するためには金銭その他の払渡又は引渡前に差押をしなければならないと規定されている趣旨は、……右差押によって、第三債務者が金銭その他の目的物を債務者に払い渡し

> 又は引き渡すことが禁止され、他方、債務者が第三債務者から債権を取り立て又はこれを第三者に譲渡することを禁止される結果、物上代位の対象である債権の特定性が保持され、これにより物上代位権の効力を保全せしめるとともに、他面第三者が不足の損害を被ることを防止しようとすることにあるから、第三債務者による弁済又は債権者による債権の第三者への譲渡の場合とは異なり、単に一般債権者が債務者に対する債務名義をもって目的債権につき差押命令を取得したにとどまる場合は、これによりもはや……物上代位権を行使することを妨げられるとすべき理由はないというべきである。」

上掲 判例 の考え方によれば、物上代位権行使の要件としての「差押え」は他の差押えに遅れるものであっても、当該物上代位権者自身が、その債権の払渡し前になしたものでありさえすればよいということになります。

そして、このように解する以上、上記の事例におけるA、B、Cの優劣は差押えの先後ではなく、それらに関する実体法上の優劣関係に従って決せられるということになると考えられます。

そうすると、A、B、Cが、それぞれ建物に対して有している権利についての実体法上の優劣関係は、一番抵当権者A、二番抵当権者B、一般債権者Cの順序になりますから、上記事例における第三債務者Eに対する賃料債権の差押えならびにその後の配当については、A、B、Cの順番で優先権を主張できるものと考えることになります。

上掲 判例 は、動産売買の先取特権にもとづく物上代位についてのものですが、最高裁平成9年2月25日判決（金法1490号58頁）、最高裁平成10年3月26日判決（金法1518号25頁）は、一般債権者による債権差押えが先行している事案で、抵当権にもとづく物上代位の優先を認めています。

〔三 木〕

95 物上代位による賃料差押えと賃料債権の包括譲渡との優劣

Q 物上代位による賃料差押えと賃料債権の包括譲渡が競合した場合、どちらが優先しますか。

A

◎賃料債権の包括譲渡

93でも述べましたように、近時、賃料債権に対する物上代位がおおいに活用されるようになっており、反面これに対する執行妨害事例として「賃料債権の包括譲渡」がなされるケースも増えているようです。

抵当権者が物上代位による賃料債権の差押えを行う場合、抵当権者は、自らを債権者、所有者・抵当権設定者(賃貸人)を債務者、賃借人を第三債務者として、賃料債権差押命令の申立てを行うわけですが、この差押えがなされる以前に、所有者・抵当権設定者(賃貸人)が、第三者に対して、賃借人に対する将来における賃料債権(つまり履行期が未到来のもの)を包括的に譲渡してしまっている(しかも、その譲渡通知を賃借人に対して行っている)場合には、賃借人(第三債務者)から寄せられる陳述書には、賃借人(第三債務者)から賃貸人(債務者・所有者・抵当権設定者)への賃料債務は存在しない旨の回答が記載されることになってしまい、上記差押えはいわゆる「空振り」ではないかと思われる状況になることがあります。

◎物上代位による差押えと包括的債権譲渡との優劣

こうした場合に、物上代位による差押えと包括的債権譲渡のいずれが優先すると解するかについて、平成7年頃から次々と裁判例が現われましたが、その採用する理論はさまざまでした。しかし、平成10年初めに二つの最高裁判例(最高裁平成10年1月30日判決・判時1628号5頁、最高裁平成10年2月10日判決・判時1628号9頁)が現われ、裁判上は決着がつきました。すなわち、抵当権者は物上代位の目的債権が譲渡され第三者に対する対抗要件が備えられた後におい

ても、自ら目的債権を差し押えて物上代位権を行使することができると判示しました。

民法304条1項但書では、抵当権者は、「払渡又ハ引渡」の前に差押えをしなければ物上代位権を行使することができないとされていますが、上掲判決は、この問題につき債権譲渡前の差押えを要しないと判断したものです。

◉管理委託契約との関係

最後に、賃料債権の包括譲渡と並んで問題となる事例として、当該不動産についての管理委託契約が絡んでくるケースがあります。

このケースでは、東京高裁平成8年4月15日決定（金法1473号36頁）などが物上代位優先の結論をとっていますが、同決定は、そこで認定された当該管理委託契約の経緯や目的などにかかわる事実を重視して、「本件において、法形式的には、債務者兼所有者・設定者が本件建物を直接賃貸しているのではなく、前記債務者兼所有者・設定者から業務委託を受けた者が賃貸しているのではあるが、経済的・実質的には、前記債務者兼所有者・設定者が自ら賃貸した場合と異なるものではない。」と判示して、賃貸借契約締結の時期のいかんを問わず、受託者が賃借人に対して取得する賃料債権を差し押えることができるとの結論を導いています。

〔三　木〕

96 時効の管理と時効中断手続

Q1 銀行の貸出金の消滅時効期間は何年ですか。

Q2 その時効期間はいつから始まるのですか。

Q3 時効の中断方法としてどのようなものがありますか。

A

◉銀行の貸出金の消滅時効期間

　銀行が行う金銭の貸出し（与信業務）は、預金の受け入れ（受信業務）とあいまって、銀行取引（商法502条8号）の内容をなすもので、営業的商行為〔3ページ 用語解説 参照〕に該当し、銀行は当然この業務を営業として（営利目的で反復継続して）行っていますので、貸出しは商行為となります。したがって、その消滅時効期間は商法522条により5年となります。

◉貸出金の消滅時効の起算点

　ではこの5年の時効期間はいつから計算するのでしょうか。消滅時効は権利を行使しうる時から進行を始めることになっていますので（民法166条1項）、基本的には、債務の履行期から進行を始めます。

　したがって、履行期が未到来の場合には時効は進行しません。では、分割払いの貸出金に期限の利益喪失約款〔53参照〕がついていて、延滞金額が約款に定める金額に達した場合、残債権全額につき、時効は進行するのでしょうか。期限の利益喪失の効果が債権者の請求等を要せず当然に発生する場合には、残額全部につき期限が到来しているので、全額につき時効は進行します。

　これに対し、期限の利益の喪失に、債権者の請求等が必要な場合はどうでしょうか。この場合、債権者が請求等をせず、期限の利益が失われていなくとも、債権者が請求すれば、残債権全額につき期限が到来するのですから、権利を行使しうる時に該当し時効は進行するとの考えもあります。しかし、

分割払いの履行期が、その時点より5年以降の場合、履行期は未到来だが債務は時効消滅しているということになり不合理であり、この場合は履行期の到来している延滞金額部分のみ消滅時効が進行し、全額について時効が進行するのは実際に債務者が期限の利益を喪失してからと考えるべきでしょう。

◉時効の中断
　時効の中断とは、一定の事由が発生した場合にそれまで進行してきた時効期間がまったく効力を失い、時効の完成が阻止されることです。時効の中断と似たものに「時効の停止」がありますが、「時効の停止」は、それまで進行してきた時効期間が効力を失わず、まさに一時停止することをいい、この点が「時効の中断」と異なっています。

◉時効の中断事由
　民法は、時効中断事由として、①請求（民法147条1号）、②差押え、仮差押え、仮処分（同条2号）〔36参照〕、③承認（同条3号）の3種類を認めています。そして「請求」につきましては、民法149条から153条まで、請求の例示として、裁判上の請求、支払督促〔90ページ 用語解説 参照〕、破産手続参加、催告等が掲げられていますが、これらに限定されるわけではありません。

◉催　　告
　これらの例示の中で、少し性質が異なるのが「催告」です。「催告」とは、債務者に対して、履行を求める裁判外のなんらの形式を要しない債権者の意思の通知です。
　そして、この「催告」は、6カ月以内に他の強力な中断事由に該当する行為を行わなければ、時効中断の効力が発生しないもので、時効完成前6カ月以内でのみ意味のある一種の停止事由です。

◉裁判上の催告
　民法には規定されていませんが、実務上認められる中断事由として、「裁判上の催告」というものがあります。

「裁判上の催告」とは、たとえば、訴えを提起したが却下された場合、当初より時効中断の効力がなくなることになりますが、これを補完する中断事由として、債務者に対する催告が、裁判上なされた場合、当該訴訟の係属中、間断なく、催告が継続しているものと考え、当該訴訟が終了した時から6カ月以内に他の強力な中断事由をとれば、中断の効力が維持されるという理論で、判例で認められています〔「裁判上の催告」が最高裁で認められた事例については 判例 参照〕。

> **判 例**
>
> **裁判上の催告に関する判例**
>
> 1——最高裁昭和38年10月30日判決（民集17巻9号1252頁）
> 　株券の引渡請求に対して、留置権の抗弁を提出し、その理由として被担保債権の存在を主張した場合、その被担保債権につき裁判上の催告を認めた。
>
> 2——最高裁昭和43年12月24日判決（裁判集93巻907頁）
> 　農地の所有権移転登記手続請求には、知事に対する所有権移転の許可申請をせよという催告が含まれているとした。
>
> 3——最高裁昭和45年9月10日判決（民集24巻10号1380頁）
> 　債権者が破産申立てをした場合、その申立てを取り下げても、破産手続上権利行使の意思が表示されていたことにより、継続してなされていたものとみるべき催告としての効力は消滅しないとした。
>
> 4——最高裁昭和48年10月30日判決（民集27巻9号1258頁）
> 　顕名しない代理人の商行為によって、権利を取得した本人が相手方に対し債権請求訴訟を提起し、その係属中に相手方が商法504条但書にもとづき、債権者として代理人を選択した時は、本人の請求は代理人の債権につき裁判上の催告としての効力が生ずるとした。

〔小　川〕

第8章 管理・回収

―97　競売手続への参加と時効中断

Q 他の債権者によりすでに競売手続が申し立てられているとき、どのように手続に参加すれば時効が中断されますか。

A

●配当要求による時効中断

　不動産の強制執行または担保権の実行としての競売手続に参加し配当を受ける制度としては配当要求がありますが〔民事執行法51条〕、この配当要求をすれば、時効は中断すると解されています。

　大審院時代の判例は配当要求を破産手続参加〔民法152条〕に準ずるものとして民法147条1号の「請求」に該当するとして、時効中断を認めていました。当時の配当要求は、債権者の資格に制限がなく、債務名義〔97ページ 用語解説 参照〕を有しない債権者にも配当要求が認められ、破産手続と同様、債権認否、債権確定訴訟の制度が定められており、その意味で破産手続参加に準ずるものとしてとらえられていたのでした。

　ところが、現行法における配当要求はすべての債権者に認められるわけではなく、①執行力ある債務名義（確定判決、仮執行宣言付支払命令、執行受諾文言のある公正証書〔97ページ 用語解説 参照〕等）〔97ページ 用語解説 参照〕を有する債権者、②差押えの登記後に仮差押え〔36参照〕の登記をした仮差押権者、③一般先取特権（民法306条以下）〔183ページ 用語解説 参照〕の存在を立証した債権者にだけ配当要求が認められるのです（民事執行法51条・188条）。そして、この配当要求は、執行手続内での権利の確定を予定しておらず、その債権の存否を争う方法も、担保権の実行としての競売申立ての場合の被担保債権と同様、配当異議訴訟とされていることから、時効中断事由としては「差押え」（民法147条2号）に類するものと考えるべきでしょう。

　したがって、執行力ある債務名義を有している場合や、一般の先取特権の存在を立証できる場合には、それにもとづき配当要求すれば時効中断することになりますが、そのどちらにも該当しない場合には、債務名義を取得する

のはそれほど容易ではありませんので、同一不動産に上記の②の仮差押えをすることが早道です。仮差押えをした場合には、その時点で、民法147条2号に該当し、時効は中断することになります。

◉抵当権者の時効中断方法

　債権者が、競売を申し立てられている不動産上に抵当権を有している場合はどうでしょうか。この場合には配当要求をしなくても当然に配当にあずかることができ（民事執行法87条1項4号。ただし、その順位によっては現実には配当額が0の場合もあります）、とくに手続を要するわけではありません。

　競売が申し立てられ、配当要求の終期が定めれらたときは裁判所から担保権者に対して債権の存否、額、発生原因を届け出るよう催告があり（同法49条2項）、この催告に応じて債権の届出をすることになりますが、この債権の届出をした場合でも時効中断事由とはならないとされています。なぜなら、この催告は売却条件の決定や、無剰余や超過差押えによる取消しを判断するための資料収集のために執行裁判所に対してなされるものであって、故意・過失によりその届出をしなかったとき、または不実な届出をしたときは損害賠償義務が定められています（同法50条3項）。しかし、登記を経た担保権者は、債権の届出をしない場合にも、配当等を受けるべき債権者として処遇され、当該不動産の売却代金から配当等を受けることができるものであり、またこの届出については債務者への通知も予定されていないことに照らせば債権の届出をもって強制競売手続において債権を主張して、その確定を求め、または債務の履行を求める請求であると解することはできないためです（最高裁平成元年10月13日判決・民集43巻9号985頁）。

　ただそうだからといって配当を期待してなんらの行動をも起こさない担保権者に時効を適用するのも酷であるし、執行裁判所に対して債権の届出をすることは、被担保債権を行使するものにほかならず、裁判記録として根拠も保全されるのであるから、中断事由と認めてよいのではないか、といった疑問は残ります。

　もっとも、消滅時効の完成前に、配当金により債権全額の弁済を受けてしまえば、その後に時効が完成してもその弁済が無効になることはありません。

しかし、最高裁判所は、配当金により一部の弁済を受けたにとどまるときは、配当金による弁済には債務承認の効果はないから、自ら二重開始決定を申し立てるか、他の中断方法をとらないかぎり、抵当権の被担保債権の時効は中断せず、残部についての時効は中断しないとの判断を示しました（最高裁平成8年3月28日判決・民集50巻4号1172頁）。

したがって、他の債権者により、競売が申し立てられている場合時効を中断させるためには、担保権を有しない債権者は配当要求すればよく、担保権を有する債権者は二重開始決定を得るか、他の中断方法をとらなければなりません〔なお 判例 参照〕。

判　例

他の債権者による不動産競売手続が取り消された場合の配当要求の時効中断効力──最高裁平成11年4月27日判決（金商1068号17頁）

配当要求による時効中断の効力は、追納予納命令に応じないため不動産競売手続が取り消された場合でも、失われると解するのは相当でなく、取り消される時点では時効中断の効力があると解すべきである、とした。

〔小　川〕

98 第三者所有の不動産の競売による時効中断

Q 第三者所有の担保不動産に対して競売手続をとったとき、時効は中断されますか。

A

◉時効中断の相対性

　民法は、時効の中断〔96参照〕の効力は、中断事由に該当する行為の当事者およびその承継人との間においてのみ相対的に生じると規定しています（時効中断効の相対性の原則）（民法148条）。

　したがって、債務者所有の不動産に担保権をもっていて、その担保権の実行としての競売申立てをすれば、差押え（同法147条2号）として被担保債権の時効が中断することになるのですが、第三者（物上保証人）所有の担保不動産に対して競売申立てをしても、民法148条の規定からすれば、被担保債権につき当然に時効が中断するわけではありません。

◉時効中断の相対性の例外

　民法は、時効中断の相対性の例外として、「差押、……ハ時効ノ利益ヲ受クル者ニ対シテ之ヲ為ササルトキハ之ヲ其者ニ通知シタル後ニ非サレハ時効中断ノ効力ヲ生セス」との規定を置いています（民法155条）。

　本問の場合、この規定を適用できないかが問題となりますが、最高裁判所は、民事執行法制定前の競売法にもとづく物上保証人所有不動産に対する任意競売で競売開始決定が被担保債権の債務者に送達された事例につき、本条の適用を認め、時効の中断を認めています（最高裁昭和50年11月21日判決・民集29巻19号1597頁）。この事件では、物上保証人への競売申立てが民法155条の対象になるのかとの問題のほか、同条の通知が債権者本人ではなく、裁判所によるものでよいかが問題となりましたが、最高裁判所は、いずれも肯定しました。その理由は、「通知」は、中断行為そのものではないし、通知が要件となって

いるのは、債務者の保護のためであるから通知の主体を債権者に限定する必要がないためであると解釈されています。

競売法のもとでは、本問のような場合、債務者に競売開始決定を告知することは、法令上要求されていませんでしたが、実務上競売開始決定正本が送達その他の方法で債務者に送付されていました。現在では、民事執行法45条2項は、強制競売開始決定は債務者に「送達」しなければならないと規定し、同法188条は、担保権の実行としての競売について上記条文を準用しており、この場合「債務者」を「債務者及び所有者」と読み替えると解釈されているので、本問のような場合、競売開始決定がなされると、必ず民事訴訟法上の「送達」がなされることになります。

◯付郵便送達による時効中断手続

競売開始決定が民事訴訟法の手続に従って「送達」されるとすれば、一定の要件のもとでは、書留郵便で発送するだけで（到達の有無にかかわらず）発送のときに「送達」があったものとみなされる「付郵便送達」（書留郵便に付す送達）（民事訴訟法107条）がなされる場合が問題になります。すなわち、このように競売開始決定が債務者に到達しない場合であっても、民法155条の時効中断の効力は発生するのでしょうか〔この点に関し 判例 参照〕。

> **判 例**
>
> 付郵便送達の効力に関する事例——最高裁平成7年9月5日判決（民集49巻8号2784頁）
>
> 「付郵便送達」によって送達があったとみなされるのは競売手続上のことであって、民法155条の通知があったというためには、債務者が競売開始決定の到達により、競売手続の開始を了知しうる状態に置かれることを要するとして、時効中断の効力が発生しない、と判示した。

◯時効中断の効力発生時期

つぎに、競売開始決定が債務者に到達した場合、どの時点で時効中断の効

力が発生するのかが問題です。競売申立時か、競売開始決定の債務者への到達時かという2通りの考え方がありましたが、最高裁判所は、後者の競売開始決定の債務者への到達時であることを明らかにしました(最高裁平成8年7月12日判決・民集50巻7号1901頁)。

◉実務上の対応の留意点

　以上のように、物上保証人に対して競売申立てをすれば、競売開始決定が債務者に送達され実際に到達した時点で時効中断の効力が発生することになります。

　したがって、競売申立てと時効中断との間に時間差がありますので、時間的余裕がない場合には、訴え提起等の他の中断方法をとるべきでしょう。

　また、債務者が行方不明の場合にも、競売開始決定が「公示送達」になって実際に到達しないことになりますので他の時効中断方法をとるべきでしょう。

　さらに、債務者の所在は判明しているが、債務者が競売開始決定を受領せず「付郵便送達」になる可能性がある場合は、被担保債権、競売事件番号等を特定して債務者に告知するか、他の時効中断方法をとるべきでしょう。

〔小　川〕

第8章 管理・回収

―99 保証人の内入れと時効中断

Q 保証人が貸出金の内入れをした場合、時効は中断されますか。

A

　甲銀行がA株式会社に対して1,000万円の融資をし、B氏がこれに連帯保証〔72参照〕をしたところ、A株式会社が毎月の約定額5万円を支払えなくなり、B氏が連帯保証人として毎月5万円を支払っている、という場合を考えてみましょう。

◉**時効中断効の相対性の原則**
　B氏が甲銀行に対して負担している連帯保証債務〔72参照〕そのものについてみると、B氏の連帯保証人としての支払が時効中断事由の一つである承認（民法147条3号）にあたり、この支払の時点で連帯保証債務の消滅時効が中断されるのは当然です。
　問題は主債務であるA株式会社の甲銀行に対する貸金債務についての消滅時効が中断されるかです。この点、民法148条は時効中断効の相対性の原則を規定していますので、甲銀行と連帯保証人B氏との間で時効の中断が生じても、甲銀行とA株式会社との間まで時効の中断の効果は生じない、というのが原則です。したがつて、A株式会社の甲銀行に対する債務についてはB氏の支払にかかわらず消滅時効が進行し、場合によっては消滅時効が完成しA株式会社はもとより連帯保証人たるB氏も主債務の時効消滅とそれにもとづく連帯保証債務の時効消滅を援用する〔100参照〕という事態も生じえますので注意が必要です。
　原則は上記のとおりですが、冒頭の事例でB氏が主債務者たるA株式会社の代表取締役である場合、B氏には行為の効果を会社に帰属せしめる甲株式会社の代表取締役としての立場と連帯保証人個人としての立場が併存することになりますので、やや複雑な問題が生じます。もちろんB氏の支払がA株式会社としての弁済か、連帯保証人としての弁済かが明示されていれば、上

記の原則にあてはめて考えればよいのですが、このような明示のない場合にどう考えるかが問題になるわけです。

このような場合、B氏が、A株式会社の代表取締役としての支払か、連帯保証人としての支払かを明示しないで支払をなしている以上、その判断のリスクは、甲銀行でなく、A株式会社ないしB氏に負担させるのが実質的にみれば妥当と思われます。そこで「商行為ノ代理人カ本人ノ為メニスルコトヲ示ササルトキト雖モ其行為ハ本人ニ対シテ其効力ヲ生ス」という商法504条の規定により、B氏の支払は代表取締役としての支払である旨の明示がなくても、A株式会社に効果が帰属する、とする見解が主張されています[1]。

いずれにしても実務上は、連帯保証人からの支払を受けている場合や主債務者としての支払か連帯保証人としての支払か不明な場合には、主債務者と連帯保証人の連名の債務承諾書をとっておいたほうがよいでしょう〔判例参照〕。

> **判例**
>
> **主債務者が破産した場合の連帯保証人への影響に関する事例**——大阪高裁平成8年11月27日判決（金商1032号39頁）
> 　主債務者が破産宣告(同時廃止)を受け、免責の決定が確定した場合、右免責により主債務は自然債務と化し、債権者からの権利行使が考えられない以上、その権利を「行使することを得るとき」から進行すべき主債務についての消滅時効の進行を観念する余地はなく、連帯保証人は、主債務の短期消滅時効を援用して自己の債務を免れることはできない、とした。

1) 酒井廣幸『時効の管理』〔増補改訂版〕（新日本法規出版）484頁

〔永井（真）〕

第8章　管理・回収

100　主債務の時効消滅と保証債務の時効

Q 主債務が時効により消滅した場合、保証債務の時効はどうなりますか。

A

◉**主債務の時効消滅と保証債務の時効**

　甲銀行がA株式会社に対して1,000万円の融資をし、B氏がその連帯保証〔**72**参照〕をしたという場合を考えてみましょう。

　B氏の甲銀行に対する連帯保証債務は、A株式会社の甲銀行に対する主債務とは別個の債務ですが、主債務の履行の担保を目的とするものであって、主債務に附従し〔173ページ **用語解説** 参照〕、主債務が消滅するときは連帯保証債務も消滅します。ただ時効消滅の場合には、当事者の援用があってはじめて訴訟上の資料とすることができ、かつその援用の効果はその当事者間のみに生ずる相対的なものですから、A株式会社が甲銀行に対して負担する主債務が時効消滅した場合に、連帯保証人たるB氏が消滅時効を援用できるかが問題になります。

　これは、連帯保証人が援用権者の範囲を定める民法145条の「当事者」にあたるかという問題ですが、通説・判例はこれを肯定しています。

　したがって、連帯保証人たるB氏は、A株式会社の主債務の消滅時効を援用して、主債務は少なくとも連帯保証人たるB氏との関係では消滅したものとして、附従性にもとづき連帯保証債務の時効消滅を主張することができることになります。

　では、A株式会社が甲銀行に対して、主債務が時効消滅したことを知って時効利益の放棄（民法146条）をしていた場合はどうでしょうか。時効利益の放棄によってA株式会社は甲銀行に対して主債務の時効消滅を主張することができなくなりますが、これはあくまでも甲銀行とA株式会社との間で生ずる効果であって、連帯保証人たるB氏には及びません。したがって、B氏は連

帯保証人たる自分との関係では主債務は消滅したものとして、附従性にもとづき連帯保証債務の時効消滅を主張できることになります（通説・判例）。

　では、A株式会社の甲銀行に対する主債務が時効消滅した後、連帯保証人たるB氏が連帯保証債務を履行した場合はどうでしょうか。連帯保証人たるB氏が連帯保証債務の履行をしても、それはあくまでも連帯保証債務自体の時効中断事由ないしは時効援用権の喪失事由であって、その効果は甲銀行と連帯保証人たるB氏の間で生じるものにすぎません。したがって、B氏としては、原則としてA株式会社の甲銀行に対する主債務が連帯保証人たるB氏との間では消滅したものとして、附従性にもとづき連帯保証債務の時効消滅を主張することができることになります〔判例　参照〕。

> **判　例**
>
> 時効完成後に保証人が履行した場合の時効援用権に関する事例——東京高裁平成7年2月14日判決（判時1526号102頁）
> 　「主債務の時効完成後に保証人が保証債務を履行した場合でも、主債務が時効により消滅するか否かにかかわりなく保証債務を履行するという趣旨に出たものであるときは格別、そうでなければ、保証人は、主債務の時効を援用する権利を失わないと解するのが相当である。」とした。
> 　上告審である最高裁平成7年9月8日判決（金法1441号29頁）もこれを肯定している。

　今後は、いかなる場合に「主債務が時効により消滅するか否かにかかわりなく保証債務を履行するという趣旨に出たもの」と認められるかが問題になってくると思われます。

　いずれにしても主債務が時効消滅してしまえば連帯保証人からの回収も困難になるので、主債務に対する時効管理をきちんとする必要があるでしょう。

　ただし、主債務者が破産した場合には、保証人に対しての請求は異なった判断がされます〔判例　参照〕。

> **判　例**
>
> 破産免責の効力の及ぶ債務の保証人とその債務の消滅時効の援用——最高裁

平成11年11月9日判決（金商1081号57頁）
　主債務者である破産者が免責決定を受けた場合に、免責決定の効力の及ぶ債務の保証人は、その債務についての消滅時効を援用することができない、とした。

主債務会社の破産手続終結と物上保証たる根抵当権の消滅時効——東京高裁
平成11年3月17日判決（金法1547号46頁、金商1064号3頁）
　法人について破産手続が開始された後、破産終結決定が行われた場合、当該法人に対する債権は消滅し、当該債務を担保するために設定された物上保証たる根抵当権は独立して存続し、各根抵当権については、被担保債権ないしその消滅時効を観念する余地はないから民法167条2項により20年の時効によって消滅する、とした。

〔永井（真）〕

事項索引

(〜はその頁以下を示す)

あ 行

遺 言
　——により取得した者からの預金
　　の払戻請求……………………86
　——による債務の相続…………92
遺言執行者………………………86
遺言書……………………………86
遺産分割…………………………83
　——により取得した相続人からの
　　預金の払戻請求………………85
遺産分割協議……………………93
　——による債務の相続…………92
遺産分割協議書…………………83
遺 贈……………………………86
一括支払システム………………153〜
一般定期借地権…………………191
委任契約………………10, 29, 123, 129
依頼返却…………………………77
印鑑照合……………………14, 20, 35
売渡担保…………………………230
NCD(Negotiable Certificate of
　Deposit)………………………32

か 行

会社更生…………………………225
確定日付…………………………31
貸金庫内の物への差押え………256
貸出金の消滅時効………………265
貸付信託…………………………40
貸付取引…………………………137〜
合 併……………………………218
　——と会社債権者……………218
合併無効訴訟……………………219

過振り…………………………13, 65
仮差押え………………95〜, 252, 266
　——の取下げ…………………115
仮処分………………………113, 266
　——への対応…………………113
　仮の地位を定める——………113
　係争物に対する——…………113
仮登記…………………………170
仮登記担保……………………170
仮登記担保契約に関する法律(仮登
　記担保法)……………………171
為替取引………………………118
簡易の引渡し……………………31
期限の利益の喪失
　………………91, 114, 138, 225, 234
　——事由…………………99, 138
義務供託………………………107〜
旧債振替違反…………………208
救済融資………………………228
　——の否認……………………228
給与振込み……………………124
強行規定……………………214, 248
強制執行……………………104, 246
供 託……………………………107〜
共同相続人……………………82
共同抵当(権)…………………188
共同根抵当(権)………………178
虚偽表示……………………103, 170
銀行取引…………………………2〜
銀行取引約定書(ひな型)………5
　——の相殺予約条項…………236
銀行の守秘義務…………………48
　——の免除……………………49
　信用照会と——………………73

279

事項索引

銀行の注意義務 …………21, 35, 61, 64
銀行法 ………………………2, 118
金銭消費寄託契約………………29
金銭消費貸借契約………………141
　──の予約………………………29
金銭信託…………………………39
金融取引 ……………………1〜, 4
経営指導念書 …………………161
競　売 …………………………271
検索の抗弁権 …………………199
限定承認…………………………92
限定根保証 ……………………198
権利供託………………………107〜
権利能力…………………………10
行為能力…………………………10
更　改 …………………………142
交換尻……………………………75
交換振込み ……………………123
交互計算契約 ……………………8
交互計算不可分の原則 …………9
後順位担保権者による代位 ……180
公正証書…………………………97
国税徴収法………………109〜, 115
個人信用情報センター…………49
誤振込みと銀行の責任 ………134
ゴルフ会員権の担保取得 ……193
混蔵寄託…………………………31

さ　行

債権者代位権 …………………255
債権者取消権　→詐害行為取消権
債権証書の返還請求 …………245
債権担保 ………………………162
債権の回収 …………………217〜
債権の管理 …………………217〜
債権の準占有者に対する弁済
　………………………23, 34, 37, 84
催　告 …………………………266

催告の抗弁権 …………………199
財産の分離請求…………………94
裁判上の催告 …………………266
債務者の死亡……………………91
債務承諾書 ……………………275
債務の承認………………………53, 266
債務の相続………………………92
　遺言による── ………………92
　遺産分割協議による── ……92
債務引受……………………………93
債務不履行責任 ………………49〜, 61
債務名義 …………………88, 97, 268
債権保全を必要とする相当の事由
　………………………………138
詐害行為取消権 ………………230
先取特権 ………………………183
差押え ……………54, 95〜, 246, 266
　──と相殺 …………………236
　──の解除 …………………115
　──の競合 …………………107
　──の取下げ ………………115
差押禁止債権 …………………104
差押債権の特定 ………………104
差押債権目録 …………………106
差押命令………………96, 104, 252
差し押えられた預金と貸付金との相
　殺 ……………………………236
参加差押え ……………………116
事業用借地権 …………………192
自己宛小切手……………………70
　──の紛失……………………70
時効の中断………………………53, 266
　──の相対性 ………………271, 274
　──事由………………………53, 266
自己取引 ………………………222
事実たる慣習 …………………146
質　権 ……………………163, 190, 193
CDカード（キャッシュカード）

280

事項索引

――による預金の払戻し…………27
――による預金の払戻しと免責約
　款………………………………27
　――の紛失……………………28
　偽造――………………………28
自動口座振替え……………………25
地主の賃借権譲渡に関する承諾書
　…………………………………191
支払督促………………………88, 90
事務管理…………………………121
借地契約…………………………190
借地権……………………………190
借地借家法………………………191
借地上建物の担保取得…………190
写真付証明証………………………28
社団法人全国銀行協会連合会……6
受領証書
　――の交付請求……………245
　――の持参人に対する弁済…24
受領遅滞…………………………245
準委任契約…………………………10
準消費寄託契約……………10, 129
商業手形…………………………144
商行為………………………………4
商事債権……………………………52
譲渡性預金…………………………32
譲渡担保……………163, 194, 229
商　人………………………………3
消費寄託契約………10, 43, 123, 131
　――の成立時期………………41
商品担保…………………………162
消滅時効…………………………51～
除権判決………………………71, 72
白地手形……………………………56
　――と無効手形との区別……56
　――による訴え提起…………57
　――による請求………………57
　――の補充義務………………58

　――の補充権……………58, 232
信　託………………………………39
人的担保…………………………161
信用貸付…………………………160
信用照会……………………………73
　――と銀行の守秘義務………73
　――への回答…………………49
　――への回答と銀行の責任…73
信用保証協会……………………207
　――の保証……………207, 222
　――の約定書………………208
心裡留保…………………………103
推定相続人…………………………94
随伴性……………………………173
請　求……………………………266
税金の滞納処分による差押え…109
生命保険金解約返戻金への差押え
　…………………………………253
生命保険契約……………………253
全銀協　➡社団法人全国銀行協会連合
　会
全国銀行データ通信システム」(全銀
　システム)…………………………121
線引小切手…………………………68
　――の効力……………………68
占有移転の時期……………………42
善良なる管理者の注意義務(善管注
　意義務)………………26, 39, 64
増価競売…………………………182
総合口座………………………25, 29
総合口座取引規定(ひな型)……25, 30
相　殺……………………226, 234
　――の禁止…………………235
　支払停止前後の――の禁止……241
相殺権の制限……………………238
相殺適状…………………………234
相殺予約…………………………236
相　続……………………………81～

281

事 項 索 引

相続欠格……………………………92
相続人…………………………………82
　　——の一部の者からの預金の払戻
　　　請求………………………83,88
　　——の確認…………………………91
相続人不在……………………………93
相続廃除………………………………92
相続放棄………………………………92
遡求義務………………………………71
損害担保契約………………………161
損害賠償責任
　　……………23,48〜,61,64,74,100,135

た　行

代位弁済………………………93,210,226
代価弁済……………………………182
代金取立て…………………………128
対抗力………………………………164
第三者のためにする契約……………10
第三者弁済………………………181,243
滞納処分と強制執行等との手続の調
　整に関する法律……………………111
代物弁済……………………………155
　　——の予約……………155,171,229
代　理……………………………129,168
代理貸付……………………………150
　　——の代理店の管理回収義務…151
　　——の代理店の保証責任………150
代理受領……………………………197
建物譲渡特約付借地権……………192
他人名義の預金への差押え………102
短期賃貸借…………………………184
　　濫用的——………………………184
担　保……………………………159〜
　　——の喪失・減少………………211
　　——の適格性……………………163
　　——の評価………………………164
担保貸付……………………………160

担保権設定契約書……………………5
担保提供の意思確認………………165
担保保存義務……………………206,210
　　——の免除特約…………………214
重畳的債務引受……………………221
陳　述………………………………100
　　——の催告………………………100
　　誤った——と銀行の責任………100
陳述書…………………………………99
賃料債権…………………………259〜
　　——の差押え……………………259
　　——の差押えの競合……………261
　　——の包括譲渡…………………263
通謀虚偽表示………………………103
定期借地権…………………………191
　　——の担保取得…………………191
定期預金………………………………29
　　——の中途解約…………………34
停止条件付代物弁済契約……155,171
抵当権………………………………172
　　——と登記………………………172
　　——の設定契約…………………174
　　——のついたままでの売買……181
抵当権者の時効の中断方法………269
抵当権設定禁止の特約のある借地契
　約……………………………………190
手　形
　　——上の遡求義務………………144
　　——の買戻請求権………………145
　　——の書替え……………………142
　　——の商事留置権………………231
手形・小切手………………………55〜
　　——の不渡り……………………59
　　——の不渡り事由………………59
　　——の紛失………………………13
　　偽造——の支払…………………63
手形・小切手の不渡り処分
　　——に対する異議申立て………79

――の審査請求……………80
手形貸付 ……………………141
手形交換 ……………………75
　　――によらなくてもよい手形・小
　　切手 ………………………76
手形交換所………………75,249
手形割引 ……………………144
滌　除 ………………………181
電信振込み …………………123
店頭入金 ……………………15
転付命令 ……………………97
　　――と税金の滞納処分による差押
　　え ………………………112
登記名義が不実の場合 ……169
当座貸越契約 ……………25,29
当座勘定
　　――からの支払……………13
　　――への入金…………12,15
当座勘定規定(ひな型) ……12
当座勘定取引 ………………8～
　　――の開設…………………9
　　――の解約………………18
倒　産 ………………………223
動産担保 ……………………162
導入預金 ……………………45
　　――の私法上の効力………46
届出印 ……………20,27,35,38
　　――の紛失…………………13
取締役会の承認 ……………222
取立て委任裏書 ……………130
取引停止処分 ……………9,18,60
　　――の取消請求……………61
取引振り不良…………………18
泥棒の預け入れた預金………44

な 行

内国為替取引 ……………117～
入居保証金の担保取得 ……196

根質権設定契約………………29
根担保 ………………………164
根抵当(権) …………………172
　　――と差押えの解除 ……116
　　――と抵当権との違い …173
　　――の一部譲渡 …………205
　　――の確定 ………………175
　　――の設定契約 …………174
　　――の全部譲渡 …………205
　　――の分割譲渡 …………205
根保証 ………………………198

は 行

売却のための保全処分 ……186
配当要求 ……………………268
　　――による時効の中断 …268
売買の予約 …………………171
破　産 ………………………225
　　――と手形の商事留置権 …232
判　決 ………………………88
引渡命令 ……………………186
非債弁済 ……………………245
表見代理 ……………………168
附合契約………………………21
附従性 ………………………173
普通預金………………………29
　　――の払戻しと免責約款………20～
普通預金規定(ひな型) ……20
物上代位 …………………259～
物上保証人所有の担保不動産の競売
　　による時効の中断 ……271
物的担保 ……………………161
不動産担保 ……………162,169
不動産登記制度 ……………169
不当利得 ……………………133
　　――の返還義務………23,44,132
付郵便送達 …………………272
振替入金 ……………………15

283

事項索引

振込み …………………………122
　——の組戻し ………………126
　——の遅延 …………………135
　——の取消し ………………126
振込依頼人の誤振込み …………131
振込入金…………………………16
不渡り異議申立預託金への差押え
　………………………………249〜
不渡り処分審査請求 ……………250
文書振込み ………………………123
分別の利益 ………………………199
別除権 ……………………………227
便宜払い …………………………89
弁済による代位 ……204,210,245
包括根保証 ………………………198
　——の有効性 ………………199
法人成り …………………………220
法定代位権者 ……………………211
法定代位弁済 ……………………204
法定地上権 ………………………187
　——の成立要件 ……………187
法的整理手続 ……………………225
　——と相殺権の制限 ………240
保　証 …………………159〜,198
　——の意思確認 ……………165
　——の解除 …………………201
保証契約書 ………………………5
保証債務の時効 …………………276
保証人 …………………………5,93
　——による弁済 ……………204
　——の内入れと時効の中断 …274
　——の交替 …………………201
　——の死亡 …………………202
保証予約 …………………………161
保全処分 …………………………113
　——への対応 ………………113

ま　行

窓口一寸事件……………………41
窓口での事故と銀行の責任……41
民事債権 …………………………52
民事再生法 ………………227,242
民事執行法 …………………96,115
民事保全法 …………………96,115
無記名定期預金…………………38
　——の預金者 ………………43
　——への差押え ……………103
無権利者への預金の払戻し……22
メール振込み ……………………123
免責的債務引受 …………………221
免責約款…………………………37

や　行

約束手形の記載事項……………58
約　款 ……………………………6
有価証券担保 ……………………162
融通手形 …………………………147
　——の抗弁 …………………147
要物契約…………………………31
預　金
　——の支払停止措置…………96
　——の受領時期 ……………42
　——の消滅時効 ……………51〜
　——の消滅時効の起算点……52
　——の成立時期 ……………16
　——の特定 …………………106
　——の払戻し ………………27
　——への仮差押え …………99
　——への差押え ………99,104
預金者
　——の死亡と相続 …………82
　——の特定 …………………105
　——の認定 ………………37,43
預金証書…………………………35

預金担保貸付…………………………35
預金通帳………………………20,26,38
預金等に係る不当契約の取締に関す
　る法律……………………………45
預金取引 ………………………………7〜
預金払戻請求書 …………………20,26
預手 →自己宛小切手

ら　行

利得償還義務……………………………71
累積式根抵当権 ……………………178
連帯保証 ……………………………198
連帯保証人 …………………………276

わ　行

和　議 ………………………………225

判例索引

大審院明治43年12月13日判決（民録16輯937頁） ……………………51
大審院大正 4 年10月26日判決（民録21輯1775頁） ………………142
大審院大正 9 年12月22日判決（民録26輯2062頁） …………………82
大審院大正10年 1 月26日判決（判民大正10年第 5 事件〔我妻評釈〕） …………54
大審院大正12年11月20日判決（新聞2226号 4 頁） ……………………41
大審院大正14年10月28日判決（民集 4 巻656頁） ……………………199
大審院大正14年12月23日判決（民集 4 巻761頁） ………………………57
大審院大正15年12月 2 日判決（民集 5 巻769頁） ……………………199
大審院昭和 5 年 3 月 3 日判決（新聞3123号 9 頁） ……………………229
大審院昭和 5 年10月 4 日判決（新聞3196号 9 頁） ……………………229
大審院昭和 5 年10月23日判決（民集 9 巻972頁） ………………………57
大審院昭和 5 年12月 4 日決定（民集 9 巻1118頁） ……………………202
大審院昭和 6 年 7 月20日判決（民集10巻561頁） ………………………9
大審院昭和 7 年12月17日判決（民集11巻2334頁） ……………………199
大審院昭和10年 2 月19日判決（民集14巻 2 号137頁） …………………51
大審院昭和16年 5 月23日判決（民集20巻637頁） ……………………203
大審院昭和18年 4 月16日判決（法学12巻10号94頁） …………………66
名古屋高裁昭和28年 3 月19日判決（高民集 6 巻 2 号68頁） …………105
最高裁昭和29年 4 月 8 日判決（判タ940号20頁） ………………………82
最高裁昭和29年11月18日判決（金法60号 4 頁） ………………………142
山口地裁昭和32年 2 月 4 日判決（下民集 8 巻 1 号178頁） …………103
最高裁昭和32年 7 月19日判決（金法148号 9 頁） ………………………78
最高裁昭和32年12月19日判決（金商529号166頁） …………………37,43
最高裁昭和33年 6 月19日判決（民集12巻10号1562頁） ……………199
広島高裁昭和34年 3 月11日判決（判時189号16頁） …………………103
最高裁昭和34年 7 月14日判決（民集13巻 7 号978頁） ………………148
東京地裁昭和34年11月 6 日判決（下民集10巻11号2343頁） …………66
東京高裁昭和35年10月26日判決（下民集11巻10号2292頁） ………207
大阪高裁昭和37年 2 月28日判決（高民集15巻 5 号309頁） …………144
東京高裁昭和37年 5 月31日判決（金法312号 8 頁） …………………103
札幌高裁函館支部昭和37年 6 月12日判決（高民集15巻 4 号289頁） …207
最高裁昭和37年 9 月21日判決（金法324号11頁） ………………………70
最高裁昭和37年11月 9 日判決（民集16巻11号2270頁） …………199,202
大阪高裁昭和38年 4 月30日判決（金法345号30頁） …………………203

最高裁昭和38年10月30日判決（民集17巻9号1252頁） ……………267
京都地裁昭和39年2月5日判決（金法372号9頁） ………………58
大阪地裁岸和田支部昭和39年12月17日判決（判時401号55頁） ……54
最高裁昭和39年12月18日判決（民集18巻10号2179頁） ……………199
最高裁昭和39年12月23日大法廷判決（民集18巻10号2217頁） ……236
大阪高裁昭和40年4月6日判決（下民集16巻4号35頁） ……228,230
最高裁昭和40年5月4日判決（民集19巻4号811頁） ………………190
東京地裁昭和41年4月27日判決（金法445号8頁） …………………135
最高裁昭和41年10月4日判決（民集20巻8号1565頁，金法462号6頁） ……34
最高裁昭和41年10月13日判決（民集30巻8号1632頁） ………………57
最高裁昭和41年11月18日判決（金法465号26頁） ……………………205
大阪高裁昭和42年1月30日判決（金法468号28頁） ……………………17
最高裁昭和42年4月27日判決（民集21巻3号728頁） ………………148
最高裁昭和42年11月9日判決（民集21巻9号2323頁） ………………229
最高裁昭和42年12月14日判決（裁判例89号371頁） …………………229
最高裁昭和43年2月2日判決（民集22巻2号85頁） ……………229,230
大阪地裁昭和43年6月24日判決（金法536号27頁） …………………61,62
最高裁昭和43年10月8日判決（金法531号37頁） ……………………58
最高裁昭和43年12月24日判決（裁判集93巻907頁） …………………267
最高裁昭和44年12月19日判決（民集23巻2号18頁） …………………229
最高裁昭和45年6月24日大法廷判決（民集24巻6号587頁） …30,138,156,236,238
最高裁昭和45年9月10日判決（民集24巻10号1380頁） ………………267
最高裁昭和45年12月15日判決（金法605号34頁） ……………………167
最高裁昭和46年6月29日判決（判時640号81頁，金法622号25頁） ……145
最高裁昭和46年7月1日判決（判時644号85頁） ……………………16
最高裁昭和47年6月6日判決（金法618号50頁） ……………………21
東京地裁昭和47年6月29日判決（金法660号26頁） …………………135
最高裁昭和48年3月1日判決（金法679号34頁） ……………199,216
最高裁昭和48年3月27日判決（民集27巻376頁，金法681号26頁） ……36
最高裁昭和48年10月5日判決（金法705号45頁） ……………………52
最高裁昭和48年10月30日判決（民集27巻9号1258頁） ………………267
最高裁昭和49年3月1日判決（金商404号2頁） ……………………46
東京地裁昭和49年8月8日判決（判時767号63頁） …………………10
最高裁昭和50年11月21日判決（民集29巻19号1597頁） ………………271
最高裁昭和51年11月25日判決（民集30巻10号939頁） ………………156
最高裁昭和52年2月17日判決（金法819号28頁） ……………………185
最高裁昭和52年3月11日判決（民集31巻2号171頁） …………………190
仙台高裁昭和52年8月8日判決（下民集29巻5号～8号516頁） ……229,230

判例索引

最高裁昭和52年12月 6 日判決（民集31巻 7 号961頁，金法848号34頁）…………241
最高裁昭和53年 5 月 2 日判決（金法861号31頁）………………………………239
大阪高裁昭和53年11月29日判決（金商568号13頁）……………………………35
最高裁昭和54年 9 月25日判決（金商585号 3 頁）………………………………35
東京高裁昭和55年 4 月15日判決（金商605号34頁）……………………………10
最高裁昭和55年 5 月12日判決（金商599号11頁）………………………………101
最高裁昭和55年10月14日判決（金法956号31頁）………………………………58
大阪地裁昭和56年 3 月 5 日判決（金商638号18頁）……………………………42
東京地裁昭和56年11月 9 日判決（金法1015号45頁）……………………………48
大阪高裁昭和57年 1 月28日判決（判例集未登載）………………………………42
最高裁昭和57年 3 月30日判決（金法992号38頁）………………………………37
最高裁昭和58年 1 月25日判決（金法1034号41頁）………………………………42
東京高裁昭和58年 2 月28日判決（金法1039号49頁）……………………………51
名古屋高裁昭和58年 3 月31日判決（判時1077号79頁）…………………………241
最高裁昭和59年 2 月 2 日判決（民集38巻 3 号431頁）…………………………261
大阪地裁昭和59年 5 月18日判決（判時1136号146頁）…………………………254
最高裁昭和59年 5 月29日判決（金法1062号 6 頁）………………………………204
東京地裁昭和59年 9 月17日判決（判時1161号142頁）…………………………254
最高裁昭和59年 9 月21日判決（金法1076号28頁）………………………………19
最高裁昭和60年 5 月23日判決（金法1099号12頁）………………………………206
浦和地裁昭和60年 9 月30日判決（判時1179号103頁）…………………………191
最高裁昭和62年 7 月10日判決（金商776号 3 頁）………………………………152
札幌高裁昭和63年 3 月 4 日決定（金商799号 8 頁）……………………………256
最高裁昭和63年10月18日判決（民集42巻 8 号575頁）…………………………52,53
最高裁平成元年 6 月 5 日判決（民集43巻 6 号355頁，金法1236号11頁）………185
最高裁平成元年10月13日判決（民集43巻 9 号985頁）…………………………269
最高裁平成元年10月27日判決（民集43巻 9 号1070頁）…………………………259
鹿児島地裁平成元年11月27日判決（金法1255号32頁）…………………………131
最高裁平成 2 年 4 月12日判決（金法1255号 6 頁）………………………………206,216
大阪地裁平成 2 年 7 月23日判決（金法1289号29頁）……………………………48
東京地裁平成 2 年10月25日判決（金商995号13頁）……………………………131
最高裁平成 3 年 3 月22日判決（民集45巻 3 号268頁，金法1287号 4 頁）………185
最高裁平成 3 年 4 月19日判決（金商871号 3 頁）………………………………86
最高裁平成 3 年 9 月 3 日判決（金法1306号 4 頁）………………………………212
東京高裁平成 3 年11月28日判決（判時1414号51頁）……………………………132
東京高裁平成 4 年 2 月 3 日判決（金商910号20頁）……………………………49
名古屋地裁平成 4 年 3 月18日判決（金商900号17頁）…………………………21
大阪地裁平成 4 年 6 月25日判決（判タ814号197頁）……………………………74

仙台高裁平成 4 年 9 月30日判決（金商908号 3 頁）……………………139
東京地裁平成 5 年 3 月 3 日決定（金法1351号35頁）…………………105
東京地裁平成 5 年 3 月 5 日（金法1379号42頁，金商939号35頁）……136
東京高裁平成 5 年 4 月16日決定（金法1357号50頁）…………………105
大阪地裁平成 5 年 7 月16日判決（判時1506号126頁）…………………254
最高裁平成 5 年 7 月19日判決（金法1369号 6 頁）…………………20, 28
岡山地裁平成 5 年 8 月27日判決（金法1371号83頁）…………………136
大阪地裁平成 6 年 2 月24日判決（金商947号42頁）……………………232
東京地裁平成 6 年 2 月28日判決（判時1521号82頁）…………………254
大阪高裁平成 6 年 7 月 7 日判決（金法1418号64頁）……………………51
大阪高裁平成 6 年 9 月16日判決（判時1521号148頁）…………………232
東京地裁平成 6 年11月28日判決（金法1441号38頁）…………………167
最高裁平成 6 年12月 6 日判決（金法1414号28頁）………………199, 200
東京高裁平成 7 年 2 月14日判決（判時1526号102頁）…………………277
最高裁平成 7 年 6 月23日判決（判タ880号140頁）……………………216
最高裁平成 7 年 9 月 5 日判決（民集49巻 8 号2784頁）………………272
最高裁平成 7 年 9 月 8 日判決（金法1441号29頁）……………………277
大阪高裁平成 7 年11月22日判決（金商995号33頁，金法1446号38頁）…257
東京地裁平成 7 年11月30日判決（金法1441号32頁）……………………89
東京高裁平成 7 年12月21日判決（金商987号15頁）………………………83
東京地裁平成 8 年 2 月23日判決（金法1445号60頁）……………………83
最高裁平成 8 年 3 月28日判決（民集50巻 4 号1172頁）………………270
東京高裁平成8年4月15日決定（金法1473号36頁）……………………264
最高裁平成 8 年 4 月26日判決（民集50巻 5 号1267頁）………………132
最高裁平成 8 年 7 月12日判決（民集50巻 7 号1901頁）………………273
東京地裁平成 8 年 9 月24日判決（金法1474号37頁）…………………142
東京高裁平成 8 年 9 月25日決定（金法1479号54頁）…………………106
大阪高裁平成 8 年11月27日判決（金商1032号39頁）…………………275
最高裁平成 8 年12月19日判決（金法1482号77頁）……………………216
最高裁平成 9 年 2 月14日判決（民集51巻 2 号375頁，判時1597号 3 頁）…188
最高裁平成 9 年 2 月25日判決（金法1490号58頁）……………………262
東京地裁平成 9 年 3 月12日判決（金法1478号42頁）…………………156
大阪高裁平成 9 年 3 月25日判決（金商1020号36頁）…………………232
最高裁平成 9 年 6 月 5 日判決（民集51巻 5 号2116頁，金法1491号25頁）…189
東京高裁平成10年 1 月29日判決（金法1512号22頁）…………………157
最高裁平成10年 1 月30日判決（判時1628号 5 頁）……………………263
仙台高裁平成10年 2 月 4 日決定（金法1508号75頁）……………………62
最高裁平成10年 2 月10日判決（判時1628号 9 頁）……………………263

判例索引

東京高裁平成10年2月19日判決（金法1512号22頁） ………………156, 157
最高裁平成10年3月26日判決（金法1518号25頁） ………………………262
最高裁平成10年7月14日判決（金法1521号57頁） ………………………232
東京高裁平成11年3月17日判決（金法1547号46頁，金商1064号3頁） …278
最高裁平成11年4月27日判決（金商1068号17頁） ………………………270
最高裁平成11年9月9日判決（金商1075号17頁） …………………………255
最高裁平成11年11月9日判決（金商1081号57頁） …………………………278
最高裁平成11年11月24日大法廷判決（金法1564号60頁） ………………186
最高裁平成11年11月29日判決（判例集未登載） ……………………………258

❖判例集・雑誌の略記法❖

下民集	下級裁判所民事裁判例集
金　商	金融・商事判例
金　法	旬刊金融法務事情
高民集	高等裁判所民事判例集
裁判集	最高裁判所裁判集
裁判例	大審院裁判例
新　聞	法律新聞
判　時	判例時報
判　タ	判例タイムズ
判　民	判例民事法
民　集	（大審院または最高裁判所）民事判例集
民　録	大審院民事判決録

〈編者紹介〉

高木 多喜男（たかぎ たきお）

昭和5年9月20日 生まれ
昭和28年 神戸大学法学部卒業
　神戸大学教授を経て、
現　在　大阪学院大学法学部教授、神戸大学名誉教授
主　著　金融取引と担保(昭55、有斐閣)、遺留分制度の研究(昭56、成文堂)、不動産法の研究(昭56、成文堂)、担保物権法(昭59、有斐閣)、遺産分割の法理(平4、有斐閣)、金融取引の法理三巻(平8・9、成文堂)、不動産担保の法務Q＆A(平7、有斐閣) ほか

hensyu@shinzansha.co.jp
order@shinzansha.co.jp
http://www.shinzansha.co.jp

金融取引Q＆A

2000年(平成12年)4月30日　第1版第1刷発行

編者　高木 多喜男
編集　㈱T・H・K
発行者　今井　貴
発行所　信山社出版株式会社
　〒113-0033　東京都文京区本郷6-2-9-102
　　電話　03 (3818) 1019
　　FAX　03 (3818) 0344

Printed in Japan

Ⓒ高木多喜男，2000．印刷・製本／大三製本
ISBN4-7972-7011-X C3332
7011-012-020-002
NDC分類328-101

信山社【商法1】

1999年11月10日

書名	著者	所属	価格
取締役・監査役論 [商法研究 I]	菅原菊志 著	東北大学名誉教授	8,000円
企業法発展論 [商法研究 II]	菅原菊志 著	東北大学名誉教授	19,417円
社債・手形・運送・空法 [商法研究 III]	菅原菊志 著	東北大学名誉教授	16,000円
判例商法(上)-総則・会社- [商法研究 IV]	菅原菊志		19,417円
判例商法(下) [商法研究 V]	菅原菊志 著	東北大学名誉教授	16,505円
商法研究(全5巻セット)	菅原菊志 著	東北大学名誉教授	79,340円
商法及び信義則の研究	後藤静思 著	元判事・東北大学名誉教授	6,602円
株主総会をめぐる基本問題と課題 中村一彦先生古稀記念論文集	酒巻俊雄・志村治美 編	早稲田大学教授・立命館大学教授	近刊
企業結合・企業統合・企業金融	中東正文 著	名古屋大学法学部教授	13,800円
現代企業法の理論 菅原菊志先生古稀記念論文集	庄子良男・平出慶道 編		20,000円
アジアにおける日本企業の直面する法的諸問題	明治学院大学立法研究会 編		3,600円
IBL入門	小曽根敏夫 著	弁護士	2,718円
株主代表訴訟制度論	周劍龍 著	青森県立大学助教授	6,000円
企業承継法の研究	大野正道 著	筑波大学企業法学専攻教授	15,534円
中小会社法の研究	大野正道 著	筑波大学企業法学専攻教授	5,000円
企業の社会的責任と会社法	中村一彦 著	新潟大学名誉教授	7,000円
会社法判例の研究	中村一彦 著	新潟大学名誉教授・大東文化大学教授	9,000円
会社営業譲渡・譲受の理論と実際	山下眞弘 著	立命館大学法学部教授	2,500円
会社営業譲渡の法理	山下眞弘 著	立命館大学法学部教授	10,000円
国際手形条約の法理論	山下眞弘 著	立命館大学法学部教授	6,800円
手形・小切手法の民法的基礎	安達三季生 著	法政大学名誉教授	8,800円
手形抗弁論	庄子良男 著	筑波大学企業法学専攻教授	18,000円
手形法小切手法読本	小島康裕 著	新潟大学法学部教授	2,000円
要論手形小切手法(第3版)	後藤紀一 著	香川大学法学部教授	5,000円
有価証券法研究(上)	髙窪利一 著	中央大学法学部教授	14,563円
有価証券法研究(下)	髙窪利一 著	中央大学法学部教授	9,709円
振込・振替の法理と支払取引	後藤紀一 著	香川大学法学部教授	8,000円
ドイツ金融法辞典	後藤紀一 他 著	香川大学法学部教授	9,515円
金融法の理論と実際	御室 龍 著	元札幌学院大学教授・清和大学講師	9,515円
米国統一商事法典リース規定	伊藤 進・新美育文 編		5,000円
改正預金保険法・金融安定化法 新法シリーズ	信山社 編		2,000円

信山社
ご注文はFAXまたはEメールで
FAX 03-3818-0344 Email order@shinzansya.co.jp
〒113-0033 東京都文京区本郷6-2-9-102 TEL 03-3818-1019 ホームページは http://www.shinzansya.co.jp

信山社【商法2】　　　1999年11月8日

法典質疑録　下巻　商法他　法典質疑会 編　16,699円　別巻25
法典質疑問答　第五編　商法　總則他　法典質疑会 編　20,388円　別巻41
法典質疑問答　第六編　商法（手形・海商・破産 他）15,534円　別巻42
商法正義　第一・二巻（総則・会社他）長谷川喬・岸本辰雄 著　50,000円　別巻48
商法正義　第三巻（商事契約）　長谷川喬・岸本辰雄 著　30,000円　別巻49
商法正義　第四巻（売買・信用他）　長谷川喬・岸本辰雄 著　33,000円　別巻50
商法正義　第五巻（保険・手形）　長谷川喬・岸本辰雄 著　30,000円　別巻51
商法正義　第六・七巻（海商・破産）　長谷川喬・岸本辰雄 著　40,000円　別巻52
　商法正義　全7巻5冊セット（第一巻〜七巻）（別巻48〜52）183,000円
大日本商法会社法釈義[明治26年]　磯部四郎 著　37,000円　別巻8
大日本商法手形法釈義[明治26年]　磯部四郎 著　25,000円　別巻9
大日本商法破産法釈義[明治26年]　磯部四郎 著　26,000円　別巻10
大日本新典商法釈義（第一編一〜六章）磯部四郎 著　50,000円　別巻11
大日本新典商法釈義（第一編六〜七章）磯部四郎 著　34,000円　別巻12
大日本新典商法釈義（第一編七〜八章）磯部四郎 著　34,000円　別巻13
大日本新典商法釈義（第一編八〜一〇章）磯部四郎 著　34,000円　別巻14
大日本新典商法釈義（第一編一〇〜一一章）磯部四郎 著　34,000円　別巻15
大日本新典商法釈義（第一編一二〜第二編）磯部四郎 著　34,000円　別巻16
大日本新典商法釈義（第二編七〜第三編・附）磯部四郎 著　42,000円　別巻17
　大日本新典商法釈義　全7冊セット（別巻11〜17）262,000円
商法辞解（以呂波引）[明治27年]　磯部四郎・服部誠一 編著　22,000円　別巻7
改正商法講義[明治26年] 会社法・手形法・破産法
　　　　　　　　　　　　　　　　　梅謙次郎 著　50,000円　別巻18
改正商事会社法正義[明治26年]　岸本辰雄 著述　42,000円　別巻69
改正手形法・破産法[明治26年] 正義　長谷川喬 著　36,000円　別巻70
大日本商法会社法[明治26年]釈義　磯部四郎 著　37,000円
大日本商法手形法[明治26年]釈義　磯部四郎 著　25,000円
法務英語入門〔増補第2版〕　後藤浩司　国際司法書士　3,107円
会社法務英語入門Ⅰ 定款・登記　後藤浩司 著　国際司法書士　2,718円
会社法務英語入門Ⅱ 人事・雇用編(1)　後藤浩司 著　国際司法書士　2,718円
会社法務英語入門Ⅱ 人事・雇用編(2)　後藤浩司 著　国際司法書士　2,800円
会社法務英語入門Ⅱ 人事・雇用編(3)　後藤浩司 著　国際司法書士　2,800円
会社法務英語入門（Ⅲ—Ⅰ）　後藤浩司 著　国際司法書士　2,800円

信山社　ご注文はFAXまたはEメールで
FAX 03-3818-0344　Email order@shinzansya.co.jp
〒113-0033 東京都文京区本郷 6-2-9-102　TEL 03-3818-1019　ホームページ http://www.shinzansya.co.jp

【研究図書】　　　　　信山社【労働法】　　　　2000年5月21日

労働基準法 [昭和22年] 渡辺 章 編著 編集代表 筑波大学企業法学専攻教授
日本立法資料全集 (1)43,689円 (2)55,000円 (3)⒡35,000円 (3)⒡34,000円 続刊
研究会員　土田道夫（獨協大）中窪裕也（千葉大）野川忍（学芸大）和田肇（名大）

国際労働関係の法理　山川隆一 著 筑波大学企業法学専攻教授 7,000円
労働法律関係の当事者　高島良一 著 元獨協大学法学部教授 12,000円
労働契約の変更と解雇　野田進 著 九州大学法学部教授 15,000円
労務指揮権の現代的展開　土田道夫 著 獨協大学法学部教授 18,000円　新刊
労働関係法の国際的潮流　花見忠先生古稀記念 山口浩一郎 渡辺章 菅野和夫 中嶋士元也編 15,000円
外尾健一著作集（全8巻）　東北大学名誉教授　東北学院大学教授
団結権保障の法理Ⅰ・Ⅱ　各5,700円　外尾健一著作集1・2
労働権保障の法理Ⅰ・Ⅱ　Ⅰ5,700円　Ⅱ続刊　外尾健一著作集3・4
日本の労使関係と法　続刊　外尾健一著作集5
フランスの労働協約　続刊　外尾健一著作集6
フランスの労働組合と法　続刊　外尾健一著作集7
アメリカの労働法の諸問題　続刊　外尾健一著作集8
蓼沼謙一著作集（全8巻・予定）編集中　一橋大学名誉教授・秀明大学教授　近刊
フーゴ・ジンツハイマーとドイツ労働法　久保敬治 著 神戸大学名誉教授 3,000円
世界の労使関係―民主主義と社会的安定―
　　　　　　　ILO著　ILO東京支局訳　菅野和夫 監訳　東京大学法学部教授 4,000円
英米解雇法制の研究　小宮文人 著 北海学園大学法学部教授 13,592円
雇用形態の多様化と労働法　伊藤博義 著 山形大学法学部教授 11,000円
就業規則論　宮島尚史 著 元学習院大学教授 6,000円
不当労働行為争訟法の研究　山川隆一 著 筑波大学企業法学専攻教授 6,602円
不当労働行為の行政救済法理　道幸哲也 著 北海道大学法学部教授 10,000円
雇用社会の道しるべ　野川忍 東京学芸大学教授 2,800円 四六版
組織強制の法理　鈴木芳明 著 大分大学経済学部教授 3,800円
労働関係法の解釈基準　中嶋士元也 著 上智大学法学部教授（上）9,709円（下）12,621円
労働基準法解説　寺本廣作 著 元労働省 25,000円 *旧労基法の制定担当者による解説 別巻46
労働保護法関係旧法令集（戦前）
　―付・戦前労働保護法関係法令年表―　渡辺 章 編 筑波大学企業法学専攻教授 2,000円
オーストリア労使関係法　下井隆史 編訳 神戸大学名誉教授 5,825円
ドイツ労働法　ハナオ著　手塚和彰・阿久澤利明 訳 千葉大学法経学部教授 12,000円
マレーシア労働関係法論　香川孝三 著 神戸大学大学院国際協力研究科教授 6,500円
イギリス労働法入門　小宮文人 著 北海学園大学法学部教授 2,500円
アメリカ労使関係法　ダグラス・レスリー 著 岸井貞男・辻秀典 監訳 10,000円
　　　ヴァージニア大学教授　関西大学法学部教授　広島大学法学部教授
アジアにおける日本企業の直面する法的諸問題　明治学院大学立法研究会編 3,600円
労働安全衛生法論序説　三柴丈典 著 近畿大学法学部専任教員 12,000円　新刊
アジアの労働と法　香川孝三 著 神戸大学大学院国際協力研究科教授 6,800円　新刊

信山社　ご注文はFAXまたはEメールで
FAX 03-3818-0344　Email : order@shinzansha.co.jp
〒113-0033 東京都文京区本郷6-2-9-102　TEL 03-3818-1019　ホームページは http://www.shinzansha.co.jp

ご住所　　　　　　　　　　　　　TEL　　　　　　　　FAX